D1663623

Brett Velicovich | Christopher S. Stewart

DROHNEN KRIEGER

Brett Velicovich | Christopher S. Stewart

DROHNEN KRIEGER

EIN ELITESOLDAT ENTHÜLLT

DIE GEHEIMNISSE
+
DER NEUEN ART

DER KRIEGSFÜHRUNG

riva

Bibliografische Information der Deutschen Nationalbibliothek:
Die Deutsche Nationalbibliothek verzeichnet diese Publikation in der Deutschen National-
bibliografie; detaillierte bibliografische Daten sind im Internet über http://d-nb.de abrufbar.

Für Fragen und Anregungen:
info@rivaverlag.de

1. Auflage 2019
© 2019 by riva Verlag, ein Imprint der Münchner Verlagsgruppe GmbH
Nymphenburger Straße 86
D-80636 München
Tel.: 089 651285-0
Fax: 089 652096

Die englische Originalausgabe erschien 2017 bei Harper Collins unter dem Titel *Drone Warrior.*
An Elite Soldier's Inside Account of the Hunt for America's Most Dangerous Enemies.
© 2017 by Brett Velicovich und Christopher S. Stewart. All rights reserved.

Übersetzung: Dr. Kimiko Leibnitz
Umschlaggestaltung: Marc-Torben Fischer, München
Umschlagabbildungen: Bild des Autors: Brett Velicovich; alle restlichen Bilder: shutterstock/
boscorelli; shutterstock/sibsky2016; shutterstock/Aedka Studio; shutterstock/Golden Sikorka
Satz: Satzwerk Huber, Germering
Druck: GGP Media GmbH, Pößneck
Printed in Germany

ISBN Print 978-3-7423-0705-7
ISBN E-Book (PDF) 978-3-7453-0293-6
ISBN E-Book (EPUB, Mobi) 978-3-7453-0294-3

Weitere Informationen zum Verlag finden sie unter

www.rivaverlag.de
Beachten Sie auch unsere weiteren Imprints unter www.m-vg.de

Inhalt

Teil III

ANMERKUNG DES AUTORS

Ich möchte eins gleich klarstellen: Ich bin kein Held; ich verdiene kein Lob dafür, dass ich meine Arbeit erledigt habe; dennoch muss diese Geschichte erzählt werden. Ich hatte das große Glück, Teil eines Generationswechsels zu sein, der die Art und Weise, wie Kriege künftig geführt werden, für immer verändert hat. Jeder Soldat oder Soldatin hat seine bzw. ihre Rolle, und das war meine.

Mit Ausnahme von Amtsträgern und der Öffentlichkeit bekannten Personen und/oder Organisationen, wurden die Namen der Personen, die an den in diesem Buch erwähnten Operationen beteiligt waren, aus Sicherheitsgründen geändert. Die meisten meiner ehemaligen Kollegen sind immer noch in diesem Arbeitsfeld tätig und tragen den Kampf immer noch tagein, tagaus zum Feind.

Genauso haben die Terroristen, auf die in diesem Buch Bezug genommen wird, andere Namen erhalten – mit Ausnahme derjenigen, die allgemein bekannt sind. Ich habe die Methoden verändert, die wir benutzten, um mit Drohnen nach Terroristen zu suchen, damit aktuelle Taktiken, Techniken oder Einsatzverfahren geheim bleiben.

Dieses Manuskript wurde dem Verteidigungsministerium zur Sicherheitsprüfung vorgelegt und für die Veröffentlichung freigegeben. Es wurde von Regierungsorganisationen, von denen die meisten Leute gar nicht wissen, dass es sie gibt, eingehend geprüft. Diese umfassende Durchsicht dauerte länger, als ich für das Schreiben des Buches gebraucht habe. Bestimmte Einzelheiten meiner Arbeit und geheimer Missionen, an denen ich teilgenommen habe, wurden auf Anfrage der US-Regierung wieder aus dem Text entfernt. Die in diesem Buch geäußerten Ansichten sind die des Autors und spiegeln nicht notwendigerweise die offiziellen Sichtweisen, Richtlinien, Meinungen oder Positionen der US-Regierung inklusive des US-Verteidigungsministeriums wieder.

Obwohl dieses Buch durch die Regierung geprüft und zur Veröffentlichung freigegeben wurde, ist das meine Geschichte. Die Ereignisse, die ich schildere, sind wahr und nach bestem Wissen und Gewissen aus meiner Erinnerung wiedergegeben. Ich habe die Dialoge aus meinem Gedächtnis rekonstruiert, das heißt also, dass sie nicht Wort für Wort stimmen müssen. Aber sie geben den Kern dessen, was gesagt wurde, akkurat wieder.

Ich wurde mehrfach gefragt, warum ich dieses Buch schreibe. Ich schreibe es, weil ich mit meinen Erfahrungen und meinem Wissen anderen Menschen helfen und eine dringend benötigte Perspektive auf einen zentralen Bestandteil des Alltags, der Berufswelt und des Krieges im 21. Jahrhundert bieten möchte: Ich schreibe dieses Buch, damit die Menschen verstehen, was es mit den Drohnen eigentlich auf sich hat, und um zu zeigen, wie sie Leben retten und der Menschheit zu mehr Selbstbestimmung verhelfen, obwohl viele davon überzeugt sind, dass genau das Gegenteil der Fall ist.

Als ich zur Army ging, gab es nur sehr wenige Drohnen. Es war schon Luxus, *eine* einzige Drohne zur Verfügung zu haben. Als nach der Invasion des Irak Jagd auf Saddam Hussein gemacht wurde, schlugen sich die Leute bei den Suchaktionen um eine einzelne Predator.

Als ich die Army fast ein Jahrzehnt später verließ, verfügte allein mein Team über drei Predator-Drohnen, die wir auf verschiedene Ziele ansetzten und im Luftraum übereinander fliegen ließen, um unsere Beute aus verschiedenen Blickwinkeln zu beobachten.

Deswegen nannte ich sie immer unsere »Augen, die niemals blinzeln«; unsere Drohnen sahen alles und schliefen nie.

Wenn man sich ansieht, wie Kriege vor meiner Generation geführt wurden, hatte die Luftunterstützung praktisch immer die Aufgabe, Deckung zu bieten und Bomben abzusetzen. Infanterieeinheiten gingen üblicherweise blind auf lange Missionen und hofften einfach, dass die Luftunterstützung den Widerstand für sie gebrochen hatte. Oder sie bewegten sich in urbanem Gelände, ohne genau zu wissen, was um die Straßenecke, hinter der Tür oder hinter dem Fenster auf sie lauerte.

Jetzt finden, vor allem bei den Spezialeinheiten, keine Missionen mehr statt, ohne dass Drohnen in der Luft sind. Das zeigt, wie wertvoll sie sind. Man kann sicher davon ausgehen, dass bei jeder Mission, die im Ausland stattfindet – ein SEAL-Team im Einsatz im Jemen, eine Geiselbefreiung in Syrien, ein Terrorist, der aus einer somalischen Wohnanlage herausgeholt wird – Drohnen im Einsatz sind. Vor, während und nach der Mission.

Es ist erstaunlich, wie schnell sich dieser Wandel vollzogen hat: Schon jetzt wundern sich viele Militärangehörige – vor allem jene, die nach dem Angriff auf das World Trade Center ihren Dienst aufnahmen –, wie wir jemals ohne Drohnen funktionieren konnten. Ihre Bedeutung kann nicht genug hervorgehoben werden.

Ich denke oft an all die Missionen der Männer, die vor mir tätig waren, und wie viele Leben man hätte retten können, wenn sie eine mit Raketen bestückte Predator oder Reaper gehabt hätten, die über sie wacht. Ich denke an die Ziele, die wir hätten ausschalten können, an die Menschen, die wir vielleicht hätten aufhalten können, bevor sie die Welt in Schutt und Asche legten.

Allerdings geht es in der Kriegsführung mit Drohnen nicht immer darum, Schurken unschädlich zu machen. Wenn man es genau nimmt, geht es meistens überhaupt nicht darum. Es geht vielmehr darum, die Dinge zu finden, die einige der gefährlichsten Menschen der Welt vor uns verbergen wollen. Es geht darum, Verbindungen zwischen Einzelpersonen, Familien, Geld, Kriegsmaterial und Grundstücken zu erkennen.

In den gefährlichsten Kriegsgebieten im Kampf gegen den Terror lebten mein Team und ich in einer Box, vollkommen abgeschottet. Niemand außerhalb unserer Black-Ops-Gemeinde wusste wirklich, was wir taten –

und selbst wenn: Ich bezweifle, dass viele es geglaubt hätten. Wir waren Hightech-Detektive, wie sie die Welt zuvor nicht gesehen hatte, und unsere Arbeit stellte eine tief greifende Entwicklung in der Kriegsführung dar.

Unsere Drohnen gaben uns die Möglichkeit, Leben zu retten. Sie reduzierten den Kollateralschaden. Sie gaben unseren Soldaten Informationen und gewährten uns Einblicke in ihre Zukunft; so konnten wir zuverlässige Prognosen über voraussichtlich eintretende Ereignisse abgeben, statt sie einfach geschehen zu lassen.

Das ist das Schönste an den Drohnen: Die Fähigkeit, proaktiv statt reaktiv zu sein, den Kampf zum Feind zu tragen, bevor er ihn zu uns trägt. Mit Drohnen wurden wir schneller als die Terroristen, dachten stets einige Schritte voraus. Unsere Ziel- und Angriffsteams sorgten dafür, dass diejenigen, die wir jagten, nicht eine Minute Pause hatten.

Konventionelle Streitkräfte haben ihre Grenzen. Der Feind muss diese Grenze einfach überschreiten und ist dann verschwunden. Aber mein Team hatte keine Grenzen. Wir bewegten uns so, wie sich der Feind bewegte; wir waren so mobil wie er. Wir wurden zu seinem Schatten, der ihn stets verfolgte.

Die Kriegsführung mit Drohnen wird sich weiterentwickeln, weil Gruppen wie ISIS gerade anfangen, Zugang zu kommerzieller Drohnentechnologie zu erlangen, um eigene Drohnenschläge mit Granaten und Bomben zu starten. Und wir werden Technologien nutzen und entwickeln müssen, um sie zu bekämpfen.

Unsere neue Führungsriege in Washington sind dieselben Männer, die dazu beitrugen, die Drohnenrevolution zu erschaffen. General Michael Flynn war dabei eine wichtige Triebfeder, obwohl er nicht mehr im National Security Council tätig war. Ebenso wie General James Mattis.

Ich habe keinen Zweifel daran, dass die aktuelle Regierung Drohnen im Ausland noch häufiger einsetzen wird, schließlich war sie es, die als Erste die Vorteile erkannte, die Drohnen den Frontsoldaten bringen.

Organisationen wie das Joint Special Operations Command sind die einzigen Gruppen, die den Kampf täglich zum Feind tragen, und sie brauchen mehr Drohnen.

Als Präsident Trump für das Präsidentenamt kandidierte, war eines seiner Hauptargumente, dass wir gegen Gruppen wie ISIS und al-Qaida proaktiver vorgehen müssen. Dass wir, um sie zu zerstören, in der Offensive sein und die Hilfsmittel nutzen müssen, die Amerika zur Verfügung stehen. Eben das entspricht genau dem, wofür unbemannte Luftfahrzeuge (UAVs = *Unmanned* Aerial Vehicle) geschaffen worden sind, nämlich Dominanz zur Schau zu stellen und den Feind zu treffen – ganz egal, wo er sich versteckt.

An dieser Stelle sei auch erwähnt, dass Führungspersönlichkeiten wie Mattis mit eigenen Augen sahen, was geschah, als wir den Druck auf jene verringerten, die wir jagten: so entstand ISIS.

Mittlerweile versteht die Trump-Regierung, wie wichtig Drohnen-Technologie ist. Präsident Trump persönlich war vermutlich erstaunt über die Möglichkeiten, denn das meiste von dem, was wir tun können (und auch schon getan haben), läuft streng geheim und komplett im Verborgenen ab.

Die meisten Kongressabgeordneten und Nachrichtendienst-Ausschüsse haben immer noch keine Ahnung davon, wie mein Team und ich arbeiten. Gelegentlich wurden Mitglieder meines Teams darum gebeten, Regierungsbeamte zu besuchen und sie über erfolgreiche Anti-Terror-Operationen zu unterrichten, aber die Herrschaften auf der anderen Seite des Tisches verstanden nie, wie unsere maschinelle Zielerfassung im Alltag wirklich funktionierte – oder ihnen wurde der Zugang dazu verwehrt.

Darum geht es in diesem Buch. Um eine völlig neue Form der Kriegsführung, die im Laufe des letzten Jahrzehnts entstanden ist, um meine Rolle darin und um die engagierten und hoch motivierten Personen, die ihr Leben riskierten, um sie Wirklichkeit werden zu lassen.

TEIL I

1

SOLLEN WIR IHN TÖTEN?

Ich hatte zu viele Rip-It-Energydrinks intus, mein Herz pochte, meine Augen waren auf die grellen Bildschirme geheftet. Wir waren dabei, einen weißen Mazda-Bongo-Kleintransporter, der von der syrischen Grenze durch die offene Wüste fuhr, kilometerweit auf seinem staubigen Weg nach Süden zu verfolgen.

»Flughöhe vergrößern und auf Thermalsensoren schalten«, rief ich dem Team zu. »Wenn der Typ uns in der Luft sieht, war's das.«

Es war gegen Mittag, im September 2009, und ich war in der Box, einem geheimen fensterlosen Bunker am Rande einer verdeckten Militärbasis südlich von Mossul, Irak, unweit der syrischen Grenze. Ich starrte auf acht Flachbildfernseher, die in zwei Reihen an die Wand montiert waren – der schäbigste Elektrodiscounter aller Zeiten.

Einige Bildschirme zeigten Echtzeit-Aufnahmen der Drohnenkamera: aktuelle Flughöhe, Geschwindigkeit, Laserzielerfassungssystem für die Marschflugkörper und eine genaue Landkarte der darunter befindlichen Geografie. Auf anderen Bildschirmen flimmerten Bilder unserer Ziele, ihrer Familien und der komplexen Terrornetzwerke, die die ganze Welt umfassten. Viel davon wurde von den Experten der CIA bereitgestellt, der Defense Intelligence Agency (DIA), der National Security Agency (NSA) und dem FBI, die mit mir zusammenarbeiteten.

Ich gehörte der Delta Force an, und mein Fachgebiet waren Missionen, mit denen hochrangige Ziele gefasst oder getötet wurden. Meine Waffen waren hauptsächlich Predator MQ-1-Drohnen, die mit zwei lasergelenkten AGM-114P Hellfire-Marschflugkörpern bestückt waren. Es war meine Aufgabe, die gefährlichsten Terroristen der Welt zu jagen. Wen auch immer ich verfolgte, er bekam mich nie zu Gesicht.

Der Raum war wegen der Computer-Server brütend heiß und von den blinkenden Bildschirmen erleuchtet. Das tiefe Surren der Hardware war eine ständige Geräuschkulisse und verfolgte uns ständig. Wenn man draußen an der Box vorbeilief, hatte man nicht die leiseste Ahnung, dass sich hinter der Tür einer der höchstentwickelten Gefechtsstände der Welt befand, der von den klügsten Köpfen im Kriegsgeschäft geführt wurde. Ein Teil der Technologie, die wir hatten, würde der Öffentlichkeit noch jahrelang verborgen bleiben.

Mein Team bestand aus sechs Personen, eine Mischung aus hochspezialisierten Mitgliedern des Militärnachrichtendienstes, und wurde gerufen, wenn ein Terrorist lokalisiert werden musste. Ich habe keinen Zweifel, dass wir jeden Menschen auf der Welt finden konnten, ganz gleich wie gut er sich versteckt hielt. Ich war stolz darauf, dass ich selbst die hochrangigsten Anführer von Terrorzellen aufspüren konnte. Leute, die von anderen für Phantome gehalten wurden.

Unser Ziel hieß Abu Bashir. Wir hatten schon seit Wochen nach ihm gesucht – bis wir einen Hinweis am Boden erhielten, dass er sich in unsere Richtung aufmachte, südlich der syrisch-irakischen Grenze. Bashir war ein Sprengstoffexperte der Gruppe al-Qaida im Irak (AQI).

Er blieb meist unentdeckt und transportierte Material und Bauteile für große Bomben in den Irak, ebenso aus dem Ausland stammende Kämpfer und Selbstmordattentäter, die gegen die USA Krieg führten. Seine Reise würde einen schlimmen Ausgang nehmen und zu einem weiteren Angriff auf unschuldige Zivilisten oder US-Soldaten führen, die in einem nahegelegenen Stützpunkt untergebracht waren.

Eine Flotte von Hubschraubern stand in der Nähe bereit für den Fall, dass ein Ziel schnell abgefangen werden musste. Wir saßen in einem voll gestellten Raum mit Betonböden und arbeiteten an provisorischen Schreibtischen, die aus Sperrholz gezimmert waren. Jake, ein taktischer Controller der Air Force, saß neben mir: Er war mein Schatten. Wir hatten unsere Laptops aufgeklappt und benutzten ein spezielles Chatprogramm, mit dem wir etwa zwanzig vertrauliche Gespräche mit allen Nachrichtendiensten gleichzeitig führen konnten, darunter CIA und NSA, unsere Bodenstreitkräfte, hohe Beamte der US-Regierung und die technische Seite der Operationen im Irak und weltweit.

Als ich die Anweisungen erteilte – Zoom, Längengrade, Breitengrade, Flughöhe, Richtungsangaben der Fahrzeugverfolgung – gab Jake alles an einen Kamerasensor-Operator und einen Predator-Piloten weiter, zwei Air-Force-Leute, die nebeneinander in einem Containergebäude in Nevada saßen und die Drohnen auf meine Befehle hin steuerten.

Der Mazda Bongo, der etwas breiter als ein Pick-up-Truck war, fuhr jetzt in südwestlicher Richtung von der syrischen Grenze – und zwar schnell. Sie transportieren mit Sicherheit etwas. Wir hatten den Wagen etwa eine Stunde zuvor an einem verlassenen Ort in der Wüste entdeckt, den ich auf der Grundlage der Analyse seiner früheren Bewegungen identifizieren konnte.

»Jake, warum scheint jeder Terrorist im Irak, den wir verfolgen, einen weißen Bongo zu fahren?«

»Muss es wohl im Angebot gegeben haben.«

Auf den Monitoren war der Mazda Bongo von einer Staubwolke umgeben und somit von oben gut sichtbar. Wir hielten den Vogel in einem Abstand von zwei Seemeilen vom Zielobjekt und verfolgten es in einer Höhe von etwa dreieinhalb Kilometern, damit man uns nicht sehen konnte. Wenn der Fahrer den Motor der Drohne hörte oder sie irgendwie zu Gesicht bekam, würde er seine Mission voraussichtlich abbrechen und untertauchen – sein Telefon entsorgen, sein E-Mail-Konto löschen, alles wäre dann weg. Monate der Informationsbeschaffung wären damit zunichte.

Die Straße war eigentlich gar keine richtige Straße, es handelte sich nur um einige im Zickzack verlaufende Pfade, die über Hunderte von Meilen in den steinharten Sand festgetreten worden waren. Ein Niemandsland mit vereinzelten Dörfern, in denen maximal zehn bis zwanzig Menschen lebten.

Die Kerle, die über die syrische Grenze kamen, folgten normalerweise einer festen Schmugglerroute und transportierten Sprengstoff oder Selbstmordattentäter von Dorf zu Dorf, bis sie zu ihrem endgültigen Ziel kamen. Manchmal war der erste Halt die nächstgelegene größere Stadt, wo das Fahrzeug leicht benutzt werden konnte, um den nächsten Konvoi mit US-Militärfahrzeugen in die Luft zu jagen.

Ich war mittlerweile seit zwanzig Stunden wach. Das war der Zeitpunkt, an dem es mir schwerfiel, die Augen offen zu halten. Die leeren Rip-It-Dosen türmten sich neben meinem Ellbogen.

Was macht er gerade? Was macht er gerade?

Es dauerte weitere zwanzig Minuten, bis das Fahrzeug vor einem Dorf anhielt.

»Zoom heran«, sagte ich. »Ich muss sehen, wer im Wagen ist.«

Töten oder gefangen nehmen war immer die große Frage, aber wir brauchten eine visuelle Bestätigung, dass es wirklich Abu Bashir war, bevor wir die Entscheidung trafen, die normalerweise immer erst im allerletzten Moment fiel. *Diese Entscheidungen über Leben und Tod veränderten das Leben vieler Menschen von einem Augenblick zum nächsten, selbst mein eigenes.*

Zwei Personen stiegen aus.

»Die sehen aus wie zwei männliche Erwachsene im wehrfähigen Alter, die weiße Dishdashas tragen«, sagte Jake.

»Bestätige mir: keine Frauen oder Kinder«, sagte ich.

Jake ging zurück und sah sich die Aufnahme der Drohne wie die Wiederholung eines Spielzugs auf dem Sportkanal an, die ein Vollbild des Wagens von beiden Seiten zeigte.

»Bestätigt.«

»Doppelter Zoom. Worauf warten sie?«

»Vielleicht ist Gebetszeit.«

»Nein, erst in einer Stunde wieder.«

Plötzlich fing der Passagier an, aus dem Sichtfeld unserer Kamera in die offene Wüste zu gehen, während der Fahrer ans Heck des Kleintransporters ging.

»Bleib beim Fahrer«, wies ich an.

»Verstanden.«

Der Fahrer fing an, auf der Ladefläche herumzuhantieren, und jetzt konnte ich sehen, dass dort Fässer waren, aus denen Schläuche ragten, die so dick waren wie Wasserschläuche.

»Siehst du irgendwo den Beifahrer?«, fragte ich. »Zoom mal heraus.«

Ich bat das Team darum, die Kamera von elektro-optischer Tagesanzeige, die alles in braun und grau zeigt, auf Infrarotsicht zu schalten. Jetzt waren beide Männer auf den Monitoren zu sehen. Ihre Körper zeichneten sich plötzlich tiefschwarz vor der weißen herbstlichen Wüste ab. Als der Passagier eine Zigarette anzündete, flackerte ein grelles Licht auf, wie ein lichterloh brennendes Haus.

Warum wollte er nicht neben dem Wagen rauchen?

Nach wenigen Minuten kam ein anderer weißer Bongo vorbei, es stiegen drei Männer aus. Ich sah, dass sie sich begrüßten. Alle küssten die Hände des Fahrers des ersten Wagens und umarmten ihn: Bashir.

Die Männer waren sehr vorsichtig, als sie einige große Fässer anhoben und zum ersten Wagen trugen. So wie die, die dort schon auf der Ladefläche waren.

Ein normaler Analyst würde das vielleicht ignorieren, weil wir aus der Luft nicht hundertprozentig sicher sein konnten, um was es sich bei diesen bauchigen Fässern handelte. Vielleicht bekam der erste Laster nur Benzin oder er transportierte Wasserfässer für das Dorf. In den Jahren, die ich in den schäbigsten Orten im Nahen Osten damit verbrachte, Schurken zu jagen und zu beobachten, habe ich festgestellt, dass Menschen seltsame Dinge tun. Diese Typen konnten auch bloß Einheimische sein, die überhaupt nichts mit dem al-Qaida-Netzwerk zu tun hatten.

Was unser Team von anderen absetzte, war das Wissen, dass in dieser Branche nichts dem Zufall überlassen wurde. Das war Sprengstoff, und so, wie wir Bashir kannten, würden diese Männer den Wagen so manipulieren, dass er wie ein Feuerwerk am Unabhängigkeitstag in die Luft ging.

Mit nur 25 Jahren hatte ich die Macht zu entscheiden, ob jemand am Leben blieb oder nicht. Das war keine leichte Entscheidung, obwohl ich bereits Hunderte von Missionen erfolgreich abgeschlossen und die besten nachrichtendienstlichen Informationen zur Verfügung hatte.

Ich gehörte damals zu einer Handvoll Personen im US-Militär, die die Verantwortung hatten, Zielpersonen für unsere Drohnenangriffe zu bestimmen und ihren Tod anzuordnen. Ich erstellte eine Todesliste – Leute vom irakischen al-Qaida-Netzwerk oder von ISIS, die wir unter allen Umständen fassen oder ausschalten sollten – und blieb ihnen Tag und Nacht auf den Fersen. Wir mussten uns schneller bewegen als der Feind, wir übten ständigen Druck auf ihn aus und schlugen immer wieder zu, damit er nie zur Ruhe kam.

Wenige wussten, dass es unsere Elite-Task-Force überhaupt gab. Delta gehörte zur Army, arbeitete aber mit anderen Spezialeinheiten wie DEV-GRU zusammen, einem hoch spezialisierten SEAL-Team. Für den Rest der Welt und selbst für die meisten Angehörigen unserer eigenen Regierung existierten wir offiziell nicht, und so gefiel es uns auch.

Wir schalteten die schlimmsten Verbrecher aus. Aber wir hatten im Irak eine größere Mission: Wir sollten al-Qaida im Irak und seine Vorgängerorganisation, den irakischen Islamischen Staat angreifen und zerstören. Wir wurden eines der tödlichsten Drohnenzielteams der amerikanischen Streitkräfte. Meine Hauptaufgabe war es, kritische Schnittstellen innerhalb des Terrornetzwerks auszuschalten – wichtige Mitglieder, die in der Befehlskette eine zentrale koordinative Rolle spielten und die Organisation am Laufen hielten. Die Ausschaltung eines Mitglieds führte uns zum nächsten, wie eine große Schnitzeljagd, während wir die Punkte miteinander verbanden und uns an die Spitze hocharbeiteten.

Damals wandelte sich AQI gerade zum Islamischen Staat von Irak – auch ISI genannt. Später, nachdem die Gruppe ihre Operationen nach Syrien verlagert hatte, weil der Druck durch die US-Streitkräfte zu groß geworden war, wurde daraus der Islamische Staat (ISIS), den wir heute kennen. Wir benutzten zu dieser Zeit die Namen AQI und ISI synonym. Noch war die Gruppe in der Öffentlichkeit kaum bekannt, aber wir hatten sie jahrelang genau beobachtet. Sie war die größte Bedrohung für die irakische Regierung und die Stabilität in der Region – und für die USA, wie wir bald herausfinden sollten.

»Sag jetzt Max Bescheid«, sagte ich.

Max leitete das Angriffsteam unserer Task Force – er war der am Boden agierende, unsichtbare Soldat, der Teil unserer Sondereinsatzgruppe, der die Sache zu Ende brachte. Wenn es schlecht lief oder wir unser Ziel fassen wollten, stiegen Max und seine Soldaten in die Hubschrauber, die draußen vor der Tür warteten.

Keine Minute später kam er in den Raum, bereits in voller Montur. Er hatte wie üblich Kautabak unter die Lippe geschoben. Er war groß und durchtrainiert und sah genau so aus, wie man sich einen legendären Kommandosoldaten vorstellte.

»Wir müssen diese Kerle da ausschalten«, erzählte ich ihm und deutete auf den Kleintransporter auf dem großen Monitor.

Auf den Monitoren fuhr Abu Bashirs Wagen mit dem Sprengstoff nach Südosten in die Wüste, während das andere Fahrzeug in die entgegengesetzte Richtung losgefahren war.

Die Zeit war nicht auf unserer Seite. Bashir bewegte sich in hohem Tempo auf die Großstadt Tikrit zu. Dort befand sich das Camp Speicher, mit Tausenden von amerikanischen Soldaten und noch mehr irakischen Zivilisten.

»Max, ich vermute, dass er entweder eine große Menge Sprengstoff für einen geplanten Angriff transportiert, oder er benutzt den Wagen selbst als Bombe.«

Wir hatten jetzt noch etwa zwanzig Minuten Zeit, bevor Bashir mit dem

Sprengstoff in Tikrit eintreffen würde. Sollte er dann auf die Idee kommen, die Bombe hochgehen zu lassen, wäre es für uns zu spät, um noch einzugreifen.

»Gut«, sagte er. »Wir fahren los.«

Er gab seinem Team die Nachricht, sich bereit zu machen.

Unsere Hubschrauberflotte erwachte gerade zum Leben, die Rotorblätter ratterten in der heißen Luft. Gemäß dem standardisierten Vorgehen für unsere Gruppe gab es zwei MH-60 – wir nannten sie Little Birds – sowie einige mit MGs und Raketen bewaffnete Black Hawks. Das waren nicht irgendwelche herkömmlichen militärischen Fluggeräte. Sie waren ausschließlich auf unsere Kill-Capture-Missionen ausgelegt.

In solchen Missionen geht es immer um Handlungsoptionen – wir mussten die Entscheidung treffen, ob wir Bashir mit einer Rakete angreifen oder versuchen sollten, ihn am Boden zu fassen.

Als die Drohne scharf gemacht wurde, verwandelten sich unsere Bildschirme in ein großes rotes Fadenkreuz. Hellfire-Raketen haben eine extrem durchschlagende Wirkung und sind sehr präzise. Wir konnten ein Auto im fließenden Verkehr treffen, ohne den Lack der anderen Autos zu beschädigen.

Ich hielt Max über den aktuellen Status des Zielobjekts auf dem Laufenden und gab ihm ein Informationspaket mit gedruckten Fotos der Zielperson sowie Verhörkarten mit Fragen, die jedem gestellt werden sollten, der festgenommen wurde.

Minuten später flogen Max und sein Team, in Tarnuniformen und mit Heckler & Koch 416 Sturmgewehren und individuellen Sekundärwaffen bewaffnet, in den Hubschraubern davon.

Als alles seinen Gang ging, begann ich, mir Sorgen zu machen, dass Bashir vielleicht davonkommen könnte. Auch über das Angriffsteam machte ich mir Sorgen: Was wäre, wenn sie ihm den Weg abschnitten und sich der Attentäter in die Luft sprengte? Was, wenn ich falsch lag?

Es gab jetzt kein Zurück mehr. Ich spielte die verschiedenen Szenarien in meinem Kopf durch. War mir etwas entgangen?

Bashir war mit seinen Bomben für den Tod Hunderter Zivilisten verantwortlich. Er hatte ausländische Kämpfer in den Irak gebracht, die sich auf Marktplätzen in die Luft jagten und Kinder, Familien und US-Soldaten ermordeten. Ich behielt das stets im Hinterkopf. Ich wusste, was ihm gleich widerfahren würde – nur wie es ablaufen würde, das wusste ich nicht genau.

Mussten wir ihn töten?

Das war immer die Frage, die in den letzten Sekunden aufkam.

Manchmal gab es keine Wahl.

Ich schickte die Abu-Bashir-Akte an meinen Vorgesetzten, der sich weit weg von der Killzone in einer gemeinsamen Kommandozentrale der verschiedenen Nachrichtendienste aufhielt, um ihn nach seiner Einschätzung der Situation zu fragen.

Seine Meinung kam nach wenigen Sekunden. Er wollte mit den Hellfire-Raketen warten und beobachten, was sich auf dem Boden abspielte. Wir konnten diesen Kerl lebendig gut gebrauchen – sofern er überhaupt am Leben bleiben wollte.

»Ihr Angriffsteam ist auf dem Weg zum Ziel und hat die Möglichkeit, ihn festzunehmen«, sagte er im Chat.

»Korrekt«, erwiderte ich.

Die Drohne sollte die Situation weiter beobachten und Deckung bieten, falls etwas schiefging.

Kommt schon, Jungs, beeilt euch.

In meinem Headset hörte ich die Ansage des Angriffsteams: »Fünf Minuten bis zum Eintreffen am Zielort.«

Meine Augen klebten förmlich an den Bildschirmen und suchten sie nach allem ab, was deplatziert wirkte, die Drohnenkamera mit ihrem Tages-TV-Objektiv war angeschaltet und verfolgte, wie der Mazda durch die Wüste fuhr, bis schließlich die Hubschrauber auf der Bildfläche erschienen.

Ich fragte mich, wie es wohl war, wenn man gerade die Straße entlangfuhr und sich mit seinem Beifahrer über die Pläne fürs Wochenende unterhielt, und dann, in der nächsten Sekunde – war man einfach weg.

Die Kamera unseres Vogels zeigte, dass der Wagen noch etwa eine Minute vom Stadtrand entfernt war. Und ich konnte nicht sagen, ob unser Team es rechtzeitig schaffen würde.

»Dreißig Sekunden, bis das Fahrzeug die Stadtmitte erreicht.«

Dann flogen die Kugeln.

Die Kugeln schlugen vor dem Pritschenwagen auf der staubigen Erde ein, so nah und mit einer solchen Wucht, dass der Sand auf die Motorhaube prasselte.

Eine Sekunde später flogen zwei Hubschrauber mit dem Angriffsteam von der Seite auf den Wagen zu, sodass dieser abrupt bremste und hielt.

Die Black Hawks kamen einige Sekunden später, und dann brach das Chaos aus. Wir stellten den Kurs der Drohne so ein, dass sie das Geschehen umkreiste.

»Im Bild«, gab ein Fernmelder per Funk durch und unterrichtete jeden, dass jetzt US-Soldaten im Sichtfeld der Drohnenkamera waren.

Das Angriffsteam seilte sich von den schwebenden Hubschraubern ab, mit Schutzbrillen bewehrt und ihre Waffen aufs Ziel gerichtet. Weil der Transporter jederzeit hochgehen konnte, bewegten sich die Männer langsam und vorsichtig.

Als die beiden Männer schließlich aus dem Wagen stiegen, wurde er vom Angriffsteam umzingelt, das bereit war zu töten, falls einer von ihnen eine falsche Bewegung machte. Die Männer standen unter Schock, von einer Wolke aus Sand und Staub umgeben, die die Hubschrauber aufwirbelten.

Mein Herz pochte bis zum Hals. Es tat richtig weh.

Bruchteile einer Sekunde sind in solchen Situationen nicht so wie die Sekundenbruchteile, die andere Leute erleben. Es war wie bei einem Autounfall, wenn sich die Zeit unmittelbar vor dem Aufprall zu verlangsamen scheint.

Ich hatte alles getan, was in meiner Macht stand, um sicherzugehen, dass einer der Männer im Wagen Abu Bashir war, meine Zielperson. Es gab zwar immer ein Bauchgefühl, aber die Realität war nie eindeutig: In meiner Welt kann man niemals hundertprozentig sicher sein.

Gegen Ende jeder Mission schlichen sich immer Zweifel ein. Was, wenn er es gar nicht war? Was, wenn sich auf der Ladefläche gar kein Sprengstoff befand? Was, wenn wir einen Unschuldigen töten? Was, wenn auch Soldaten getötet werden?

Schließlich traten die beiden Männer von dem Wagen weg und legten sich auf die Erde. Ich konnte sehen, wie sie ihre Hände hinter dem Kopf verschränkten. Und einige Sekunden später hörte ich die Stimme des Teamführers über Funk.

»Romeo, Zero One«, sagte Max. »Jackpot bestätigt.«

2

WO WARST DU, ALS DIE WELT AUFHÖRTE, SICH ZU DREHEN?

Am 11. September 2001 döste ich bei abgedunkelten Fenstern in meinem College-Apartment vor mich hin. In meiner Bude roch es nach einer Mischung aus alter Milch und ungewaschenen Socken. Und der Plastikventilator gab ein nerviges Klicken von sich, als er auf dem Nachttisch neben meinem Kopf vor sich hineierte. Ich blinzelte und spürte üble Kopfschmerzen aufsteigen, meine Erinnerung an die Verbindungsparty, die am Vorabend stattgefunden hatte, war noch in einen Schleier gehüllt. Die rote Digitalanzeige meines Weckers: 7.54 Uhr.

Warum zum Teufel war ich so früh wach? Auf dem Boden lagen Keystone-Light-Bierdosen und *Maxim*-Zeitschriften. Ich hatte mir den Tag freigenommen. Vielleicht würde ich mir den Rest der Woche auch noch freinehmen, um mich vollständig zu erholen. Im Apartment war es totenstill, meine Mitbewohner schliefen tief und fest. In meinem Schädel wummerte noch dröhnende Rapmusik. Wir hatten nach der Party noch einige Jungs zu einer nächtlichen Session eingeladen: Wir tranken Alkohol, spielten »Halo« auf der Xbox und sprachen über die heißen Mädchen, die wir am Abend zuvor kennengelernt hatten.

Ich war ein typischer Erstsemestler an der University of Houston und gerade dabei, mich auszuprobieren. Meistens bedeutete das: Partys, Saufen, mit meiner Studentenverbindung um die Häuser ziehen – und hin und wieder ein bisschen Lernen. Ich war in einer kleinen Stadt namens Katy in Texas aufgewachsen und träumte davon, Aktienhändler an der Wall Street zu werden und für einen großen Finanzdienstleister wie Goldman Sachs zu arbeiten oder Anwalt zu werden, so wie viele meiner Kumpels. Alle meine Freunde hatten sich ihr Leben bereits von Anfang bis Ende zurechtgelegt – als ob sie sich an ein festes Regelwerk hielten, das sie nur noch abspielen mussten. Bei mir war es nicht anders, bis eine unerwartete Wende eintrat. An jenem Morgen.

Am Anfang verstand ich nur Bahnhof. Ich war zu jung und hatte einen begrenzten Horizont. Ich wusste nicht einmal, wofür der World Trade Center stand. Ich wusste nichts über Muslime, den Nahen Osten oder warum Islamisten, von denen ich noch nie zuvor etwas gehört hatte, uns dermaßen hassten.

Vor dem 11. September dachte ich, dass mein Leben überwiegend geradlinig verlaufen würde.

Nach dem Einsturz des zweiten Turms rief mich meine Mutter panisch an.

Ich sagte ihr, dass sie sich keine Sorgen machen solle. Ich war schließlich nicht einmal ansatzweise in der Nähe von New York.

Einige Tage nach den Angriffen fing ich an, das Geschehene zu verarbeiten. Der Anschlag schien mich aufgeweckt zu haben, mich aus einem Traum zu reißen. Die Welt, in der ich lebte, schien plötzlich erschreckend oberflächlich zu sein, mein Lebensweg zu sicher und bequem. Mein Leben bestand aus meinem College-Apartment, Verbindungspartys, Alkohol, Drogen, Mädchen. Jede Nacht spielte sich dasselbe Szenario ab, das mir nun wie eine kaputte Schallplatte vorkam, die bedeutungslos vor sich hinleierte.

Mir entging etwas. So kann man die Erkenntnis wohl am besten formulieren. Viele Menschen kamen in jenen Monaten zu derselben Schlussfolgerung.

Die Verwirrung, die die Ereignisse in mir verursacht hatten, brachte mich in die Universitätsbibliothek, in eine Lesekabine im obersten Stockwerk, wo ich ungestört war und Berge von Büchern über Terrorismus, Islam und die al-Qaida verschlang. Geschichten über diese kleinen Terrorgruppen, die sich überall auf der Welt bildeten und darauf aus waren, Amerikaner zu töten.

Die Geschichten über den Terrorismus zogen mich in ihren Bann und ließen mich nicht los: Der Bombenanschlag auf die USS *Cole* in einem jemenitischen Hafen im Oktober 2000, bei dem siebzehn amerikanische Matrosen ums Leben gekommen waren; die Autobomben vor den US-Botschaften in Tansania und Kenia im August 1998, bei denen über zweihundert unschuldige Menschen getötet worden waren. Ich hatte keine Lust mehr, mit meinen Freunden abzuhängen und mich im Verbindungshaus zu betrinken. Ich dachte mir Ausreden aus, um nicht feiern zu müssen, und es war mir schon fast etwas peinlich, stattdessen zu meiner Lesekabine zurückzukehren, in der es nach staubigen alten Büchern roch. Etwas nagte in mir, als würde mir ein Unbekannter an die Schulter tippen. Sobald ich ein Buch ausgelesen hatte, fing ich mit dem nächsten an.

So vergingen Wochen. Bald schon begann ich, alles über die Nachrichtendienste zu lesen: was sie taten, welche von ihnen dafür zuständig waren, Terroristen aufzuspüren. Ich las über den ersten Drohnenschlag, den die CIA in jenem November in Afghanistan durchgeführt hatte. Mich faszinierte das Office of Strategic Services – die Gruppe, die im Zweiten Weltkrieg vom berühmten Wild Bill Donovan geleitet wurde, und aus der sich später die CIA entwickelte. Ich verbrachte Wochen hinter Stapeln von Büchern. Eines Abends wurde ich sogar in der Bibliothek eingeschlossen. Mich berührten die Opfer, die die Soldaten der Army erbracht hatten, und die frühen Nachrichtendienste, die Verschwörungen gegen die USA aufdeckten und vereitelten. Mir ging ein Licht auf, und ich wusste, was ich zu tun hatte.

Es geschah schnell. Ende November stand ich vor dem Army-Anwerber in einer nahegelegenen Shopping Mall und erklärte ihm, dass ich mich verpflichten wollte. Ich wollte zum Militärnachrichtendienst. Ich sagte ihm, dass sich das College und das Leben, zu dem es mich führte, bedeutungslos anfühlte. Jeder an der Universität tat dasselbe, strebte nach demselben Abschluss und demselben langweiligen Leben. Der Angriff vom 11. September hatte mir die Augen geöffnet, und zum ersten Mal sah ich, wie klein mein Leben gewesen war. Ich wollte etwas, das größer als ich selbst war. Etwas, das außerhalb von Texas lag. Ich wollte meinem Land dienen, und ich wollte in der Welt der Nachrichtendienste sein. Das sprudelte alles aus mir heraus, als hätte ich es jahrelang unterdrückt. »Ich will in den Krieg ziehen«, sagte ich.

»Ich verstehe nicht, warum du das machst«, sagte meine Mutter verärgert, als ich in ihr Haus kam. Es war Mitte 2002, und es waren Monate vergangen, seit ich mich im Büro des Anwerbers gemeldet hatte. Zuerst wusste ich nicht, was sie meinte und wollte nachhaken. Aber sie schnitt mir das Wort ab.

»Ein Army-Anwerber war hier und hat nach dir gefragt«, sagte sie. Ich konnte an ihrem Gesichtsausdruck erkennen, dass ihr alle möglichen Sorgen und Ängste durch den Kopf schwirrten. Der Anwerber hatte ihr erzählt, dass ich mich zum Militär gemeldet hatte, dass ich zur Army ging. »Stimmt das?«, fragte sie.

Ich nickte. »Mach dir keine Sorgen«, erzählte ich ihr, als sie anfing zu weinen.

Es tat mir weh, ihr Kummer zu bereiten. Ich versuchte, ihr zu erklären, dass die Leute im Nachrichtendienst der Army niemals an die Front gingen. Dass es völlig ausgeschlossen war, dass ich jemals am Kampfgeschehen teilnehmen würde. Aber nichts schien Sinn zu ergeben. Als ihr die Tränen übers Gesicht liefen, schüttelte sie nur ihren Kopf, als ob es nichts anderes zu tun gebe, als nach dem »Warum« zu fragen. Warum sollte sich jemand, der nie ein Wort über das Militär verloren hatte, plötzlich verpflichten – und ihr nicht einmal davon erzählen?

Wir standen uns nahe. Meine Mutter war alleinerziehend, und wir lebten in Katy, Texas, einer Kleinstadt nicht weit von Houston. Kaum einer schaffte von hier den Absprung, und es gab nur zwei Dinge, von denen die Leute besessen zu sein schienen: Schusswaffen und Football. Der ganze Stolz der Stadt war das Footballteam der Katy High School, das fast in jedem Jahr, in dem ich dort lebte, die Landesmeisterschaften gewann. Die Tigers. Unser Stadion war beinahe so groß wie das einiger Profimannschaften.

Meine Eltern trennten sich, als ich drei Jahre alt war. Keine Ahnung, wohin es meinen Vater verschlagen hat. Er rief hin und wieder an, verschwand dann aber jahrelang. Er sprach fünf Sprachen und reiste ständig durch die Welt, und ich dachte lange, dass er ein Geheimagent war. Vielleicht hoffte ein Teil von mir, dass er kein egoistischer Vater war, sondern mehr wie die Ehemänner in den anderen Familien, die mich umgaben. *Vielleicht war sein unstetes Leben etwas, das auch tief in mir steckte.*

Wir lebten in einem Bungalow in einem kleinen Vorort von Katy. Mom war stolz, dass wir den kleinen Apartments entwachsen waren, in denen wir noch wohnten, als sie ständig von Job zu Job wechselte. Der Garten kam mir vor wie ein Footballfeld, und im Vorgarten stand ein einzelner Baum, etwa 1,80 Meter hoch, der an dem Tag gepflanzt wurde, an dem wir einzogen. Dieser Baum wuchs in all den Jahren, in denen ich dort lebte, kein Stück, als würde er dahinsiechen und um etwas Wasser betteln.

Meine Mom war schlank und sportlich und hatte stets kurzes braunes Haar. Sie arbeitete als Programmiererin für große Ölkonzerne und nebenher als Freiberuflerin. Ich bin mir sicher, dass ich damals nicht zu schätzen wusste, was sie alles tat – ihre ständige Arbeit distanzierte uns –, aber ich bewundere sie heute. Sie redete immer darüber, wie wichtig es ist, anderen mit Respekt zu begegnen, einen starken Charakter zu haben und ein Gentleman zu sein. Vor allem Letzteres war für sie besonders wichtig. Sie brachte mich dazu, Bücher darüber zu lesen und schenkte mit Gutscheine für Benimmkurse für die Zeit, wenn ich ein Mädchen kennenlernen würde. Der Haken war nur, dass sie die Mädchen, die ich nach Hause brachte, nicht leiden konnte. Keine von ihnen schien ihre

Ansprüche zu erfüllen. Deshalb hörte ich irgendwann damit auf, sie nach Hause zu bringen.

Im Alter von fünfzehn Jahren fing ich an, Regale in einem Modegeschäft aufzufüllen, weil meine Mutter nach einem Autounfall arbeitsunfähig war und wir das Geld brauchten. Das Gute daran war, dass ich meinen Führerschein bekam. So konnte ich ein Jahr vor meinen Klassenkameraden über die Main Street von Katy cruisen und nach Mädchen Ausschau halten.

Damals musste meine Mutter auch die Vaterrolle übernehmen, und sie konnte sehr streng sein, auch wenn es wehtat. Einmal erwischte sie mich in der neunten Klasse dabei, wie ich bei einem Nachbarn Bier trank und Zigaretten rauchte, und zückte den Gürtel. Das war die Art von Disziplin, mit der sie damals auf einer Farm vor den Toren von Buffalo, New York, aufgewachsen war. »Es tut mir leid«, wiederholte ich, aber meine Worte blieben ohne Wirkung. An jenem Abend sah ich, wie sie im Bad weinte.

An dem Tag, an dem ich ihr sagte, dass ich das College abbrechen und zur Army gehen würde, weinte sie gefühlt stundenlang. Aber sie versuchte nie, es mir auszureden. Nicht an jenem Tag und auch nicht in den folgenden Tagen, auch als all ihre Freundinnen ihr sagten, dass sie mich nicht allen Ernstes in den Krieg ziehen lassen durfte. Der Rest der Familie sagte ihr, dass sie eine Rabenmutter war und dass man es doch dem geistig minderbemittelten Bodensatz des Landes überlassen solle, ihr Leben aufs Spiel zu setzen.

Meine Mutter war nicht die Einzige, die mich nicht verstand. Auch meine Freunde wussten nicht, was sie von meiner Entscheidung halten sollten. Einer sagte sogar, dass ich zu klug sei. »Die Army ist für Leute, die nichts Besseres finden, die sonst keine richtigen Jobs bekommen können.« Meine anderen Freunde wurden zwar nie unverschämt, aber ich wusste, dass sie auf mich heruntersahen, weil ich das College abbrach und zum Militär ging. Ich machte ihnen keinen Vorwurf – aber es war mir auch egal.

Ich war 18 Jahre alt, als ich 2002 meine Grundausbildung in Fort Jackson, South Carolina antrat. Wir nannten es »Relaxin' Jackson«. Jeder Veteran hat seine eigene Geschichte über die Grundausbildung – die Liegestütze, die Dauerläufe, das viele dumme Geschwätz. Es war eine Zeitverschwendung. Ich wollte nur in den Krieg ziehen.

Zwölf Wochen später besuchte ich die Intelligence School in Fort Huachuca, Arizona. Es war im Januar 2003, zwei Monate vor dem Beginn des Irakkriegs. Die Invasion im März überraschte uns alle. Wir dachten, dass unser Fokus auf Afghanistan lag, aber kurz davor hatten sich die Dinge nach Irak verlagert, und wir hörten nur von Saddam Hussein und seinen Massenvernichtungswaffen. In der Nacht, als die Army in den Irak ging, wurden alle zusammengerufen und der Leiter des Programms sagte uns, dass wir uns vorbereiten müssten. »Ob Afghanistan oder Irak, Sie müssen bereit sein. Sie alle werden sich wahrscheinlich bald in einem Kriegsgebiet wiederfinden.«

Fort Huachuca war ein gewaltiger Ort, hoch gelegen in der Mitte einer Art Wüste. Wir waren nahe der mexikanischen Grenze, so nah, dass wir die Luftschiffe der Zollbehörden und Grenzpolizei sehen konnten, die immer in der Luft waren und nach illegalen Einwanderern suchten. Bereits Texas war mir heiß vorgekommen, aber Huachuca war ein brütender Heizkessel.

Ich schnitt bei der Aufnahmeprüfung der Army so gut ab, dass ich mich für jede nachrichtendienstliche Stelle bewerben konnte, die mich interessierte – Cyber, Vernehmung, Source Handler, Signalaufklärung, alles Mögliche. Ich entschied mich für Informationsauswertung, weil alle das machten.

Die Intelligence School war fast wie das College, nur im Schnelldurchlauf, mit viel Lernen und Pauken bis in die Nacht. Um sich für eine Stelle zu qualifizieren, musste ich in vielen Prüfungen besonders gut abschneiden, weil ich sonst Gefahr lief, aussortiert zu werden. Ich war in der Analysis School, aber wir teilten unsere Unterkünfte mit der Interrogation School, dem Source Handling und der elektronischen Kriegsführung.

Wir standen jeden Tag um 6 Uhr morgens auf – 60 Soldaten mit unterschiedlichem Hintergrund – und trainierten als Gruppe, wir liefen meilenweit über Wüstenpfade, die sich um den großen Stützpunkt schlängelten, und belegten tagsüber Kurse. Das Licht wurde um 21 Uhr ausgemacht. Diejenigen, die der Aufgabe nicht gewachsen waren, wurden in den ersten Wochen nach Hause geschickt. Wenn man in einer Prüfung durchfiel, weil man ein oder zwei Fragen falsch beantwortet hatte, durfte man das Material noch einmal durcharbeiten und die Prüfung wiederholen. Wenn man wieder scheiterte, flog man heraus – ausnahmslos. Die Ausbilder nominierten mich zum Zugführer. Das heißt, dass ich den Frühsport leiten, die Soldaten zum Unterricht führen und die Klassenbesprechungen moderieren musste.

Jede Woche gab es ein anderes Seminar zu einem neuen nachrichtendienstlichen Thema, aber ich hatte den Eindruck, dass ein Großteil des Lernstoffs veraltet war. Sie versuchten immer noch, uns dafür auszubilden, gegen die Russen und Kommunisten auf großen Schlachtfeldern zu kämpfen, mit Panzerbataillonen und Tausenden von Soldaten. Es stand immer noch der Morsecode auf dem Lehrplan. An manchen Tagen scharten wir uns um eine Tischkarte, auf der wir Figuren hin und her schoben, unsere Armee gegen die der Russen. Wir redeten darüber, wie wir sie manövrierten, als handelte es sich dabei um eine Runde des Brettspielklassikers *Risiko*.

Es gab absolut keinen Unterricht zu Techniken der Terrorabwehr oder wie man Terroristennetzwerke und kleine, unabhängige Terrorzellen bekämpft. Es gab nichts zu unkonventioneller Kriegsführung, was damals aber bereits die Norm war – es gab schon lange keine großen Showdowns auf dem Schlachtfeld mehr. Als ich das hinterfragte, sagten die Ausbilder nur, dass das eben zur Standardausbildung gehörte.

Ich lernte allerdings schnell, wie man eine Karte liest, einen Kompass benutzt und die Koordinaten für einen bestimmten Bereich erhält. Wenn ich mich in einem Dschungel verirren sollte, so würde ich schneller als andere wieder herausfinden. Ich hatte auch ein Talent dafür, Ungereimtheiten in nachrichtendienstlichen Berichten zu entdecken und die Details zu identifzieren, die notwendig waren, um in unseren fiktiven Szenarien verborgene feindliche Formationen zu zerstören.

An einem meiner letzten Abende an der Intel School traf ich einen Piloten, der gerade lernte, Drohnen zu fliegen. Er machte eine nagelneue Ausbildung im übergeordneten Drohnenprogramm der US-Streitkräfte, das damals, 2003, noch in der Anfangsphase war. Ich war von Drohnen fasziniert, wusste aber wenig darüber – und so ging es den meisten von uns. Drohnen spielten im Militär noch eine sehr kleine Rolle. Ich hatte erst vor Kurzem von einem der ersten Drohnenschläge gelesen, der Ende 2001 im Jemen stattgefunden hatte und gegen einen al-Qaida-Anführer gerichtet war, Qaed Senyan Abu Ali al-Harithi, der für den Anschlag auf die USS *Cole* verantwortlich gewesen war. Von Al-Harithi blieb nur ein Häufchen Asche übrig, als die von der Drohne abgefeuerte Luft-Boden-Rakete durch die fünftürige Limousine drang, mit der er auf einer Landstraße unterwegs war; er und die anderen Terroristen, die sich mit ihm im Fahrzeug befanden, erfuhren nie, was sie traf.

Die ersten bewaffneten Drohnen waren gerade erst im Himmel über Irak und Afghanistan aufgestiegen, und es rankten sich noch viele Mythen über das, was sie zu leisten imstande waren. Mich faszinierten die Möglichkeiten unbemannter Flugkörper. Trotzdem schien die Technologie immer noch Lichtjahre entfernt. Der Pilot klagte, dass er einer von sehr wenigen Soldaten war, die damals im Fort Huachuca dazu ausgebildet wurden, Drohnen zu fliegen. Im Vergleich zu den anderen Programmen, die auf Kampfeinsätze vorbereiteten, kamen ihm Drohnen unwichtig vor. Er wollte Apache-Kampfhubschrauber fliegen. Wegen der kleinen Drohnenflotte sagte der Pilot, dass er nicht einmal wusste, ob es für ihn genügend Arbeit gäbe. »Wer weiß, was ich überhaupt machen werde«, sagte er ein wenig resigniert. »Ich komme wahrscheinlich nicht einmal dazu, am Krieg teilzunehmen.«

Ich bekam meinen Entsendungsbefehl, nachdem ich mit etwa vierzig Kameraden die Ausbildung abgeschlossen hatte; ich war einer von nur drei

Soldaten aus der Gruppe, die wegen ihres hervorragenden Abschlusses dazu ausgewählt wurden, die Special Forces zu unterstützen. Während der Rest nach Alaska gebracht wurde, um eine neue Army-Brigade zu bilden und sich den Hintern abzufrieren, flog ich nach Afghanistan. Laut meiner offiziellen Befehle sollte ich mich beim 3. Bataillon der 1. Special Forces Group melden, einer Einheit der Green Berets, die üblicherweise im Bundesstaat Washington stationiert war.

Vor meiner Entsendung durchlief ich die dreiwöchige Fallschirmjäger-Grundausbildung in Fort Benning, Georgia, wo ich aus Flugzeugen sprang – und hatte da einen Moment der Einsicht. In all der Zeit, die ich mit Lernen und Ausbildung verbracht hatte, hatte ich kaum darüber nachgedacht, worauf ich mich eigentlich eingelassen hatte.

3

DER NEUE

Muss ich schießend aus dem Hubschrauber rennen? Werden überall Taliban auf mich lauern, die mich bei der Landung zu erschießen versuchen? Mist, ich hatte in der Intelligence School nicht einmal eine Woche Ausbildung an alten M-16-Sturmgewehren. In einem Kriegsgebiet gibt es keinen Platz für Laptops. Ich bin nicht bereit dafür.

Ich war der einzige Passagier in einem Hubschrauberflug an die Front. Der Chinook brachte mich in mein neues Zuhause, einen Stützpunkt vor Jalalabad, ganz im Osten Afghanistans. Es war 2005, zwei Jahre nach meiner Ausbildung und bürokratisch bedingten Verzögerungen.

Ich war zwanzig Jahre alt, und hier würde ich meine erste Auslandsverwendung verbringen. Es war zufällig auch einer der heimtückischsten Orte der Welt: der letzte Ort, an dem al-Qaida-Führer Osama bin Laden gesichtet wurde, bevor er nach dem 11. September verschwand. Die Nachrichtensender hatten ein sehr brutales Bild gezeichnet – Enthauptungen, Frauen, die gesteinigt wurden, Kinder, die von ihren eigenen Eltern vergewaltigt wurden. Ich wusste nicht, was ich zu erwarten hatte, als ich dort eintraf. Ich nahm einfach nur an, dass überall Taliban waren.

Afghanistan ist ein schönes Land, wenn man einmal den Tod und die Vernichtung außen vor lässt. Ich war zu Hause große Städte gewohnt, schöne Häuser mit Giebeldächern. Davon gab es hier nicht viele. Es waren überwiegend windumtoste Gebirgsketten, hier und da Berge mit

Lehmhütten. Als der Chinook über die Landschaft flog, sah ich, wie Leute in Eselkarren auf der Hauptstraße fuhren, Familien in kleinen Flüssen badeten, Hühner und Vieh in der Landschaft verstreut waren.

Wir flogen über hohe Berge und zerklüftete Täler, die Piloten und die Crew hielten Ausschau nach Taliban oder Zeichen von Boden-Luft-Raketen. Trotz der Ohrstöpsel, die man mir gegeben hatte, hielten mich die Rotoren des Chinook davon ab, meine eigenen Gedanken zu hören. Der MG-Schütze saß an der offenen Tür und starrte auf die öde Landschaft, als wir in einer Kurve um die Hügel flogen. Ich drehte mich nach rechts und sah durch das kleine runde Fenster des Hubschraubers, wie wir über eine Gruppe von Schäfern hinweg flogen, die neben ihrer Herde herliefen und die zweifellos schon in einigen Meilen Entfernung hören konnten, dass wir auf sie zuflogen – in einer Gegend, die fernab jeder Zivilisation zu sein schien. Ich sah, wie das Land an uns vorbeizog, einen Finger am Gewehrabzug. Ich fragte mich, ob meine alten Freunde mir überhaupt glauben würden, dass ich all das gerade erlebte. Katy war weit weg.

Als nachrichtendienstlicher Analyst arbeitete ich eng mit den in der Gegend stationierten Green Berets zusammen. Ich sollte ihr »Augenpaar« auf dem Boden sein und alle Informationen analysieren und sammeln, die Bedrohungen für unser kleines Team darstellten. Damit sie sichergehen konnten, dass sie über alles Bescheid wussten. Ich sollte ihnen dabei helfen, ein Verständnis für die bewohnten Gebiete aufzubauen, indem ich die Berichte der Spione sammelte, die auf dem Land arbeiteten und Empfehlungen aussprachen, wohin unser Team gehen sollte. Ich sprach mit den örtlichen Clans und stellte sicher, dass ich alles über sie wusste, bevor sich unsere größere Gruppe mit den Dorfältesten zusammensetzte. Die Stämme waren auch meine Quellen über die Bewegungen der Taliban, die wir jagten. Wir waren hauptsächlich da, um die Leute für uns zu gewinnen, was bedeutete, dass wir uns mit den Ältesten anfreunden mussten, die der Schlüssel zu allem waren.

Das war eine monumentale Aufgabe, wenn man bedenkt, dass wir nur fünfzehn Amerikaner waren, die von Hunderttausenden Afghanen umgeben waren. Wir waren auf uns allein gestellt, der nächste größere Militärstützpunkt war Hunderte von Meilen entfernt.

Eine Stunde, bevor Jalalabad in unserem Blickfeld erschien, flog der Chinook über die Stadt und landete einige Meilen vor der Stadt auf einem leeren Feld, das von nichts umgeben war außer einer Reihe von Lehmhütten und Gebäuden, mit Feldern und zwei großen schneebedeckten Bergen im Hintergrund; manche nannten es das Palm Springs von Afghanistan. Ich stellte mir Palm Springs allerdings ganz anders vor.

Zwei Humvees mit Wüstentarnung, ohne Fenster oder Frontscheibe, hielten mit quietschenden Reifen an, als ich aus dem Hubschrauber stieg. Ein Team aus zehn Green Berets sprang heraus. Es gab noch eine Einheit mit etwa zwanzig Einheimischen in afghanischer Kleidung und grauen Bärten, die in zwei Toyota Hilux Geländewägen mit Vierradantrieb gepackt waren, alle mit Kalaschnikows und Panzerfäusten (RPGs) bewaffnet – als zusätzlichen Schutz.

Die Green Berets sahen mit ihren buschigen Bärten sehr verwegen aus, als wären sie geradewegs einem Gefängnis der Taliban entflohen. Manche trugen Baseballmützen mit NYPD-Aufdruck. Sie waren schwer bewaffnet, ihre Gewehre waren unterschiedlich mit Tarnfarbe bemalt, mit montierten Zielfernrohren. Das Einzige, was fehlte, waren die Pferde, auf denen sie – so hatte ich gehört – ritten, um unter den Einheimischen nicht aufzufallen. *Du musst härter aussehen und weniger wie ein nerdiger Analyst ... alle starren dich an*, dachte ich.

Einer der Typen kam auf mich zugerannt und fragte, »Sind Sie der Intel-Typ?«

»Ja«, brüllte ich über den gerade wieder wegfliegenden Chinook hinweg.

Ich fiel auf: glattrasiert, mit kurzen Haaren, nagelneuer Uniform, das Waffenfett klebte noch an meinem neuen Gewehr.

»Willkommen im Team, schön Sie hier zu haben«, sagte er. Dann fügte er mit einem breiten Grinsen hinzu »Fangen Sie an, sich die Haare wachsen zu lassen. Wir sind hier nicht in der Grundausbildung.«

Außer uns fünfzehn Amerikanern waren etwa achtzig afghanische Sicherheitskräfte vor Ort. Wir gehörten zu den Ersten, die den Flugplatz von Jalalabad besetzten, auf dem zerstörte russische Panzer und Flugzeuge herumstanden, seit Jahrzehnten vor sich hin rostend. Sie säumten die größte der Landebahnen. Überall um uns herum waren rot bemalte Felsen zu sehen – ein Hinweis auf Minenfelder.

Ich dachte, es wäre ein Witz, als die Jungs mir mein neues Zuhause zeigten, ein unterirdisches Gefängnis, in dem einst al-Qaida und Taliban gehaust hatten. Es war unter einem alten Flughafenterminal versteckt. Meine Zelle? War aus Beton, der gelbe Putz blätterte ab, es gab noch eine dünne Sperrholztür und Kratzspuren an der Wand, und man konnte sich gut vorstellen, dass dort schon viele Häftlinge den Verstand verloren hatten.

Im Laufe der nächsten Monate lernte ich, was es hieß, ein Intel-Spezialist zu sein. Ich ließ mir einen Bart wachsen und ersetzte meine Uniform mit einem Shalwar Kamiz und einer Kufi-Kappe. Wir fuhren in entlegene Dörfer, trafen uns mit Einheimischen und Stammesführern und beschafften uns dabei Informationen. Manchmal wurden wir für Einheimische gehalten. Ich fühlte mich wie ein Entdecker, der Orte besuchte, an denen noch nie zuvor Amerikaner gewesen waren. Manche Gebiete in Afghanistan sind so sehr von der Welt abgeschnitten, dass die Leute dort dachten, die Russen würden immer noch Teile des Landes kontrollieren. Dadurch, dass ich auf diesen Reisen sah, wie andere Menschen leben, erkannte ich zum ersten Mal, was für ein großes Glück ich habe, Amerikaner zu sein.

In Afghanistan wurde ich 21 Jahre alt. Das Team feierte mit mir, und zu meinen Ehren tranken wir »Quasi-Biere«, Getränke, die wie Bud Light schmeckten, aber alkoholfrei waren (es war für amerikanische Soldaten verboten, Alkohol zu trinken). Meine gleichaltrigen Freunde zu Hause hätten sich nicht vorstellen können, wie es ist, 21 Jahre alt zu werden, ohne sternhagelvoll um die Häuser zu ziehen. Vielleicht war es besser für sie, nicht zu wissen, wie das ist. Vielleicht war das der Grund dafür, dass

Soldaten wie ich und die anderen am anderen Ende der Welt im Krieg waren: damit sie nicht wissen mussten, wie das ist.

Es war das erste Mal überhaupt, dass ich einer Drohne begegnete. So etwas hatte ich noch nie gesehen. Der »Raven« war sehr leicht und so gebaut, dass man ihn von der Hand starten konnte, um sich ein schnelles Bild darüber zu verschaffen, was am Horizont zu sehen war. Er erreichte eine Flugzeit von etwa 60 bis 90 Minuten, schaffte eine Flughöhe von bis zu 150 Metern und konnte maximal eine Strecke von zehn Kilometern zurücklegen. Eine solche Drohne kostete so viel, wie ich in mehreren Jahren bei der Army verdienen würde.

»Willst du etwas richtig Cooles sehen?«, fragte Garth, der Green Beret, der die Drohne in unser Camp gebracht hatte. An jenem Tag hatte unser Team beschlossen, sich frei zu nehmen und zu grillen. Garth warf die Drohne hoch, die anfing, in den strahlenden Himmel wegzufliegen. Mir fiel sofort auf, wie laut sie war, richtig laut, wie ein Bienenschwarm direkt am Ohr. Es war völlig ausgeschlossen, dass man sich mit so einem Ding an den Feind heranschleichen konnte. Selbst als sie nicht mehr zu sehen war, konnte ich sie noch hören.

Er steuerte die Drohne wie ein Videospiel mit einer Fernbedienung. Es erinnerte mich an eine alte Sega-Spielkonsole mit dem kleinen Display in der Mitte und zwei Joysticks links und rechts, eine für die Drohnenkamera und eine zur Steuerung der Flughöhe.

Ich war beeindruckt.

»Könnt ihr das Teil sehen? Ich kann es hören, weiß aber nicht, wo es ist.« Garth lachte. »Ich fliege es die Landebahn auf und ab. Schau auf die Karte.«

Auf dem Boden stand ein kleiner Laptop mit Kartensoftware, die die Lage des Flugkörpers über dem Terrain anzeigte. Es flog jetzt wieder auf uns zu.

»Willst du mal probieren?«, fragte er.

Natürlich wollte ich. Ich übernahm die Fernbedienung, und er zeigte mir, wie man die Drohne wendete: sehr langsam mit dem Joystick, keine großen Bewegungen mit den Daumen, weil man sonst an Höhe verlor, mit viel Fingerspitzengefühl.

Das Display war von einer Blende umgeben, um vor Sonneneinstrahlung zu schützten, deshalb musste man aus kürzester Distanz direkt auf das Display starren, als würde man durch ein Fernglas sehen.

Ich sah darauf und fing an, die übertragenen Bilder vom Boden zu beobachten und mit den Daumen die beiden seitlichen Joysticks zu bewegen. Ich wendete den Raven langsam und umflog den Flugplatz mehrmals, ohne die Flughöhe zu verändern.

Ich bemerkte, wie wacklig die Kamera war. Es war wie ein Video, das man im Galopp aufgenommen hatte. Eine Boing 747 gleitet stabil durch die Luft. Aber weil der Raven so ein leichtes und kleines Flugzeug war, wurde er vom Wind durchgeschüttelt, und das sorgte für den wackligen Kamera-Feed.

Die Bilder waren außerdem nicht besonders scharf, trotzdem war ich immer noch sehr beeindruckt, weil dies das erste Drohnenmaterial war, das ich jemals gesehen hatte. Jahre später kam ich zu dem Schluss, dass die verwendete Kameraoptik Schrott war, wie der Unterschied zwischen einer Digitalkamera und einer Polaroid-Sofortbildkamera.

Das ging kurze Zeit so weiter, bevor Garth es gut sein lassen und zum Grillen übergehen wollte.

»Bringen wir den Vogel wieder runter … setze ihn in unserer Nähe ab.«

Ich hatte keine Ahnung, wie man das Ding landete.

Ich senkte die Flughöhe und steuerte den Raven in unsere Richtung. Ich wollte eine schöne Landung machen, wie ein Linienpilot, aber ich verlor die Kontrolle und die Drohne ging in den Sturzflug.

Der Raven krachte auf den Boden und zerbrach in mehrere Teile. Die Nase hatte sich vom Körper gelöst und beide Tragflächen, wie auch die Höhenflosse fielen auseinander. Ich musste zweimal hinsehen, um mich zu vergewissern, dass das keine Einbildung war. Überall lagen Teile des Ravens auf dem Beton verstreut.

Scheiße, ich habe gerade Regierungseigentum zerstört, das Zigtausend Dollar wert ist.

»Mann«, sagte Garth. »Das ist echt übel. Du hast meinen Raven geschrottet!«

Mein Gesicht muss so entsetzt ausgesehen haben, als wäre ich kurz davor, mich zu übergeben. Ich dachte, ich würde für den Schaden aufkommen müssen.

Dann brach Garth in schallendes Gelächter aus. »Reingefallen!«

Wie sich herausstellte, war der Raven so gebaut, dass er beim Aufprall in seine Einzelteile zerbrach, damit feindliche Kräfte ihn nicht in die Hände bekamen. Er eingebauter Sicherheitsmechanismus, um Ahnungslose zu täuschen. Bei mir hatte der Trick funktioniert.

Garth lachte weiterhin lauthals, als er die Teile aufsammelte und zu der Stelle ging, wo der Rest des Teams immer noch dabei war zu grillen.

Es wurde wirklich jede Gelegenheit genutzt, um den Neuen aufzuziehen.

4

CAMP PIZZA HUT

»Allahu Akbar, Allahu Akbar.«

Ich kniete nieder, barfuß. Hände, Knie und Stirn waren gegen den kleinen, kurzflorigen Teppich auf dem Betonboden gepresst.

»Allahu Akbar, Allahu Akbar.«

Die Sonne stieg gerade am Horizont auf, als ich das islamische Gebet auf Arabisch rezitierte, Zeile für Zeile. Ich hielt meine Stirn gegen den Teppich gedrückt und stand dann auf, mein Gesicht zur heiligen Stadt Mekka gerichtet, so wie man es mir beigebracht hatte.

Ich war von anderen umgeben, die ebenfalls in dem großen Raum beteten, die Stimmen hallten von den Wänden wider. Mein Koran lag auf dem Boden neben mir.

Nachdem ich mit dem Beten fertig war, hatte ich vor, mich wieder meiner Gruppe anzuschließen, um unseren Angriff auf einen Konvoi vorzubereiten, in dem sich hochrangige Personen aus den USA befanden. Meine Gruppe war so extrem, wie sie nur sein konnte. Andere Muslime verstanden nicht, dass wir die einzigen wahren Abkömmlinge Allahs waren. Diejenigen, die uns nicht verstanden, mussten sterben.

Uns blieb kaum Zeit, um den Angriff vorzubereiten. Unsere Brüder sagten uns, dass der amerikanische VIP und seine bewaffneten Sicherheitsleute auf einer Landstraße nach Süden unterwegs waren, die in der Nähe unseres Dorfes verlief. Unser Überfall musste genau geplant werden.

»Sie müssen verstehen, wie ein Terrorist denkt«, sagte ein Ausbilder später, der mich aus der Gehirnwäsche wieder herausriss. Mir war das die ganze Woche eingetrichtert worden – das war die geheime »Spiegelbild-Ausbildung« im Hinterland von North Carolina. Ich trug einen Schal, den ich um Kopf und Gesicht gewickelt hatte, um meine Identität zu verbergen; die anderen konnten nur meine Augen sehen. Das war ein Terroristentraining, das speziell darauf ausgelegt war, einigen wenigen Auserwählten beizubringen, wie man wie der Feind wurde, damit wir ihn bekämpfen konnten.

Jeder Tag fing im Morgengrauen an, ich machte Tempoläufe um das Gebäude und trug Verse aus dem Koran vor. Den Rest des Tages waren wir islamistische Terroristen, die Angriffe planten, beteten, ausländische Waffen wie russische Sturmgewehre oder Panzerfäuste schossen, ebenso auch schwere Schrotflinten. Wir führten Scheinüberfälle auf Konvois aus, planten die Entführung hochrangiger Beamter und die Verübung eigener Selbstmordanschläge.

Eines Tages lernten wir sogar, wie man eine Selbstmordweste mit Kugellager bestückte, um maximalen Schaden an Zivilisten anzurichten, die zufällig unseren Weg kreuzten. Als ich die Weste anhob, war ich erstaunt, wie leicht sie war. Sie fühlte sich wie eine Jagdweste an. Es wäre leicht, sich damit in einer dicht besiedelten Gegend zu bewegen und den Abzug zu drücken, um möglichst viele Menschen zu töten.

Manchmal konnte man vergessen, zu welchem Team man eigentlich gehörte: den USA oder al-Qaida. Der Schlafmangel machte alles noch schlimmer. Wenn man genug Zeit damit verbringt zu denken und zu handeln wie eine andere Person, wird man zu ihr.

Die Propaganda-Videos, die uns gezeigt wurden, ließ diese Grenze weiter verschwimmen. Das waren Videos, die man auf YouTube und Teilen des Dark Web fand. In den Videos wurde der Eindruck vermittelt, als würden US-Soldaten losziehen und unschuldige Zivilisten töten. Ich erinnere mich an eine Videomontage von einem Army-Soldaten, der seine M-16 feuerte, gefolgt von dem Bild eines verletzten Kindes, sodass es aussah, als hätte der Soldat auf das Kind geschossen.

Es war eines der merkwürdigsten Trainingslager, die ich jemals besucht hatte. Teilweise wurden wir einer Gehirnwäsche unterzogen, so wie die al-Qaida ihre Rekruten einer Gehirnwäsche unterzog, um sie davon zu überzeugen, dass es ihre Pflicht war, so viele Amerikaner zu töten wie möglich. Ich wurde tagein, tagaus damit berieselt und konnte verstehen, warum ein Terrorist so dachte, wenn ein Dorfältester oder religiöser Führer, dem man vertraute, diese Lügen verbreitete. Jene Barbaren, die unser Land verfluchten, waren mit einer Denkweise aufgewachsen, die es ihnen unmöglich machte, etwas anderes zu verstehen.

»Warum hassen sie uns so?«, fragte ich einen Ausbilder.

»Weil ihre Sichtweise des Islam völlig verdreht ist«, sagte er.

Ich verstand es nicht. Mir war nicht beigebracht worden, anderen mit einem solchen Hass zu begegnen. Ich hatte unseren Feinden nichts getan, eher war das genaue Gegenteil der Fall. Als wir in Afghanistan waren, kauften unsere Gruppen der Spezialeinheiten Essen und Medikamente für bedürftige Familien. Einmal riefen wir sogar einen Hubschrauber mit amerikanischen Sanitätern zu unserem Stützpunkt, um einem kleinen afghanischen Kind zu helfen, das nicht gehen konnte.

Ein ehemaliger FBI-Agent kam und zeigte uns Videos von Selbstmordattentätern. Auf einem war das grobkörnige Bild eines geschäftigen Markts in einer Stadt irgendwo im Nahen Osten zu sehen. Die Komplizen des Terroristen hatten die Szene vom Dach eines nahen Hauses aufgenommen. Kurze Zeit später hielt ein unscheinbar wirkender Laster neben einem voll besetzten Café, als würde er dort jemanden absetzen wollen. Einige Sekunden später explodiert das Fahrzeug und reißt Dutzende in den Tod. »Das ist das Böse, dass es auf der Welt gibt«, sagte uns der Agent. »Das sind die Leute, die Sie jagen werden.«

Ich fing an, diese Menschen zu hassen, weil ihre Lebensweise die Existenz Amerikas bedrohte. Der Hass war beunruhigend, verlieh mir aber Entschlossenheit.

Einige Monate später brach ich zu meiner nächsten Entsendung auf, diesmal ging es in den Irak. Es war ein Abend im September, als meine C-17-Transportmaschine in einen steilen Landeanflug ging, direkt auf die Landebahn in Bagdad zu. Es war bekannt, dass Aufständische Flugzeuge vom Himmel schossen, deshalb trugen wir volle Körperpanzerung, hatten die Waffen im Anschlag, geladen und entsichert, und trugen Helme. Ich war auf das Schlimmste vorbereitet.

2005 war ein tödliches Jahr im Irak. Der Aufstand hatte ein regelrechtes Blutbad verursacht: Mindestens 844 amerikanische Soldaten waren ums Leben gekommen, etwa die Hälfte von ihnen durch selbst gebaute Bomben, die auf Straßen deponiert wurden. Zahlreiche Soldaten wurden verletzt. Es war manchmal schwer, den Überblick zu behalten. Saddam Hussein war zwei Jahre zuvor gefasst worden, und die USA hatten der irakischen Interimsregierung das Land übergeben. Aber der Irak war immer noch ein mörderischer Bienenstock aus nationalistischen und islamistischen Gruppierungen, die um die Vorherrschaft im Land kämpften.

Jede dieser Gruppen wollte ein Stück vom Irak, sie bekämpften sich selbst und die US-Streitkräfte, die im Land verteilt waren. Auch Saddams Baath-Partei hatte ihre eigene Gang. Manchmal wurden Schiiten mit Verbindungen zum Iran eingesetzt, um gegen die US-Kräfte zu kämpfen. Radikale Sunniten bildeten ihren eigenen Klüngel, und andere kämpften einfach im Namen des Dschihad – die Mudschaheddin. Die Anhänger von al-Qaida im Irak waren dabei, diesen Krieg zu gewinnen, indem sie rohe Gewalt anwendeten. Sie glaubten, dass sie die Tode im Namen Allah verübten, und selbst andere Sunniten wollten sich ihnen nicht in den Weg stellen.

Als unser Flugzeug auf der Landebahn zum Stehen kam, stellte ich mir Horden von Terroristen vor, die mit Panzerfäusten und Sturmgewehren Spalier standen und nur darauf warteten, dass sich die Türen unseres Flugzeugs öffneten. Gleich kommt's, dachte ich mir, und ergriff meinen M4-Karabiner.

Aber das Flugzeug landete ohne besondere Vorkommnisse. Und als sich die Heckklappe öffnete, schoss niemand auf uns. Es waren nicht einmal gepanzerte Fahrzeuge auf der Landebahn. Vier oder fünf weiße Busse, mit einer dicken Staubschicht bedeckt, hielten neben dem Flugzeug an, unser Shuttle-Service. Wir warfen unsere Taschen herunter. *Was zum Teufel soll das?* Es war wie eine Abenteuerreise.

Es war bizarr, und es wurde noch seltsamer. Unsere Busse verließen den Flughafen, und ich sah, wie die Straßen an uns vorbeizogen. Sie sahen karg und beinahe gespenstisch aus, gesäumt von Stacheldraht und einen Meter hohen Barrieren, die Unbefugte davon abhalten sollten, den Stützpunkt zu betreten.

Warum fährt der Fahrer nicht wenigstens schnell? Was ist mit den Heckenschützen?

»Soll das ein Witz sein?«, sagte ich zu dem Soldaten neben mir, als sich eine Mall vor uns auftat. Wir fuhren an einem Pizza Hut vorbei. Dann an einem Burger King. Und einem Cinnabon. Ein Schild vor einem Gebäude warb für Salsa-Tanzstunden am Freitagabend.

»Sind wir nicht in einem Kriegsgebiet?«, fragte ich verblüfft.

Er zuckte mit den Schultern.

Das war Camp Taji, ein riesiger Stützpunkt auf einem Gelände, auf dem früher eine von Saddams alten Chemiewaffenfabriken stand. Die Army hatte die meisten Gebäude verändert und einige neue Häuser erbaut, deshalb war von dem alten Palast wenig übrig. Wir hätten genauso gut in Toledo, Ohio, sein können.

Etwa zwanzig von uns Intel-Leuten arbeiteten in einem kleinen stickigen Raum in einem der neueren Gebäude der Anlage. Ich legte »Target Packets« über Feinde an – im Grunde digitale Ordner mit Dokumenten, die unsere Spezialeinheiten im Einsatz über lokale feindliche Anführer oder Milizen gesammelt hatten, die wir gefangen nehmen oder töten wollten. Manche Ziele hatten Akten, die mehrere Hundert Seiten lang waren, während andere mysteriöser waren, mit nur wenigen Seiten. Die ausführlichen »Target Packets« enthielten alles, beispielsweise persönliche Angaben und Straftaten des Feindes, Karten der Gegend, in der er lebte oder sein Unwesen trieb, und alle bekannten anatomischen Merkmale, wie ein großes Muttermal am Hals oder eine zehnmal gebrochene Nase.

Die meisten Ziele waren nicht besonders bekannt, und oft war nicht klar, welche Rolle sie in der Welt des Terrorismus eigentlich spielten. Manchmal fragte ich mich, ob sie überhaupt Schurken waren oder ob wir von unseren Quellen schlechte Informationen erhalten hatten. Aber es gab kaum Möglichkeiten, das herauszufinden.

Selbst in dieser Phase des Krieges gab es keine echte Logik oder Systematik in unserem Vorgehen. So ziemlich jeder, der namentlich im Einsatz erwähnt wurde, wanderte in irgendein »Package«.

Es gab zahlreiche Berichte. Wir wurden im Grunde so etwas wie eine Informationsverarbeitungsfabrik. Und wofür? Das Problem war, dass nur wenige unserer Berichte zu zeitnahen Reaktionen führten. Viele Kommandanten forderten von uns Unterlagen an, warteten dann eine gefühlte Ewigkeit und sagten schließlich, dass sie mehr Zeit bräuchten, um sich auf eine mögliche Mission vorzubereiten. Sie verbrachten teilweise drei ganze Tage damit, einfach nur über die Mission zu reden, ohne etwas in die Wege zu leiten. Dachten sie, dass auch nur einer dieser verblendeten Terroristen, der etwas auf sich hielt, lange genug an einem Ort warten würde, um sich gefangen nehmen zu lassen?

Wir hatten einen Ausdruck für diese Art von kontraproduktiver Arbeit: »Die sich selbstschleckende Eiswaffel«. Damit wollten wir zum Ausdruck bringen, dass Informationen um ihrer selbst willen gesammelt wurden. Als Arbeitsbeschaffungsmaßnahme. Und mit der Zeit verloren wir deswegen vermutlich Dutzende von Männern.

Nachts saß ich auf meinem Feldbett und verspürte den Drang, an einem anderen Ort zu sein. In einem Computerraum hinter der Front konnte man keine echten Informationen sammeln. Ich fing an, meinen Selbstwert zu hinterfragen – hatte ich wirklich all die Jahre Ausbildung hinter mich gebracht, um Däumchen zu drehen und Terroristen dabei zuzusehen, wie sie ihren nächsten Angriff vorbereiteten?

Die Tage vergingen, und bald konnte ich es nicht mehr ertragen. Ich war kurz davor auszuflippen.

Als sich die Dinge zuspitzten, telefonierte ich mit einem Hauptmann der Special Forces im Nordirak. Unsere Analyse-Abteilung wusste genau, wo sich das Haus eines Terroristen befand, es war nur eine Humvee-Fahrt von der Gruppe dieses Offiziers entfernt.

Das Ziel war ein berüchtigter Waffenbauer. Er hatte sich darauf spezialisiert, Sprengfallen zu bauen, die so viele unserer Leute töteten.

Es waren drei Wochen vergangen, seitdem wir dem Kommandanten das »Target Package« über den Bombenbauer gegeben hatten. Und ich war stinksauer.

»Warum brüten Sie über diesen Kerl?«, fragte ich. Der Kommandant hatte einen höheren Rang als ich, aber das war mir egal. »Warum brauchen Sie so lange?«

»Sie müssen langsam machen«, sagte er und erklärte, dass wir den Angriff noch planten, es aber viele Variablen zu bedenken gebe. »Sie verstehen nicht, wie die Dinge ablaufen.«

Er war sehr verständnisvoll. Aber ich wusste, was der Kommandant wirklich dachte: Du sitzt im Hauptquartier in einem netten klimatisierten Büro, während ich im Zelt in meinem eigenen Saft schmore und mich nicht einmal duschen kann. Halte dich aus meinen Angelegenheiten heraus und kehre in deine verdammte Pizza Hut zurück.

5

SPIONAGESPIELE

Ich hätte alles getan, um aus Camp Pizza Hut herauszukommen. Als Ende 2006 eine Geheimdienst-Einheit anrief, nutzte ich daher sofort die Gelegenheit, eine andere Seite der Welt der Nachrichtendienste kennenzulernen.

Ich flog in jenem Winter aus dem Irak zurück in die USA, noch bevor meine Auslandsverwendung offiziell abgeschlossen war. Einige Flugzeuge später war ich an einem geheimen Stützpunkt im Nordosten. Ich warf meine Tasche auf ein Doppelbett in einem zweistöckigen Gebäude. Obwohl ich noch von der Reise benommen war, blieb mir nicht viel Zeit zum Durchatmen. Ich besuchte noch am selben Tag einige Einführungsveranstaltungen und suchte dann die Mannschaftskantine auf dem Campus auf, wo gerade fünfzig Intel-Leute am Trinken waren. Viele von uns kannten das Leben von Spionen nur aus Filmen.

Ich war von einer speziellen Organisation innerhalb des US-Militärs rekrutiert worden, die jedes Jahr eine kleine Schar von Angehörigen der verschiedenen Teilstreitkräfte in die Spionage-Ausbildung schickt. Die genauen Details meiner Rekrutierung sind nach wie vor geheim. Ich wurde ausgebildet und zum Sachbearbeiter zertifiziert. Case Officer – so nannte man diesen Posten in unseren Kreisen. Eine Art Doktortitel der Spionage-Ausbildung. »Es ist sehr selten, dass jemand diese Gelegenheit bekommt«, sagte uns einer der Ausbilder an jenem ersten Abend, als er in der Kantine von

Dutzenden Rekruten oder Studenten umgeben war. »Sie sind die besten und klügsten Männer Ihrer Generation, aber das ist ein sehr schwieriger Kurs.« Die meisten Ausbilder waren Zivilisten, aber manche waren Offiziere im Militärnachrichtendienst. Sie hatten die Aufgabe, uns den Arsch aufzureißen und das Handwerkszeug der Spionage zu vermitteln. Wir standen kurz davor, in eine erlesene, geheime Gruppe von Männern und Frauen aufgenommen zu werden. »Sie sind die nächste Generation von Spionen«, sagte er uns. »Willkommen auf der Farm.«

So hieß dieser Ort: die Farm.

Als ich an jenem Abend in mein Zimmer zurückkehrte, hegte ich den Verdacht, ich würde von Kameras überwacht. Ich kontrollierte den Wandspiegel und den Rahmen eines Landschaftsbildes. Ich war sicher, dass sie angefangen hatten, mich zu beobachten – und jede Bewegung, die ich machte, zu beurteilen. Ich war ein wenig paranoid, aber das war eben das Gefühl, das das Camp in jedem von uns schürte.

Wochenlang war das Camp wie ein großes Planspiel, Spion gegen Spion, das in einer mittelgroßen amerikanischen Stadt in unserer Nähe stattfand – wobei die Einwohner der Stadt oft im Dunkeln darüber gelassen wurden, was wir taten. In unseren Missionen ging es darum, ausländische Personen, die die USA mit wertvollen Informationen beliefern konnten, zu verfolgen, zu beurteilen und zu rekrutieren.

Oft verkleidete ich mich dabei. Weil ich damals erst 22 Jahre alt war, zeigten mir Visagisten, wie ich mich optisch älter machen konnte. Sie gaben mir Perücken mit grauen Haaren, zeigten mir, wie ich meine Gangart und meine Körperhaltung verändern konnte, um älter zu wirken, wie man Bärte färben und stutzen konnte. Nach einer Übungsphase hatte ich eine Reihe von unterschiedlichen Verkleidungen erlernt. Mir reichten zehn Minuten Vorbereitung, um sie anzulegen, und selbst meine eigene Mutter hätte mich danach nicht mehr erkannt.

Trotzdem dauerte es eine Weile, bis ich mich an die Verkleidungen gewöhnt hatte. Immer, wenn ich mich auf einer Mission im Rückspiegel ansah, kam ich mir mit der andersfarbigen Perücke ein wenig albern vor – wie ein Erwachsener, der sich außerhalb der Halloween-Saison verkleidet. Doch die Einheimischen schienen es nicht zu merken. Ich ging in einen kleinen Supermarkt, bezahlte eine Tasse Kaffee, und der Typ an der Kasse schenkte meinem hippieartigen Pferdeschwanz keinerlei Beachtung. Ich aß in einem Diner in der Stadt, und die Kellnerin sah mich an, als wäre ich nur ein weiterer Kunde mit einem dicken Schnurrbart.

Die Farm öffnete mir die Augen für eine Art unsichtbare Welt, die sich um uns herum auftat. Wenn man sich in ihr befand, fühlte es sich ein wenig an wie die Matrix, in der nur einige wenige Personen begriffen, was hinter der Alltagsroutine wirklich steckte. Ist Ihnen jemals an irgendeiner Wand im Einkaufszentrum eine Kreidemarkierung aufgefallen? Oder eine Gruppe von Autos, die an einer dicht befahrenen Kreuzung plötzlich ihre Spur verlassen und in völlig andere Richtungen fahren? Nach der Farm war ich ein anderer Mensch.

Mir wurde zum ersten Mal gezeigt, wie man sich eine Krawatte bindet, Anzüge auswählt/bügelt und bei einem besonderen Anlass ein Glas Scotch bestellt. In gewisser Weise brachte mir die Farm das bei, was mein Vater in meiner Jugend versäumt hatte, nämlich wie man sich als Mann verhält. Abends besuchte ich inszenierte Cocktailpartys, in denen ich lernte, mich an ausländische Regierungsmitarbeiter »heranzumachen«, die je nach Dienstebene einen anderen Zugang zu Informationen hatten – ein General, ein ausländischer Botschafter, eine Dame der feinen Gesellschaft. Im Prinzip verhielt ich mich so ähnlich wie ein Geschäftsmann, der auf einem Empfang Networking betreibt.

Bei der personenbezogenen Spionage – genannt HUMINT, was für »Human Intelligence« steht – ging es in erster Linie darum, die Schwächen des anderen zu finden und diese Schwäche dann zu seinem eigenen Vorteil zu nutzen. Brauchte die Quelle Geld? Hatte er spezielle sexuelle Vorlieben? Wollte er seinem Land helfen?

Die Berichte waren der schlimmste Teil. Ich musste sie nach jeder Interaktion anfertigen: Mit wem ich gesprochen, welche Straßen ich benutzt, was die Quelle genau gesagt bzw. nicht gesagt hatte, was sie meiner Meinung nach dachte, welche Pläne ich für das nächste Treffen hatte, Beschreibungen von Personen oder Fahrzeugen, die mich zu verfolgen schienen. Es gab Nächte, in denen ich weit nach Mitternacht immer noch wach war, um bedeutungslose Interaktionen schriftlich festzuhalten.

Ich wusste, dass es für mich eine große Sache war, in der Farm zu sein. Mit 22 Jahren war ich der Jüngste dort.

Allerdings erkannte ich nach einigen Wochen langsam, dass die Farm mich nicht gerade in James Bond verwandelte. Ich war nicht so naiv anzunehmen, dass ich nur schnelle Autos fahren, mit schönen Frauen dinieren und Ganoven ermorden würde. Aber ich war 22 Jahre alt. Und ich dachte, dass mir die Ausbildung wenigstens Spaß machen würde.

Was ich immerhin lernte, war, dass Spione ein furchtbar langweiliges Leben führten.

Etwa 10 Prozent davon war sexy, mit coolen Spielsachen, die man aus Filmen kennt – wasserlösliches Papier, geheime Kofferfächer und falsche Dokumente wie Pässe, Führerscheine und Kreditkarten. Aber die anderen 90 Prozent – den ganzen Tag herumfahren, um seine Spur zu verwischen, und das Schreiben von Berichten, das nervte total. Nach einer Weile fing es an, an mir zu nagen. Wollte ich wirklich ein Spion sein? Gab es da draußen nicht noch etwas anderes?

Eines Tages bekam ich meine Antwort darauf.

Ein Ausbilder führte uns in einen dunklen Raum und spielte ein Video ab. »Das soll als Motivation dienen«, sagte er. Das Video war von einer Drohnenkamera aufgenommen, die über einem Trainingslager der al-Qaida irgendwo im Nahen Osten kreiste. Das Lager wirkte staubig und spartanisch, es waren Dutzende von bewaffneten Männern zu sehen, die in Bewegung waren. Irgendwann setzten sich die Rekruten auf den Boden, und aus der Perspektive der Drohnenkamera wirkte es so, als würden sie einem Ausbilder zuhören.

Dann, wie aus dem Nichts, feuerte die Drohne eine Hellfire-Rakete ab. Mit einem grellen weißen Lichtblitz zerstörte die Rakete das Lager – und jeden, der sich darin befand. Es mussten sich dort mehr als hundert Terroristen befunden haben. Teile des Hauptgebäudes wurden in die Luft gewirbelt und schienen beinahe in Zeitlupe zu schweben, während die Drohnenkamera ihren Blickwinkel veränderte, um das gesamte Ausmaß der Zerstörung zu betrachten. Als der Lichtblitz nachließ und schließlich verschwand, konnten wir sehen, dass auf dem Boden Leichen lagen.

Ich hatte noch nie zuvor einen Drohnenangriff gesehen.

Bis zu jenem Augenblick war ich mit nicht sicher gewesen, was ich in der Welt der Nachrichtendienste tun würde. Doch das Drohnenvideo half mir, mich zu fokussieren. Das waren Terroristen, und sie waren tot. Ich wollte meinen Teil dazu beitragen.

Ich hatte keine Ahnung, wie ich das anstellen sollte. Was ich allerdings wusste, war, dass es bei dieser Regierungsbehörde vermutlich nicht klappen würde. Mein Vertrag bei der Army lief noch über drei Jahre. Das heißt, dass alles, was ich für die Behörde tat, über die Army laufen musste. Sie flog ihre Drohnen nicht über das Militär; sie tat es im Alleingang. Soweit ich es sah, würde ich auf diesem Weg nie dazu kommen, mit Drohnen zu arbeiten. Ich würde an der Behörde dazu bestimmt sein, Quellen anzuwerben und, vielleicht irgendwo als Mitarbeiter einer Botschaft, Informationen von V-Leuten zu erhalten, die ich dann ans Militär weitergeben konnte. Das bedeutete, dass ich viele Berichte schreiben würde. Sehr viele.

Als ich meinem Ausbilder sagte, dass ich gehen wollte, sah er mich an, als hätte ich den Verstand verloren. In der Army wurden wir darauf hintrainiert, niemals aufzugeben. Es liegt nicht in unserem Naturell, und selbst der bloße Gedanke ans Aufgeben lässt jeden Soldaten wie einen Schwächling erscheinen. Der Hauptausbilder suchte mich an jenem Abend auf und suchte das Gespräch.

»Warum gerade jetzt?«, fragte er, und sagte, dass ich gerade dabei war, einen großen Fehler zu machen. »In zwei Wochen ist die Ausbildung sowieso zu Ende.«

Er verbrachte die nächsten beiden Tage damit, mich davon zu überzeugen durchzuhalten. Seinen letzten Versuch startete er eines frühen Morgens in einem italienischen Restaurant im Erdgeschoss eines Nobelhotels. Ich befand mich gerade in einem unserer letzten Spionage-Planspiele. Ich war in dem Hotel untergebracht, unter falscher Identität, und sollte Informationen über einen Anschlag auf ein anderes Land beschaffen und sammeln.

Der Spion zog seinen Mantel und Hut aus und setzte sich. Er war ein Spion der alten Schule, der den Kalten Krieg mitgemacht hatte, und trug einen dicken Schnurrbart. Er machte den Job schon seit Jahrzehnten.

Er verschwendete keine Zeit. Außer uns waren kaum andere Gäste da.

»Nur wenige bekommen diese Chance«, sagte er mit einer leisen Stimme, die er sich über viele Jahre antrainiert hatte.

Ich nickte, weil ich wusste, dass er Recht hatte.

»Sie sind für diese Arbeit bestimmt, und wir finden, dass Sie Ihre Entscheidung überdenken müssen. Warum nehmen Sie sich nicht einige Tage Zeit, um darüber nachzudenken? Die Sache bleibt zwischen uns.«

Wir redeten etwa dreißig Minuten. Aber ich hatte meine Entscheidung bereits getroffen. Ich wusste, was zu tun war, wohin ich wollte.

»Es tut mir leid«, sagte ich.

Das Letzte, woran ich mich erinnere, ist, dass ich ihm die Hand gab. Er erhob sich vom Tisch, zog seinen Mantel und Hut an, und ging in das lichtdurchflutete Foyer. Er drehte sich nicht um.

Ich stieg an jenem Abend in ein Flugzeug und checkte mich in einem heruntergekommenen Hotel in Maryland ein.

Dort wartete ich auf meine nächste Aufgabe, völlig unsicher darüber, was als Nächstes käme. Leere Bierdosen und Pizzaschachteln lagen überall verstreut. Ich ließ das »Bitte nicht stören«-Schild drei Wochen an der Tür hängen.

6

DER SCHEISSKASTEN / MÜLLSTADT

Ich wachte in einem muffigen alten Feldbett auf, weil ich Schreie hörte. *»Feindlicher Beschuss!«,* brüllte ein Soldat irgendwo in dem dreistöckigen Gebäude. Ich blinzelte. Staub füllte meine Nase in der frühen Morgenluft. Bevor ich mich aufrichten konnte, schlug eine Mörsergranate im Dach ein.

Das Gebäude erbebte mit der Detonation, schnell gefolgt von zwölf weiteren Einschlägen, jede heulte vor dem Aufprall, ich zählte die Verzögerung mit, als seien es lange Sekunden auf einer Uhr.

Ich war von zwanzig Soldaten umgeben, die auf ihren rostigen Feldbetten lagen. Manche hatten Schlafprobleme, so wie ich, lagen mit offenen Augen da und starrten auf die Sperrholzdecke, als der Staub mit jedem Granateneinschlag zwischen den Ritzen auf den Boden rieselte, und sie fragten sich vermutlich, wann alles über uns einstürzen würde.

Es war gerade einmal 6 Uhr morgens, und es stand uns ein weiterer Tag mit Granatenbeschuss bevor. Die zum Feind gewordenen Einheimischen hatten uns die ganze Woche angegriffen und wie Haie umkreist, und wir konnten dem wenig entgegensetzen. Unsere Leute hätten zwar zurückschlagen können, aber die Einsatzregeln erlaubten es damals nicht. Ein schönes Geschenk an den Feind aus dem entfernten Hauptquartier, das sich Sorgen darüber machte, dass die Aufständischen aus Häusern schossen, in denen unschuldige Zivilisten wohnten. Aber wir trösteten uns damit, dass diese Mörsergranaten nicht die Durchschlagskraft hatten, um in das Gebäude einzudringen. Zumindest noch nicht.

Vor drei Monaten hatte ich in jenem Motel in Maryland einen Anruf erhalten, dass ich der 82. Luftlandedivision Informationen beschaffen sollte. Jetzt war ich vor den Toren von Sadr City in Bagdad, nordöstlich der Grünen Zone – im Combat Outpost Callahan.

Die Zimmer, in denen wir hausten, rochen nach Schimmel und Schweiß, und manchmal war es fast so, als wäre man in einer mobilen Toilettenkabine eingeschlossen. Der Geruch war manchmal so penetrant, dass sich einem der Magen umdrehte und die Nase kräuselte. Es war wie im Gefängnis – oder schlimmer. Unsere Feldbetten waren dünn und durchgelegen, und die Kissen waren so wie die Dinger, die man im Flugzeug bekommt. Es gab keine funktionierenden Lampen. Wenn wir abends etwas sehen wollten, mussten wir unsere Stirnlampen anschalten. So wie Bergarbeiter.

Unser Gebäude war in etwa so groß wie eine Walgreens-Filiale und ursprünglich so gebaut, dass es Sandstürmen und starken Windböen standhalten konnte, nicht aber feindlichem Beschuss. Etwa vierhundert Soldaten waren auf vier Stockwerke verteilt. Bevor das Gebäude aufgegeben wurde, war es eine Mall gewesen. Wenn die Iraker ein Gebäude verlassen, ist es kein Ort, an dem man sich aufhalten will. Von Hausbesetzern, die vor uns dort gehaust hatten, war getrocknete Scheiße an die Wände geschmiert worden.

Ich ernährte mich von Einmannpackungen (MREs = Meals, Ready to Eat) sowie einer Geschenkbox mit Dauerwurst und Käse, die mir meine Tante Linda aus New Jersey geschickt hatte. Weil wir keine Duschen hatten, benutzte ich Wasserflaschen, um mich zu waschen. Der Toilettengang war eine Überwindung. Wir hatten eine Reihe von mobilen Toilettenkabinen vor dem Gebäude, aber wir mussten unsere Schutzweste und einen Helm tragen, wenn wir austreten wollten. Mein Gewehr war immer geladen und gesichert. Die größte Angst eines jeden Soldaten war es, mit heruntergelassenen Hosen auf dem Scheißhaus sitzend von einer Granate getroffen zu werden.

Als der Granatenbeschuss nachließ, folgten andere Bedrohungen: Scharf-schützen, Blindgänger, Autobomben. Selbst der Scheich der nahegelege-nen Moschee war gegen uns. Er benutzte die Lautsprecher in der Stadt, um die Einwohner dazu aufzufordern, alle westlichen Besatzer anzugrei-fen. Das alles wurde schnell zu einem albtraumhaften Soundtrack, den man nicht abstellen konnte.

Mir wurde gesagt, dass meine Auslandsverwendung nur sechs Monate dauern würde, aber daraus wurden zuerst zwölf, dann schließlich fünf-zehn Monate – wie ein leichtes Fieber, das ich einfach nicht loswurde. »Willkommen in der Hölle« war der Satz, mit dem alle neuen Soldaten begrüßt wurden. Das war der Anfang der Truppenerhöhung, mit der Präsident George W. Bush auf Anfrage von General David Petraeus und anderer Militärstrategen zu Hause weitere 30 000 US-Soldaten in den Irak entsandte, in der Hoffnung, dass das Chaos dann bald enden würde.

Sadr City war das am dichtesten bevölkerte Elendsviertel des Landes, es lebten etwa zwei Millionen Menschen auf einer Fläche von gerade einmal 20 Quadratkilometern. Die Straßen waren zerstört, mit Abwasser über-flutet und von zwei- und dreistöckigen Häusern gesäumt, die kurz vor dem Einsturz zu stehen schienen.

Ein schiitischer Geistlicher namens Moktada al-Sadr kontrollierte die Siedlung. In diesem Gebiet kämpften wir nicht nur gegen schiitische Ex-tremisten. Wir kämpften auch gegen den Iran, der ausgebildete Einhei-mische benutzte, die eine ähnliche religiöse Ideologie und Ziele hatten, um einen Stellvertreterkrieg gegen uns zu führen.

Der Truppenanstieg begann im selben Jahr, als die Gewalt im Irak immer stärker ausbrach, mit verschiedenen bewaffneten Gruppen, die sich ge-genseitig und die US-Soldaten bekämpften. Die Zahl der US-Soldaten, die jeden Monat im Kampfeinsatz fielen, hatte einen Höchststand er-reicht. Der neue irakische Premierminister, Nouri al-Maliki, hatte sich als Fehlgriff erwiesen. Als Schiite hatte er sehr bald die meisten anderen religiösen Gruppen ausgeschlossen. Und die US-Soldaten hatten einen

Großteil ihrer Zeit in den großen geschützten Stützpunkten verbracht, die es überall im Land gab, wodurch sie mit der einheimischen Bevölkerung kaum in Kontakt traten. Der Truppenanstieg sollte das verändern. Die meisten der 30 000 neuen Soldaten wurden in den Bezirken in und um Bagdad stationiert. Unsere Mission war es im Grunde, in den Stadtvierteln aufzuräumen und sie sicher zu machen. Die dort kursierenden Waffen zu beseitigen und den Extremisten den Garaus zu machen.

Am Combat Outpost Callahan war ich einer von etwa acht nachrichtendienstlichen Analysten. Wir verbrachten unsere Tage in einem kleinen fensterlosen Raum, saßen an Computern und schnürten Informationspäckchen über die lokal agierenden Terroristen, eine Art Inhaltsverzeichnis der wichtigsten Leute des Stadtviertels. Die Informationen kamen in Häppchen aus dem Feld, überwiegend von Personen, die wir vernommen oder gefasst hatten, aber sie waren in der Regel unzuverlässig oder schwer zu verifizieren.

Unsere Wände waren bald mit Zielpersonen beklebt, mit eingezeichneten Linien, die zeigten, wie alle miteinander verbunden war, es sah beinahe aus wie ein Planetensystem. Der oberste Anführer des Stadtviertels, das unserer Einheit zugeteilt worden war, war ein alter Mistkerl namens Hajji Jawd. Er gehörte einer schiitischen Gruppe namens Jaysh al-Mahdi an, die auch Mahdis Armee genannt wurde.

Hunderte von Männern waren ihm unterstellt. Er war für Schutzgelderpressungen zuständig. Viele im Stadtviertel, inklusive der Marktarbeiter, zahlten seinen Leuten Schutzgeld. Das Ziel seiner Leute war einfach: uns zu töten. Jede Bombe, die in unserem Gebäude einschlug, wurde deswegen abgefeuert, weil er es angeordnet hatte.

Am Anfang meiner Dienstzeit ging ich mit den Jungs von der Infanterie auf Patrouille, um mir einen Überblick über die Lage zu verschaffen. Mich interessierte vor allem der größte Markt, wo Hajji Jawads Milizen ihr Unwesen trieben, mit Waffen handelten und Geld erpressten. Wir fuhren im Konvoi und suchten die Straßen nach Sprengfallen ab, die im Müll versteckt sein konnten. Als wir vorbeifuhren, waren wir immer wieder von Menschenmengen umgeben. Sie waren wie eine Masse, die sich im Mixer zu undefinierbaren Brei vermischt.

Auf dem Markt waren die Wägen und Stände erdrückend nah, es wurde mit allem gehandelt, von Elektroartikeln und Haushaltswaren bis hin zu Kebap. Abwasser- und Fleischgeruch und ranziger Gestank hingen in der Luft. Männer mit Gewehren saßen in einem Toyota-Pickup und beäugten uns argwöhnisch, als wir anhielten und aus unseren Humvees stiegen. Wir kannten diese Typen aus unseren Berichten. Sie waren die Augen des Markts.

Ich knipste Fotos und ging umher, machte mir Notizen von den Ständen, die unseren Informationen zufolge Kontakte zu Hajji Jawad hatten. Ich hatte mir vorgestellt, dass er mit seinen Leuten abhing und Angriffe plante – so wie Tony Soprano und seine Männer auf ihrem Fleischmarkt. Aber die Atmosphäre war seltsam alltäglich, beinahe entspannt. Trotz der Menschenmengen und Toyotas war der Markt einfach ein Markt wie jeder andere.

Als wir die Informationen über seine Männer erhielten, gaben wir sie an die Jungs von der Infanterie weiter, die die Hausdurchsuchungen vornahmen. Diese Durchsuchungen waren jedoch nie sehr präzise und führten uns nur selten zu unserer Zielperson. Wir hatten selten Hinweise auf konkrete Häuser, was zu vielen Fehlern führte. Die wertlosen Quellen, die wir in der Stadt hatten, gaben uns normalerweise zwei oder drei Adressen gleichzeitig, die wir alle aufsuchen mussten. Wenn wir dachten, dass sich ein Verdächtiger in einem Haus befand, würden unsere Soldaten nicht nur dieses eine Haus durchsuchen, sondern auch die Häuser links und rechts daneben. Und wenn die Soldaten mit ihrem Konvoi eintrafen, war der Feind oft schon vorbereitet. Manchmal waren die Männer im Haus gar nicht die Ziele, die wir suchten. Bei einem Überfall stellte sich heraus, dass der Mann, der auf uns schoss, einfach ein Hausbesitzer war, der sein Grundstück verteidigte – er dachte, Einbrecher würden ihn ausrauben wollen. Zivilisten starben teilweise, weil wir Fehler machten, das war der Nebel des Krieges in seiner schlimmsten Form.

In jenen Monaten in der Nähe von Sadr City hatten wir einfach nicht genügend Informationen und Know-how, um den Feind genau zu identifizieren, der sich unter die Einwohner mischte. Wir vertrauten den falschen Quellen, die – wie sich herausstellte – dafür bezahlt wurden, uns falsche Informationen zu geben; zweifellos arbeiteten manche von ihnen direkt für den Feind und gaben ihm umgekehrt Informationen über uns. Wir nahmen auch Einwohner fest, die in der Gegend lebten, obwohl das vermutlich gar nicht nötig gewesen wäre. Wir waren ungenau. Es waren entweder sie oder wir, und ich denke, darüber ärgerte sich jeder, der an der Situation beteiligt war.

Für uns war die Konsequenz, dass viele unserer Männer starben. Sie wurden auf den Straßen erschossen oder starben, weil sie auf Patrouille von einer unkonventionellen Sprengstoffvorrichtung getroffen wurden. Eine Zeit lang schien es beinahe so, als würden wir jede Woche einen Mann verlieren. Eines Nachmittags sah ich durch die Sicherheitskamera, mit der ich auf das Haupttor sehen konnte, wie ein kleiner Konvoi aus Fahrzeugen mit unseren Infanteristen von einer Patrouille zurückkehrte, und als sie an einem Telefonmast vorbeifuhren, ging eine massive Explosion hoch. Das Fahrzeug blieb stehen. Jenes Jahr war für US-Soldaten eines der tödlichsten des Krieges. Es gab Nächte, in denen ich mich fragte, ob ich vielleicht als Nächster an der Reihe war.

Es ist schwer, dieses Gefühl loszuwerden, wenn es einen trifft – dass man jederzeit sterben könnte und keinen Einfluss darauf hat. Ständige Lebensgefahr zehrt gewaltig an den Nerven, es ist ein Gedanke, der sich ständig aufdrängt und den man nicht loswird. Es ist eine Sache, für einige Minuten Angst zu haben, vielleicht wenn man nachts durch eine gefährliche Gegend geht oder gerade einen schrecklichen Autounfall erlitten hat. Aber es ist etwas ganz anderes, wochen-, monate-, vielleicht sogar jahrelang diese Angst zu spüren. Jedem Soldaten geht es früher oder später so, ob er es zugeben will oder nicht. Entweder macht man sich den ganzen Tag verrückt oder man nimmt es hin, und wenn es einen erwischt, dann erwischt es einen eben. Vielleicht hat eine höhere Macht einen Plan für dich, was eine gute Strategie ist, um diese Angst zu bewältigen, und letztlich bleibt einem auch nichts anderes übrig. Fest steht: Die Soldaten, die lernen, die Angst zu verdrängen und zu ignorieren, sind diejenigen, die am besten damit zurechtkommen.

Ich fing an, extremen Hass gegen die Einheimischen und das irakische Volk zu empfinden, selbst gegenüber jenen, die gar nichts Böses gegen uns im Schilde führten. Es entsprach nicht meinem Naturell, so entschieden und so undifferenziert zu hassen. So hatte mich meine Mutter nicht erzogen. Ich fing an, Menschen zu hassen, die ich nicht einmal kannte, weil sie mich offensichtlich hassten. Dieser Hass fing an, immer stärker zu werden und mich zu überwältigen.

»Was zum Teufel machen wir hier eigentlich?«, sagte ich eines Abends zu Jay, dem Analysten, der neben mir im Computerraum saß, als wir eine Liste mit Vollidioten durchgingen, die immer länger zu werden schien.

»Das ist doch Scheiße.«

»Wir sitzen doch nur an diesen Dreckscomputern, und wofür? Ich würde ja nichts sagen, wenn das, was wir tun, etwas bringen würde.«

»Wir dürfen nicht einmal das verkackte Gebäude verlassen.«

Diese und ähnliche Gespräche führten wir regelmäßig. So ging es jedem von uns.

»Sie schießen auf uns«, sagte er.

»Und wir halten auch noch still.«

Mein einziger Rückzugsort war der Drohnenraum. Ich ging in den Pausen dorthin. Es war ein kleines Büro – fast eine Art begehbarer Kleiderschrank – im zweiten Stock, mit einem kleinen Laptop, auf dem die Aufnahmen der Predator-RQ-1-Drohne zu sehen waren, die Tag und Nacht über die Stadt flog, ihre Kamera, die wie ein Stecknadelkopf aussah, nahm Hunderttausende von Menschen auf den Straßen auf. Man hatte uns gezeigt, wie man sich in das System einloggt, und die Jungs hatten den Raum so eingerichtet, dass wir zum Zeitvertreib zusehen konnten. Es gab keine Stühle, deshalb saßen wir auf Kartons mit Einmannpackungen – und verbrachten Stunden dort. Es war meine erste Erfahrung mit einer Drohne im Einsatz seit meinem Malheur in Afghanistan mit Garth, und meine erste Lektion, wie man sie nicht einsetzen sollte.

Der große Army-Stützpunkt in der Grünen Zone kontrollierte die Drohne. Weil sie nur verwendet wurde, um Informationen zu sammeln, war sie nicht bewaffnet. Aber wir hatten Glück, dass sie überhaupt für einige Stunden am Tag über unser Gebiet flog. Es waren damals nur wenige Predators im Einsatz, und noch weniger Militäreinheiten hatten die Befugnis, sie zu steuern. Unsere Predator überflog die Straßen, auf denen unsere Konvois fuhren, aber meist machte sie Routenscans und suchte die Straßen der Stadt nach Bomben ab, die vielleicht als Abfall getarnt waren.

Wir hofften, die Thermalsensoren der Drohne würden improvisierte Sprengvorrichtungen (IEDs = *improvised explosive devices*) daran erkennen, dass sie innerhalb eines Abfallhaufens Wärme ausstrahlten. Aber die Scans waren ein Witz. Es gab Unmengen von Abfall auf den Straßen. Teile von Bagdad sahen aus wie eine gewaltige Müllhalde – der Müll lag einfach überall herum – und die Drohne fand in all den Stunden, in denen ich zusah, nie eine Sprengvorrichtung.

Manchmal öffnete ich die Chat-Funktion auf dem Monitor, auf dem die Live-Übertragung zu sehen war, als die Drohne einige größere Steine betrachtete oder Papier, das auf der Straße lag, und ich konnte mitverfolgen, wie die Piloten sich miteinander unterhielten. Die Konversationen liefen immer gleich ab.

»Hey, ich glaube, wir haben hier etwas Heißes«, chattete der eine. Ich konnte die Kamera auf der Drohne sehen, die aus einer Höhe von 1200 Metern auf eine weiße Plastiktüte starrte, die auf der Straße lag und genauso aussah wie die zahlreichen anderen weißen Plastiktüten, die wie riesige Quallen über die müllverseuchten Straßen schwebten.

Die Drohne umkreiste die Plastiktüte dreißig Minuten lang und schaltete zwischen verschiedenen Blickwinkeln, um Aufschluss darüber zu erhalten, was sich darunter befand. Schon bald informierte der Pilot den

Kommandanten der Infanterie-Einheit in dem Bereich. »Wir haben etwas«, sagte der Pilot. »Es ist heiß!«

Heißer Abfall war gefährlicher Abfall.

Kurze Zeit später schickte der Kommandant einen Konvoi mit Kampfmittelbeseitigern los, um das IED zu entschärfen. Ich beobachtete die Kamera-Übertragung, als sich der Konvoi langsam der Tüte näherte. Dann kam ein Soldat mit einem großen Bombenschutzanzug heraus, der wie das Michelin-Männchen aussah, um sie zu untersuchen.

»Da sind sie wieder«, sagte ich zu Jay.

»Die Müllabfuhr«, sagte er.

Der Kampfmittelräumer hob die Tüte an, doch es befand sich nichts darunter.

Der Haken an der Sache war: Selbst wenn die Drohne während eines Konvois ein IED entdecken sollte, hatte der Pilot keine Möglichkeit, mit dem zuständigen Kommandanten des Konvois der 82. Luftlandedivision Kontakt aufzunehmen. Seine Warnung musste erst einige Stationen durchlaufen, bis sie ihn erreichte. Und dann war es vermutlich schon zu spät.

»Sie brennen nur Löcher in die Luft«, sagte ich Jay. »Mehr machen Drohnen nicht.«

Es klang wie ein Lied. Ein trauriges allerdings. Das Militär benutzte Geräte, die mehrere Millionen Dollar kosteten, um Jagd auf Müll zu machen, während wir starben.

In jenen Monaten gab es eine Menge Extremistengruppen, die alle versuchten mitzumischen. Wir waren für sie nichts weiter als Schießbudenfiguren.

Der schlimmste Vorfall, an den ich mich erinnere, trug sich gegen 4 Uhr nachts zu, als ich im hinteren Eck unseres Büros kurz vor dem Einschlafen war. Ich hatte die letzten Stunden damit verbracht, mich durch verschiedene Fotos von Gesuchten zu klicken und Berichte zu lesen. Es schien eine Nacht wie jede andere zu werden. Der gesamte Außenposten war beinahe völlig dunkel und ungewöhnlich still, vom Standventilator einmal abgesehen, der die staubige Zimmerluft aufwirbelte.

Ich dachte, dass ich mir die Beine vertreten sollte, um meinen Kopf frei zu bekommen, stand auf und wollte zum Computerlabor im oberen Stockwerk gehen, um mich in Facebook einzuloggen und zu sehen, was meine Freunde in Katy, Texas, so trieben. Das taten die meisten Soldaten in ihrer Freizeit, um der Enge dieses Ortes zu entfliehen.

Dann geschah es. Ich ging gerade durch den Korridor, als ein gewaltiger, greller Lichtblitz aus dem Nichts aufzuckte, als hätte jemand plötzlich den Flur mit einer riesigen Fackel erleuchtet. Und dann, in derselben Sekunde, als sich meine Augen noch an die Lichtverhältnisse zu gewöhnen versuchten – *boom!* – kam direkt vor mir etwas durch die Betonwand geschossen, wie die Motorhaube eines Sattelschleppers, der sich in unseren Schlafbereich rammte, wo etwa zwanzig Soldaten schliefen.

Es schien alles in Zeitlupe abzulaufen. Um mich herum stürzten Betonteile und Metallstreben ein, und die Explosion schleuderte mich zu Boden, eine Hitzewelle schlug mir entgegen, als hätte jemand plötzlich die Tür zu einem Verbrennungsofen geöffnet. Überall flogen Funken, und Schutt von der Wand prasselte auf mich herunter. Das Dröhnen in meinen Ohren war in Stereo. Dann wurde alles plötzlich dunkel, und eine Sekunde gab es nur Staub und Rauch, dann gar nichts mehr. War ich tot? Ich versuchte zu blinzeln. Ich versuchte, ans andere Ende des Korridors zu sehen und mir einen Eindruck von dem zu verschaffen, was geschehen war, doch ich konnte nicht einmal genau sagen, ob das Gebäude überhaupt noch stand.

Ich weiß nicht, wie lange ich so blieb, aber langsam fing ich wieder an, etwas zu spüren. Ich hatte wieder Arme und Beine und zog mich an der Wand neben mir hoch. Es pulsierte tief in meinen Ohren, und es tat verdammt weh, wie etwas, das sich in mich eingrub. Ebenso wie das Klingeln – als sei direkt neben mir ein Schuss losgegangen. Verdammt. Ich versuchte, es wegzublinzeln. Ich hatte das Gefühl, als würde mein Kopf gleich abfallen.

Ich stolperte umher und versuchte, mich an der Wand entlang zu tasten. Aber die Explosionen kamen wieder, erst eine, dann zwei, und dann noch eine – so, als würden sie unmittelbar über mir ausgelöst.

Ich muss wieder benommen gewesen sein, weil ich irgendwann einfach nur dastand und versuchte, mich an etwas festzuhalten, das mir nicht um die Ohren flog. So bemerkte ich gar nicht, wie ein anderer Soldat erschien.

Er schüttelte mich.

»GEH UND HOL DEINE SCHUTZWESTE!«

»Was?«

»HOL DEINE WESTE!«

Es dauerte eine Sekunde, bis ich wieder in der Realität angekommen war. Ich tastete mich von Kopf bis Fuß ab, um zu sehen, ob mein Körper noch komplett war, ob ich getroffen worden war. Ich war am Leben.

Ich sollte später feststellen, dass an jenem Morgen nicht alle so viel Glück gehabt hatten. Zwanzig Katjuscha-Raketen hatten Löcher in das Gebäude gerissen. Sie waren auf der Straße direkt vor unserem Gebäude von einem Tieflader abgefeuert worden. Überall war Blut, als wären Farbeimer umgeworfen worden. Ich erinnere mich, dass ich einen jungen Soldaten ohne Beine im Schutt liegen sah, nur noch Uniformfetzen am Körper, während andere nach einem Sanitäter riefen. Wie viele Menschen an jenem Tag verwundet worden waren, das weiß ich nicht mehr. Vielleicht habe ich es verdrängt. Diesen einen Soldaten habe ich jedoch bis heute nicht vergessen. Er stand für alles, was sich zum Schlechten entwickelt hatte. Sein Anblick weckte in mir den tiefen Wunsch, das ganze Land auszulöschen, bis nichts mehr davon übrig wäre. Noch nie in meinem Leben hatte ich dermaßen gehasst. Ich wollte jeden von ihnen töten, aber ich war machtlos.

In den folgenden Stunden erfuhr ich, wie knapp die anderen dem Tod entronnen waren. Ein Soldat befand sich im obersten Stockwerk und las gerade in seiner Bibel, als zwei Raketen links und rechts an ihm vorbeischossen und zwei große Löcher in das Gebäude rissen. Wie durch ein Wunder blieb er unverletzt. Er musste sich bloß den Staub von der Kleidung klopfen.

Vielleicht hatte er Glück. Vielleicht war das ein Hinweis, dass es einen Gott gab. Ich weiß es nicht. Ich weiß nur, dass der Krieg auf dem Höhepunkt war und ich mehr Angst hatte als je zuvor.

Nach jenem Morgen rief ich zu Hause an. Viele andere Soldaten wollten genau dasselbe tun, und es bildete sich eine Schlange. Ich hatte meine schmutzige, zerfetzte Kleidung noch nicht gewechselt. Ich hatte das dringende Bedürfnis, die Stimme meiner Mutter zu hören. Ich musste dem Krieg entfliehen. Einfach über etwas anderes sprechen.

»Erzähle mir von deinem Tag«, sagte sie.

Ich rief im Abstand von einigen Monaten an, um zu hören, wie es ihr ging. Normalerweise erzählte ich nicht viel von den Gefahren. Ich wollte nicht, dass sie sich Sorgen machte. Ich wollte nicht, dass sie wusste, wie leicht ich ums Leben hätte kommen können, wäre ich nur einige Schritte weiter durch den Korridor gegangen. Ich fragte sie ganz normale Dinge – wie es der Familie ging, was sie gerade so vorhatte. Ich versuchte, gut gelaunt zu klingen.

Aber ich spürte, wie ich diesmal die Fassade nicht aufrechterhalten konnte. Ich konnte meine übliche gute Laune nicht vorspielen. »Passt schon«, sagte ich. »Wie üblich.«

»Und was ist üblich?«

»Ach nichts.«

»Es ist was passiert, stimmt's?«

Es gab eine lange Pause. Dann hielt ich es nicht mehr aus. »Ich weiß nicht, ob ich hier lebend herauskomme«, platzte es aus mir heraus, meine Stimme bebte, als die Angst, die ich die ganze Zeit unter Verschluss hielt, aus mir herausbrach. Ich erzählte ihr von dem Raketenangriff. »Es ist nur eine Frage der Zeit, bis ich dran bin.«

Ich merkte, dass sie überrascht war, weil sie zuerst nichts sagte. Sie nahm an, dass ich nicht in Lebensgefahr war. Dass ich sicher war.

Dann brach sie in Tränen aus.

»Es tut mir leid, Mom, es geht hier übel zu.«

»Sag so etwas nicht«, sagte sie. »Das darfst du nicht.«

»Mom.«

»Alles wird gut.«

Doch wir wussten beide, dass meine Kameraden und ich an einen Ort vorgestoßen waren, der jenseits unserer Vorstellungen gelegen hatte.

Selbstverständlich schürten die vielen Angriffe unsere Wut, und wir waren nun umso entschlossener, es dem Feind heimzuzahlen. Ich dachte ständig darüber nach, was ich anders machen konnte, was in meiner Macht stand, um die Situation zu verändern, um zurückzuschlagen.

Ich dachte sofort an unsere sporadischen Predator-Flüge.

Ich stellte eine Chat-Verbindung mit dem Drohnenpilot her, der den täglichen Müllkontrollflug machte, und fragte ihn, ob er eine andere Route probieren wolle. Statt des Routenscans fragte ich ihn, ob er über die Häuser fliegen könne, die wir eigentlich hatten durchsuchen wollen.

»Wir könnten ein bisschen Unterstützung gebrauchen und sehen, was unsere Infanteristen am Boden vor dem Einsatz nicht sehen können«, schrieb ich ihm über die sichere Verbindung. »Wir sterben hier unten.«

Ab jenem Zeitpunkt fing die Drohnengruppe an, uns ein- oder zweimal pro Woche für zwei bis drei Stunden unter die Arme zu greifen. Selbst als das Militär im Rahmen eines größeren politischen Klimawandels mehr Vögel auf Unterstützungsmissionen schickte, waren sie am Himmel immer noch eine Seltenheit – zumindest für uns. Wir mussten uns mit drei oder vier in der Nähe befindlichen Army-Einheiten eine Drohne teilen. Was immer noch nicht sehr praktisch war. Aber wir machten das Beste daraus.

Die neue Drohnenstrategie machte sich bezahlt. Die Soldaten hatten nun Sichtkontakt zu dem Haus, in das sie eindrangen, ob dort Schützen auf den Dächern waren, verdächtig wirkende Passanten, und wie viele Leute sich voraussichtlich in dem Haus aufhielten. Es gab immer wieder Schusswechsel, wenn unsere Leute durch Sadr City zogen, und die Drohne gab ihnen ein zusätzliches Augenpaar, das das Geschehen von oben beobachtete.

Es war schwer, die Veränderung in Worte zu fassen. Aber der Vorteil schien Wirkung zu zeigen. Wir fingen an, mehr Aufständische gefangen zu nehmen, und in unserem Außenposten kamen weniger Soldaten ums Leben. Unsere neue Strategie schien Hajji Jawad Sorge zu bereiten. Eines Tages erhielten wir die Information, dass er sich tiefer in den Slum zurückgezogen und aufgehört hatte, seinen Standort zu wechseln, aus Angst davor, dass wir ihm näherkamen. Ich sah ihn dann lange Zeit nicht mehr. Jahre später schickten mir die Seals ein Foto von ihm, wie er in einem Gefängnis in Bagdad verrottete.

Etwa zu jener Zeit erhielt ich mitten in der Nacht völlig unerwartet einen Handyanruf.

»Hallo«, sagte die Stimme.

»Mit wem spreche ich?«

»Ich heiße Mr White.«

7

DIE TÜR AM ENDE DES KORRIDORS

Mr White verriet mir nie seinen Vornamen. Er war einfach nur Mr White. Am Telefon sagte er, dass er schon viel über mich gehört hätte, aber er sagte nicht, was das war oder wer es ihm gesagt hatte. Er wollte, dass ich mich für einen neuen Job bewarb.

Um was es ging? Das verriet er nicht. Ich flog trotzdem nach Hause.

Der Befehlsleitung der 82. gefiel das gar nicht. Sie hatte versucht, mich vom Gehen abzuhalten, aber sie erhielt von höherrangigen Vorgesetzten die Anweisung, dass sie sich mir nicht in den Weg stellen durften, und bald fügten sich alle.

Ich fuhr Anfang 2007 an einen geheimen Ort in den USA und traf Mr White zum ersten Mal. Er wartete am Morgen nach meiner Ankunft auf mich.

Bei jeder unserer Begegnungen fiel mir auf, dass er etwas an sich hatte, das mich in Unruhe versetzte. Als wüsste er schon im Voraus die Antworten auf alle Fragen, die er mir stellte. Ich hatte von Anfang an das Gefühl, dass ich mir Ärger einhandeln würde, wenn ich zu viele Fragen über andere Leute stellte – mir dieses Unbehagen einzuflößen, war Absicht. Das gehörte zum Auswahlverfahren.

Hierzu ist zu sagen: Die US-Regierung erlaubt mir nicht, Einzelheiten darüber zu erzählen, wie ich in die Einheit kam oder wie das strenge Auswahlverfahren mit den Psychotests aussah, die nur wenige bestanden, um in diese mit Abstand beste Organisation des US-Militärs aufgenommen zu werden.

Ich kann Ihnen nicht sagen, wohin ich ging, welche Leute ich traf oder was genau ablief. Ich kann Ihnen nicht mehr über Mr White sagen, obwohl es viel über ihn zu erzählen gäbe. Ein Großteil von dem, was ich in einer frühen Buchversion geschrieben habe, wurde vollständig redigiert und geschwärzt. Die Regierung möchte, dass das so bleibt.

Nur wenige im Militär erhielten je die Chance, diese Erfahrung zu machen. Aber ohne das Auswahlverfahren wären die Spezialeinheiten nicht so beinhart, wie sie sind – und auch nur ansatzweise so legendär. Jeder in der Truppe weiß, dass er mit den Besten und Klügsten seiner Zunft zusammenarbeitet.

So muss es auch sein. Wenn man sich nicht darauf verlassen kann, dass der Nebenmann oder die Nebenfrau auf demselben hohen Niveau arbeitet, steht jedem großer Ärger bevor. Selbst die Köche müssen dort ihren eigenen Auswahlprozess durchlaufen. So, als gäbe es eine Horde Gordon Ramsays[1], die einem das Abendessen servieren und gleichzeitig jemanden in einer Menschenmenge mit einem Sturmgewehr kaltmachen können.

Was ich aber sagen kann, ohne mir Probleme einzuhandeln, ist Folgendes: Es war von Anfang bis Ende ein großes Psychospielchen. Und meine erste echte Einführung in die Welt der Black Ops, die wir in unserem Club als »die dunkle Seite« bezeichnen.

Weil ich ein Nachrichtendienst-Analyst war, unterschied sich mein Auswahlverfahren von dem eines typischen Kommandosoldaten bzw. »Operators«. Wie die Operators ausgewählt werden und welche körperlichen Strapazen sie erdulden müssen, wurde in vielen Büchern bereits hinlänglich beschrieben. Im Vergleich dazu wirkt ein Großteil des Militärs wie eine Pfadfindertruppe.

---

[1] Gordon Ramsay ist ein schottischer Sterne-Koch, der für seine Vulgarität bekannt ist.

Was mich betrifft, so muss man sich das Ganze wie das schwerstmögliche Job-Interview überhaupt vorstellen – auf viele Tage ausgedehnt. Und das multipliziert man dann mit dem Faktor 10: intellektuelle, psychologische und – vielleicht am wichtigsten – emotionale Belastungen, die kein Ende zu nehmen scheinen. Man hat keine Ahnung, was los ist, und das Einzige, was man sicher weiß – und was auch viele Leute in Anspruch nehmen – ist, dass es immer einen Ausgang gibt, über den man die Situation verlassen kann, wenn man das will.

Die meisten Zivilisten würden schon nach den ersten Stunden aufgeben, weil es einfach zu schwer ist, mit dem Unbekannten klarzukommen. Bei mir war es so, dass mich die Ungewissheit darüber, worauf ich mich einließ, anspornte. Es gab von Anfang an viele Tests. Tests für meinen Charakter, für meine Intelligenz und für die Fähigkeit, geistig mit dem Stress zurechtzukommen, der mir bevorstand.

Sie mussten wissen, ob ich damit umgehen konnte, in Situationen mir selbst überlassen zu sein, mit wenigen oder gar keinen Informationen, und ob ich dabei in der Lage wäre, Dinge herauszufinden, ohne Fragen zu stellen.

Von dem Augenblick an, in dem ich in der geheimen Anlage eintraf, wurde ich von einer Handvoll Personen beobachtet und bewertet. Manchmal liefen mir auf den Fluren der unterschiedlichen Gebäude Leute über den Weg. Niemand sprach. Man stellte sich nicht gegenseitig vor. Wir sahen uns sogar kaum an – wenn überhaupt, dann nur für den Bruchteil einer Sekunde, um die Konkurrenz zu taxieren.

Nachts lag ich in meinem Bett, draußen zirpten die Grillen, und ich überlegte, was wohl als Nächstes käme und in welche Richtung sich die Dinge entwickeln würden. Das konnte ich nie sagen.

Weil ich keine Informationen erhielt, kam ich mir vor wie ein Schiffbrüchiger. Es gab Zeiten, in denen mir die körperlichen und geistigen Tests schwerfielen und in denen ich mit Psychologen über meine Vergangenheit und Zukunft diskutierte, die mir das Gefühl gaben, ich wäre nicht gut genug, um hier zu sein.

Diese Tage kamen zu einem Ende, als mir jemand sagte, ich solle tief in den Wald fahren und dort ein nicht ausgeschildertes Gebäude aufsuchen. Als ich dort ankam, fand ich ein einstöckiges Gebäude vor, das nicht größer gewesen sein konnte als ein Schnellimbiss. Zwei Sicherheitsleute standen dort Wache. Sie führten mich in einen schummrig beleuchteten Korridor, in dem einige Stühle an der Wand standen. Mir wurde gesagt, ich solle Platz nehmen und auf weitere Anweisungen warten.

Einer der Wachleute nahm rechts neben mir Platz, während der andere draußen wartete. Der weiße Putz bröckelte an den Wänden. Während ich dort saß, fragte ich mich, ob es einen Grund dafür gab, dass es so schummrig war, oder ob nur jemand vergessen hatte, die Glühlampen auszuwechseln. Der rostige Metallstuhl sah aus wie ein Möbelstück, das Häftlinge in ihren Zellen haben.

Ich merkte, dass der Korridor zu einer einzelnen schwarzen Tür führte. Und ich konnte die Tür nur deshalb ausmachen, weil durch einen kleinen Spalt am Boden ein kleiner Lichtstrahl fiel.

Was lag dahinter? Ein Teil von mir fragte sich, ob ich jemanden erschießen musste, der gefesselt und mit einer Sturmhaube vermummt war. Ich lachte nervös über meine eigene Paranoia.

Es vergingen Stunden, zumindest fühlte es sich so an. Ich hatte weder eine Uhr noch ein Telefon, um die Uhrzeit abzulesen. Es war heiß, und mein Rücken war schweißnass. Meine Fantasie spielte mir Streiche. Der Flur fing an, mich zu umschließen und enger zu werden. Der Wachmann neben mir starrte einfach nur starr auf die gegenüberliegende Wand, als die Lampen hin und wieder aufflackerten.

Damals war ich noch grün hinter den Ohren. Ich wusste nichts, obwohl ich bereits Jahre in Kriegsgebieten verbracht hatte. Was ich jetzt weiß, ist, dass diese schwarze Tür alles war: Sie stand für das Potenzial der Person, die ich werden konnte, und für die geheime Gruppe, von der nur sehr wenige etwas wussten.

Schließlich ging die Tür, durch die ich gekommen war, auf, und Mr White erschien. Ich hatte ihn seit dem Tag meiner Ankunft nicht gesehen. Er setzte sich auf den Stuhl links neben mir, deutete auf die schwarze Tür am Ende des Flures. Dann sagte er, ich solle aufstehen und dorthin gehen. Mein Herz pochte. »Wenn Sie an diese Tür kommen, klopfen Sie dreimal und warten, bis Ihnen jemand sagt, dass Sie hereinkommen sollen«, sagte er. Ich sah ihn an, als wollte ich fragen, »Was ist da drin?«. Aber er deutete nur auf das Ende des Flures, bis ich aufstand und ging.

Was ich nach diesem Tag verstand, war, dass das Auswahlverfahren schon begonnen hatte, bevor ich überhaupt Mr Whites Anruf erhielt und an diesem geheimen Ort eintraf. Die Männer, die mich beurteilten, wussten schon alles, was es über mich zu wissen gab: alles, was ich getan hatte, war genau festgehalten und in Aktenordnern abgelegt worden. Um eine streng geheime Freigabe zu erhalten, musste meine Vergangenheit verifiziert werden.

Alles, was ich bis zu jenem Zeitpunkt gelernt hatte, jedes Kriegsgebiet, jedes Teil des Nachrichtenpuzzles, das ich in jenen frühen Jahren zusammengefügt hatte, alles war wichtig gewesen. Ich verstand schließlich, warum ich in all die Situationen geraten war, die mich schließlich hierhergeführt hatten. Ich wusste damals allerdings nicht, dass ich noch viel zu lernen hatte, dass ich wirklich ahnungslos war. Das war nur der Anfang. Als ich schließlich an der Tür am Ende des Flures ankam, wusste ich nicht wirklich, was mich dahinter erwartete. Deshalb hielt ich an und drehte mich um, in der Hoffnung, ein aufmunterndes Nicken von Mr White zu sehen, bevor ich klopfte und eintrat. Aber Mr White war verschwunden, so wie ich in diesem Moment meine Vergangenheit hinter mir ließ. Ich sah oder hörte nie wieder etwas von ihm.

Was war hinter der schwarzen Tür? Leider erlaubt mir die Regierung nicht, etwas darüber zu berichten. Ebenso wenig darf ich erzählen, was genau geschah, nachdem ich geklopft und eine feste Stimme mich hereingebeten hatte. Aber eins kann ich sagen: in dem Moment, als die Tür aufging und ich in den Raum trat, veränderte sich alles. Ich war Delta.

8

TAG NULL

Es war Anfang 2008, als ich am US-Stützpunkt der Einheit erschien. Während ich mehrere Sicherheitsschleusen passierte und jedes Mal meinen Ausweis vorlegte, versuchte ich, mich zusammenzureißen. Ein Anflug von Stolz drohte, mich zu überwältigen.

Bin ich wirklich hier?

Die Einheit war eine Legende im US-Militär. Viel von dem, was sie tat, war in der Außenwelt nicht einmal bekannt. Es war geheim – wie ihre Mitglieder. Die meisten kannten die Einheit nur von dem, was sie in den Chuck-Norris-Filmen gesehen hatten. Aber das war nicht einmal die Hälfte.

Die Organisation hatte eine bewegte Vergangenheit, die ich komplett auswendig lernte. Sie wurde 1977 gegründet, nachdem Colonel Charlie Beckwith von den Special Forces mit dem britischen Special Air Service (SAS) zusammengearbeitet hatte. Beckwith sah das, womit die USA Jahrzehnte später Bekanntschaft machen würden: dass Terrorismus früher oder später unser aller Leben beeinflussen würde und dass eine speziell ausgerüstete Organisation nötig war, die sich dieses Problems annahm, ganz gleich, wo auf der Welt es passierte.

Laien verwechseln oft die verschiedenen Operators und Spezialeinheiten miteinander. Das passierte auch damals immer wieder – obwohl es klare Unterschiede gab: SEAL-Teams waren auf Wassereinsätze spezialisiert, oft nachts und verdeckt in Ländern ausgeführt, mit denen die USA nicht offiziell im Krieg waren. Army Rangers waren die Elite der leichten Infanterie. Sie gingen mit enormer Geschwindigkeit auf große Ziele wie feindliche Flugplätze und Anlagen los. Die Air Force hatte den Pararescue: Männer, die mit Fallschirmen aus Flugzeugen und Hubschraubern sprangen, um geheime Rettungseinsätze vorzunehmen.

Unsere Gruppe tat alles das – und noch viel mehr, aber die Hauptmission des letzten Jahrzehnts war die Direct Action (DA): Wenn eine Terrorzelle ausgehoben, eine Geisel gerettet oder eine Terrorgruppe unschädlich gemacht werden musste, wurde die Einheit einberufen. Die Regierung hatte ein mehrstufiges System, um die verschiedenen Spezialeinheiten aller Teilstreitkräfte zu nominieren; wir galten als höchste Stufe, Stufe 1, die National Mission Force.

Alle Mitglieder waren handverlesen: die Nachrichtendienst-Leute, die Kommandosoldaten, die Techniker, die unsere individualisierten Waffen warteten, ja sogar die Ärzte und Zahnärzte in unserer Anlage, die dafür sorgen mussten, dass wir dazu bereit waren, die Anforderungen der Mission zu erfüllen.

Die meisten Operators – die Kommandosoldaten, die Türen eintraten – stammten von den Green Berets und den Rangers. Sie waren schon Rockstars und extrem spezialisiert, aber die Delta Force zog die Schraube noch ein wenig an und machte sie zu Supersoldaten. Die Spezialeinheit vereinte die weltbesten Experten, gab ihnen Werkzeuge und Technologien, zu denen sie vorher nie Zugang erhalten hatten, und ließen sie dann das tun, was sie am besten konnten.

Ich sollte schnell lernen, dass unsere hauptsächliche Verantwortung klar umrissen war: die gefährlichsten Terroristen der Welt zu jagen und zur Strecke zu bringen. Zu diesem Zweck erhielt ich die Ausrüstung und die Mittel, die ich brauchte, um den Feind auszuschalten, darunter waren auch die am weitesten entwickelten unbemannten Luftfahrzeuge (UAVs) im Arsenal der US-Streitkräfte.

Der Stützpunkt war sein eigener Mini-Campus – mit großen Gebäuden, in denen Personal und Ausrüstung untergebracht wurden. Es gab auch Krankenstationen, große Schwimmhallen mit 50-Meter-Bahnen, mehrere Schießstände, ein Trainingsgelände, das das Hauptgebäude umgab, und Stadtkulissen, die Häusern in den Kriegsgebieten im Nahen Osten nachempfunden waren. Als ich hereinfuhr, sah ich eine Gruppe schwer bewaffneter Männer in Wüstenbuggys und Geländemotorrädern, die vor mir auf die Straße bogen und im Wald verschwanden. Das war eine völlig andere Welt, die vom Rest der Army abgeschottet war.

Als ich an jenem ersten Abend meine Sachen auspackte, schossen mir viele Gedanken durch den Kopf. Die nachrichtendienstliche Abteilung unserer Einheit war eine kleine Gruppe, die aus knapp zwanzig Personen bestand, deswegen kannten sich alle untereinander. Man wurde über seinen Ruf definiert. Man verdiente ihn sich wie die Streifen am Ärmel. Bis dahin war ich große Nachrichtendienst-Einheiten gewohnt. Doch diese Jungs waren stolz auf ihre kleinen Teams. Obwohl sie Hunderte von Kandidaten durchgegangen waren, war ich einer von nur zwei Rekruten gewesen, die es in jenem Jahr in dieses Intel-Team schafften. Meine Nominierung war aber nur der Anfang. Ich hatte jetzt sechs Monate Zeit, um mich den anderen Mitgliedern der Einheit zu beweisen; sonst war ich wieder draußen. Ich hatte zuvor bereits viele Tests durchlaufen, aber jetzt kam der ultimative Test. Man spielte entweder in der ersten Mannschaft – oder gar nicht. In diesem Spiel gab es keine Ersatzbank. Das lernte ich schnell.

An einem meiner ersten Abende lernte ich den anderen neuen Rekruten kennen, Johnnie, der im fünften Monat seiner Probezeit war. Es war schon spät, und wir waren alle im Teamraum, der zu der sicheren unterirdischen Einrichtung gehörte, in der ich arbeitete und trainierte. Johnnie war ein untersetzter Typ, kahl und mit einem gestutzten Bart.

Am Anfang waren noch einige der dienstälteren Männer dort, und Johnnie scherzte mit ihnen. Als sie gingen, fragte ich ihn, wie es lief. Ich wollte wissen, was ich zu erwarten hatte.

Seine Miene verdunkelte sich, als hätte sich ein Schatten über den Raum gelegt, und er sah plötzlich müde und erschöpft aus. »Keine Ahnung, Mann«, sagte er.

»Was erzählst du da? Du hast nur noch einen Monat, und dann bist du dabei.«

»Ich kann den anderen nichts recht machen. Sie reiten ständig auf mir herum. Das ist echt hart. Du hast ja keine Ahnung.«

Er setzte sich an den Tisch und starrte auf seine Stiefel. Wir redeten über die Monate, die er hier verbracht hatte, und sie klangen hart. Es wurde spät. Er sagte, dass er sich erschöpft und ausgelaugt fühlte und den Eindruck hatte, dass niemand ihn mochte. »Ich glaube nicht, dass sie mich noch lange hierbehalten werden.«

Ich wusste nicht, was ich sagen sollte, deswegen sagte ich »Mach dir keine Sorgen, Alter. Das wird schon.«

Er widersprach nicht, aber er warnte mich vor dem, was mir bevorstand. »Vergiss alles, was du bisher erreicht hast. Das bedeutet hier gar nichts. Du bist jetzt ein Niemand. Eine Null.«

Ich war mit drei anderen erfahreneren nachrichtendienstlichen Analysten im Team. Bill war der Teamleiter. Er war vierzig Jahre alt und damit der Älteste im Team – eine Art Yoda. Der Krieg hatte seine Spuren an ihm hinterlassen, und er war bereits am Ergrauen, worüber sich das Team gern lustig machte. Doch Bill war eine Legende. Er hatte an einigen der ersten und zerstörerischsten Predator-Angriffen im Ausland mitgewirkt. Er war vor allem berühmt dafür, einen bekannten Diktator aufgespürt zu haben, und er hatte ein Foto von der Gefangennahme auf seinem Schreibtisch stehen. Nur die beiden auf Stühlen nebeneinandersitzend, kurz nach der Gefangennahme. Dieses Foto war eine deutliche Erinnerung daran, dass einige wenige Menschen die Fähigkeit besaßen, den Verlauf eines Krieges zu verändern. Als ich ihn dazu befragte, war ich von seiner Bescheidenheit überrascht. »Viele denken, dass ich gut bin, aber das liegt nur daran, weil ich mich mit hervorragenden Leuten umgebe.«

Wie ich herausfinden sollte, war diese Denkweise und Einstellung typisch für die Einheit.

»Nichts, was wir hier erreichen, wird von nur einer Person geleistet, und nichts, was Sie tun, tun Sie alleine«, sagte Bill.

Ich mochte ihn auf Anhieb. Er sollte mein Mentor werden, obwohl er das vermutlich niemals zugegeben hätte. Ich verließ mich sehr auf ihn, vor allem, wenn es mir schwerfiel, schwere Entscheidungen zu treffen. Wenn es darum ging, Terrornetzwerke ausfindig zu machen, hielt er sich nicht immer an die Vorschriften. Er tat alles, was nötig war, um seine Ziele auszuschalten. Jahre später dankte ich ihm für seinen großen Einfluss – und dafür, dass er mich auch dann in Schutz nahm, wenn ich falsch lag. »Hören Sie auf, mir den Bauch zu pinseln«, sagte er, »und suchen Sie weiter nach Terroristen.«

Jack war die Nummer Zwei. Er schien alles über die Kerle zu wissen, die wir jagten. Wenn man ihm eine Frage über einen wichtigeren internationalen Terroristen stellte, trug er dessen Lebenslauf vor und zählte anschließend eine Reihe von Möglichkeiten auf, wie man ihn ausschalten konnte.

Im Gegensatz zu Bill kannte er keine Grauzonen: Für ihn waren die Regeln klar umrissen. Manchmal befanden wir uns auf der Jagd in kniffligen Situationen, moralischen Dilemmas, die manchmal dazu führten, dass ich unser Vorgehen hinterfragte. Jack wusste immer, was zu tun war. Er brachte mich schon bald an den Rand der Erschöpfung, und darüber hinaus. Einmal kritisierte er mich scharf, weil ich nur achtzehn Stunden am Stück arbeitete. »Was zum Teufel machen Sie mit so viel Freizeit!«, brüllte er. »Maximal vier Stunden Schlaf pro Nacht, oder wir suchen uns jemand anderen für Ihren Job.«

Jack verließ das Militär, um im Privatsektor tätig zu werden, verlor dabei aber fast seinen Verstand. »Das Zivilleben nervt«, sagte er.

Mark war die Nummer Drei in unserer Gruppe. Wir nannten ihn »den Choleriker«, weil er so ziemlich alles und jeden außerhalb unseres inneren Kreises hasste, vor allem andere US-Nachrichtendienste. Zu viele von ihnen hatten ihn zu oft zur Weißglut gebracht. Er ging nicht mal ans Telefon, wenn eine Behörde anrief und um Informationen bat.

»Die können mich mal«, sagte er für gewöhnlich.

Mark war über dreißig Jahre alt, ein großer Kerl, stark wie ein Betonpfeiler. Ironischerweise hielt er sich selbst für einen netten Typen und bemerkte gar nicht, wie leicht er an die Decke ging. Im Laufe der Entsendungen entließ er ständig unser »Aushilfspersonal« – die Leute, die verschiedene Regierungsbehörden geschickt hatten, um uns weltweit zu unterstützen. Nur ein kleiner Fehler, und sie befanden sich im nächsten Militärtransportflugzeug auf dem Rückweg nach Washington, D.C.

Im Laufe der Jahre wurde unser Team eine eingeschworene Truppe. In diesem Job verbringt man mehr Zeit zusammen als mit der eigenen Familie. Wir standen uns so nahe wie Brüder.

Die meisten Tage vor unserer Auslandsverwendung verbrachten wir in einem der Teamräume oder in der Haupteinsatzzentrale. Diese glich der Steuerzentrale eines U-Boots, mit Computermonitoren vom Boden bis zur niedrigen Decke. Ich kam um 5.30 Uhr morgens dort an und ging nicht vor 19 Uhr. Manchmal ging ich auch überhaupt nicht.

»Jeder von uns hat hier schon einmal die Nacht verbracht«, sagte Bill gleich zu Beginn. Er wollte mir versichern, dass ich nicht der erste Mensch war, der das tat – und sicher auch nicht der letzte. Es war anstrengend, aber es gab etwas an diesem Ort, das anders als bei meinen bisherigen Jobs war: Ich wollte dort sein, und ich wusste, dass ich in die Fußstapfen der Besten trat. Es war keine lästige Routinearbeit.

Wenn ich nicht im Bunker war, gab es viele Trainingseinheiten. Wir übten taktisches Tauchen und schossen mit praktisch jeder Waffe, die es gab – Sturmgewehre, Pistolen und reaktive Panzerbüchsen, die man von der Schulter abfeuert. Obwohl die Operators die Männer fürs Grobe waren und die Arbeit am Boden erledigten, mussten wir als Mitglieder der Nachrichtendienst-Schwadron in der Einheit trotzdem wissen, wie man einen Schuss abgibt. Die Waffen meiner Wahl waren eine Glock 9 mm und ein Sturmgewehr von Heckler & Koch, das HK 416.

Die Hauptaufgabe unseres Teams war etwas, das ich schon seit Jahren tat. Hier jedoch erwartete man von mir, auf einem noch höheren Niveau zu arbeiten: Target Packages der Terroristen zu schnüren, herauszufinden, nach welchen wir suchen sollten, und sie am Boden zu finden, um sie zu fassen oder zu töten.

Wir konnten auf geheime Datenbanken mit den gesamten Feindstrukturen und auf ausführliche Diagramme mit den führenden Terroristengruppen der Welt zurückgreifen. Gruppen, von denen regelmäßig in den Fernsehnachrichten die Rede war ebenso wie solche, von denen die Öffentlichkeit nie etwas erfahren wird.

Ich wurde jede Woche stundenlang zu den Terroristenprofilen befragt, die ich erstellen sollte. Der Grundgedanke war, besser darin zu werden, Feinde aufzuspüren und Angriffe auf sie zu planen.

»Sie müssen diese Zielpersonen besser kennen als jeder andere, sogar besser als deren eigene Familien«, sagte Jack eines Tages im Teamraum – dem Ort, den wir aufsuchten, wenn wir private Gespräche führen wollten. Jedes Nachrichtendienst-Team hatte seinen eigenen Raum. »Du musst diese eine kleine Chance finden, dieses eine kleine Zeitfenster, um den Feind zu fassen oder zu töten.«

Stress war eine Konstante wie Regen im April, aber das war beabsichtigt. Man musste lernen, damit klarzukommen, denn Stress war nun mal der Normalzustand unserer Einheit. Eines Tages kam Bill in den Einsatzraum, ließ einen 90-seitigen Papierstapel auf den Tisch fallen und sagte: »Du hast eine Stunde Zeit, um dir den Inhalt anzuschauen und dem Gremium vorzustellen.«

Diese täglichen Tests und die endlose Kritik der Vorgesetzten sollten den Nachrichtendienst-Rekruten Angst machen und ihnen das Gefühl geben, Versager zu sein.

Die Unterlagen, die er mir gab, erklärten die Autorisierung militärischer Gewalt (AUMF) und warum wir autorisiert waren, Drohnenschläge gegen bestimmte ausgewählte Terroristen durchzuführen. Er wollte mich zum Aufgeben bewegen, aber den Gefallen tat ihm ich nicht. Ich paukte das Dokument in Rekordzeit, entnahm alle Informationen, die ich brauchte, und hielt eine überzeugende Präsentation. Als Bill den Raum verließ, lächelte er mir aufmunternd zu, als ob er ohne Worte seine Anerkennung zum Ausdruck bringen wollte.

Das Training verlief rasend schnell. Es war, als würde man ständig bergauf sprinten. Wenn man stolperte oder zurückfiel, wurde angenommen, dass man den Rückstand nicht mehr aufholte. Dass man auf der Strecke blieb.

Nachdem er eine anstrengende Präsentation gehalten hatte, lief mir eines Tages wieder Johnnie über den Weg. Diesmal schien es besonders hart gewesen zu sein, er war kreidebleich, und sein Blick war resignierter als je zuvor. Ich versuchte, mit ihm zu sprechen und ihm etwas Aufmunterndes zu sagen – so, wie er es sicher auch für mich getan hätte.

»Hey, wie geht's«, sagte ich. Er ging wortlos an mir vorbei.

Einige Tage später erfuhr ich, dass Johnnie ausgemustert worden war. Sie sagten ihm, dass er gehen solle, und er war weg, bevor ich mich von ihm verabschieden konnte.

Das »Auge, das niemals blinzelt« – so nannte Bill die Drohnen.

Er sagte immer, dass Drohnen unser wichtigstes Hilfsmittel waren, aber um eine guter Targeter zu sein, musste man lernen, das zu erkennen, was anderen verborgen bleibt.

»UAVs sind nichts ohne die richtigen Leute dahinter«, sagte er in einem seiner didaktischen Momente, als wir im Einsatzraum saßen und uns die Live-Bilder ansahen.

Bill und Jack kannten noch die Zeit, als die Gruppe einige Jahre zuvor in einem Kriegsgebiet nur eine einzige Drohne zur Verfügung hatte und alle in der Army darum stritten, wer sie nutzen durfte. Jetzt hatten sie Zugriff auf mehrere UAVs: Predators, Reapers und andere Modelle – viele Augen, die niemals blinzelten und allzeit wachsam durch die Lüfte flogen.

In jenen ersten Monaten beobachtete ich stundenlang das Videomaterial der Drohnen: Ein Drohnenschlag auf ein Fahrzeug, das in den Bergen unterwegs war, an einem Ort, an dem die US Regierung eigentlich gar nicht hätte sein dürfen. Das Abfeuern von Hellfire-Raketen auf eine Anlage voller bewaffneter Terroristen, die in einer Kriegszone waren.

In unserer Welt benutzen wir das Wort Drohne eigentlich kaum. Diese Bezeichnung stammt aus den Medien. Wir nannten sie UAVs, die Abkürzung für unbemannte Fluggeräte. Ich bezeichnete sie auch als »Vögel«, sagte Sätze wie: »Lass den Vogel mal über folgenden Ort fliegen.«

Unsere ersten Vögel waren unbewaffnet gewesen und wurden nur zu Überwachungszwecken genutzt. Sie waren laut und stürzten ohne Vorwarnung ab, wenn die Verbindung zur Bodenstation abbrach. Die neuesten Modelle waren völlig lautlos und flogen Hunderte von Metern über dem Boden. Sie waren unterschiedlich groß. Predators hatten normalerweise die Länge eines Kurzstreckenflugzeugs, etwa acht Meter, und eine fast doppelt so große Spannweite. Die meisten von ihnen landeten wie Kampfjets auf einer Landebahn, und es waren Hunderte von Air-Force-Leuten nötig, die sich um ihre Wartung kümmerten.

Drohnen gaben uns völlig neue Möglichkeiten, um auf dem Schlachtfeld erfolgreich zu sein. Keine andere Generation von Soldaten im Krieg besaß diese Art von Macht. Es wurden jährlich Hunderte Millionen Dollar ausgegeben, um sie für unsere Teams zu optimieren, damit sie höher, schneller, leiser flogen und präziser schossen. Dahinter stand die generelle Absicht, die Ziele präziser zu treffen und dabei gleichzeitig das Risiko zu verringern, unschuldige Zivilisten zu verletzen. Unsere Teams halfen täglich dabei, die Zukunft der Drohnen zu prägen, indem wir Technologie anwendeten, die erst Jahre später öffentlich bekannt wurde.

Unsere Drohnen konnten Ziele stundenlang verfolgen, sie konnten Daten sammeln, und natürlich konnten sie auch töten. Wir benutzten sie jedoch vor allem zur Überwachung. Normalerweise steckt der Kamerasensor in einer Glaskugel, die am Bauch des Vogels angebracht ist und mit einer elektro-optischen Kamera (für den Tag) und einer Infrarotkamera (für die Nacht) sowie einer Laser-Zielerfassung und Laser-Zielbeleuchtung ausgestattet ist. In unserer Fachsprache war dies das multispektrale Zielsystem – alle Komponenten, die wir brauchten, um zu beobachten, zu jagen und zu töten.

Am Anfang sendeten die Kameras nur verschwommene Bilder. Die Datenmenge, die von einem Ende der Welt ans andere übertragen werden musste, damit wir das Video scharf sehen konnten, war am Anfang einfach zu groß. Die Regierung gab Zig Millionen Dollar aus, um die Bandbreite für das Datenstreaming zu erhöhen, und fügte geheime Datenrelais hinzu, damit überall auf der Welt andere Drohnenflotten mit uns kommunizieren konnten.

Im Laufe der Ausbildung lernte ich, wie man Drohnen steuert. Ich lernte die sehr spezialisierte – und für die meisten Menschen völlig fremde – Sprache, die über Funk- und Chatsysteme verwendet wird, und ich lernte die verschiedenen komplizierten Prozesse, die für Predator-Schläge notwendig waren. Am meisten überraschte mich die massive Infrastruktur einer Drohne. Es waren nicht nur Leute erforderlich, die diese Maschinen flogen, die mehrere Millionen Dollar kosteten. Zwar führte ich das Kommando, aber es gab zahlreiche Mitarbeiter an verschiedenen Orten, die die Drohne beobachteten, sie starteten, landeten und dafür sorgten, dass zwischendurch nichts schiefging. Ich steuerte weder die Drohne noch die Drohnenkamera physisch. Das taten die Air-Force-Teams für uns, die in Nevada oder New Mexico in Containergebäuden saßen.

Diese Teams lenkten die Drohnen zwar von diesen Gebäuden aus, weil es leichter war, die Infrastruktur von den USA aus zu kontrollieren, als in jeder neuen Kriegszone Schaltstellen zu schaffen. Ich jedoch stand im Mittelpunkt von alledem, bestimmte, wohin die Drohnen flogen, wem sie folgten, was sie beobachteten und wen sie ins Visier nahmen.

Die Medien bezeichneten uns manchmal als »Hunter-Killer-Teams«. Aber ich lernte, dass wir viel mehr waren als das. Wir gehörten zu einer der effizientesten, höchstentwickelten und am besten vernetzten Organisationen der Welt.

Ein Video blieb mir in jenen frühen Tagen besonders im Gedächtnis. Das Ziel war ein Mitglied der al-Qaida im Irak. Ein anderer Nachrichtendienst-Analyst hatte ihn eines Nachts in einer kleinen Lehmhütte in der Wüste aufgespürt. Als die Predator über die Anlage flog, erschien auf dem Monitor ein Angriffsteam und drang in das Haus ein – ein ziemlich typischer Einsatz. Nur dass es diesmal anders ablief als sonst.

Nach wenigen Minuten leitete das Angriffsteam einen schnellen Rückzug ein, die Soldaten rannten in entgegengesetzte Richtungen aus dem Haus. Und dann – *boom!* – dreißig Sekunden später flog das Haus in die Luft. Es war eine Falle gewesen.

»Haben Sie das gesehen?«, sagte Bill und starrte auf den Monitor. »Der Analyst hat Scheiße gebaut! Er hätte wissen müssen, dass die Zielperson nicht im Haus war.«

Jeden Tag setzte das Angriffsteam sein Leben aufs Spiel und verließ sich dabei auf die Informationen, die wir bereitstellten.

»Sie müssen alles über Ihre Zielperson wissen«, fuhr er fort. »Was, wenn man eine Hellfire anfordert und sie aufs falsche Haus fällt?«

Die Kriterien für Drohnenschläge veränderten sich über die Jahre ständig. Meist wurden sie angeordnet, wenn wir unsere Männer nicht auf den Boden bringen konnten oder ihr Leben nichts aufs Spiel setzen wollten.

Bill gab mir hierzu einen simplen Ratschlag: »Sie müssen immer richtig liegen. Wenn Sie sich irren, sind Sie am Arsch.«

Ich hörte Gerüchte über meine Auslandsentsendung. Ein Großteil der Gruppe wurde in den Irak geschickt, um Teams zu leiten, weil sich der Krieg dort auf dem Höhepunkt befand. Ich war mir sicher, dass es auch mich dorthin verschlagen würde, und wurde langsam unruhig. Während ich auf meine Entsendung wartete, sah ich zu, wie sich andere in unserer Einheit an die Arbeit machten. Ich sah eines Morgens auf die Fernseher in unserem Speisesaal und beobachtete, wie unsere Leute einen wichtigen al-Qaida-Anführer in einem Land getötet hatten, in dem die US-Streitkräfte offiziell gar nicht aktiv waren. Die Medien sagten später, dass es die CIA gewesen sein musste, aber sie lagen falsch.

Eine Woche später wurde ich zur SERE-Ausbildung (Survival, Evasion, Resistance and Escape) nach Washington State geschickt. Sie wurde wegen des Verhörtrainings auch Camp Slappy genannt. Ich wurde gefesselt, mir wurden die Augen verbunden, und ich wurde geschlagen, so wie man sich das eben vorstellt. Das Programm sollte uns auf eine mögliche Gefangennahme in einem feindlichen Staat vorbereiten – und wir sollten dabei auch trainieren, wie man flieht. Ich lernte, wie man Schlösser knackt und sich aus Handschellen befreit.

Wir waren etwa dreißig Teilnehmer, die aus verschiedenen Spezialeinheiten kamen. In Camp Slappy lernte ich viel über mich selbst. Ich sah, wie erwachsene Männer weinten. Und die Ausbilder behandelten die Frauen auch nicht gerade mit Samthandschuhen. Für sie waren wir alle gleich. Ich erinnere mich, wie Frauen schrien, als sie geschlagen wurden.

Am schlimmsten war, dass man nicht wusste, was als Nächstes passierte. Es war wie ein Gruselkabinett, in dem man von einem Zimmer ins nächste stolpert, und jedes Zimmer hat ein anderes Grauen auf Lager.

Einer der schlimmsten Augenblicke war die Box. Wir wurden für gefühlte Tage in dunkle Holzkisten gesperrt. Schulter an Schulter, ohne die Gelegenheit, sich zu setzen. Man beschallte uns in voller Lautstärke mit Rockmusik und mit Aufnahmen schreiender Babys. Wenn einer von uns einnickte, wurde er mit Wasser abgespritzt. Es war eiskalt. Einer nach dem anderen wurde herausgepickt und stundenlang verhört.

Man wusste nie, was im nächsten Moment passierte. Ich lernte, dass ich körperlich und mental viel mehr aushielt, als ich mir hätte vorstellen können, und mir war absolut klar, dass ich niemals auf Feindesgebiet gefasst werden wollte.

Als ich nach der Ausbildung wieder nach Hause kam, widmete ich mich gleich wieder der Funktionsweise der Drohnen, die ich im Feld benutzen würde.

Damals erhielt ich einen Pager. Ich musste den Pager immer mit mir führen, jederzeit abrufbereit. Er klingelte nachts, manchmal auch morgens, hielt uns ständig auf Trab.

Als ich das erste Mal eine Nachricht aus unserer Zentrale erhielt, war es nach Mitternacht. Wir verwendeten eine kodierte Kommunikation – prinzipiell Einser und Nullen – damit jede fremde Regierung, die uns überwachte, nicht sagen konnte, ob unsere Einheit auf eine Mission angesetzt wurde oder nicht. Die Übersetzung des Codes, der mir in jener Nacht geschickt wurde, besagte grundsätzlich: Bewege deinen Arsch in den Teamraum.

Stunden später hatte ich meine Uniform an und stieg mit einer Tasche voller Ausrüstung auf dem Rücken – Computer, Festplatten, Schusswaffen, falsche Papiere – mit einem Operator-Team in ein Frachtflugzeug, um an einen unbekannten Ort ins Ausland gebracht zu werden und eine Scheinmission auszuführen. Ich konnte niemandem sagen, wohin ich ging, was ich tat oder wie lange ich weg sein würde.

Ich trainierte im Grunde, wie man verschwindet und seine Identität verbirgt. Es konnte sowohl beflügelnd als auch profan sein, Teil einer Kultur der Verschwiegenheit zu sein. Beflügelnd, weil ich etwas tat, dass unglaublich kraftvoll und wichtig und größer war als wir alle – auch wenn die meisten Menschen nie etwas davon erfahren würden, nicht einmal meine Mutter.

Bill und die anderen sagten, dass es nicht immer leicht war, alles für sich zu behalten. Man musste den Krieg unter Verschluss halten, auch wenn man instinktiv das Bedürfnis hatte, darüber zu reden und sich einen Reim daraus zu machen. Errungenschaften konnten nur innerhalb der Gruppe besprochen werden. Die Anerkennung konnte nicht von Außenstehenden kommen, die mir auf die Schulter klopften. Erfolg konnte nicht auf normale Weise gefeiert werden. Die Verleihung von Auszeichnungen war kein großer Festakt. Wenn jemand über Funk »Jackpot« sagte, war dies das Äquivalent zu einem High-Five. Das war ein Lob.

Ich hatte gelernt, mich von der Vorstellung zu verabschieden, jedes Mal mit einem Schulterklopfen oder einer Umarmung gewürdigt zu werden, wenn ich etwas Gutes tat – womit ich in der Schule aufgewachsen war. So etwas spielte jetzt keine Rolle mehr. Ich hatte eine wichtige Aufgabe zu erledigen, und amerikanische Leben hingen davon ab, dass ich meinen Job gut machte, ob sie nun von meiner Existenz wussten oder nicht.

Wir wurden in einen Bus geladen und fuhren auf einen Flugplatz in Kentucky.

»Ist das der neue Typ?«, fragte einer der Operator. Man hörte an seinem starken Akzent, dass er aus New York kam. Er war so groß wie ein Basketballspieler, durchtrainiert und hatte einen Vollbart. Andere bullige Typen, ausgestattet mit Sturmgewehren samt Zielfernrohren, lachten. Weil ich glattrasiert war, sah ich eindeutig wie »der Neue« aus.

Er packte meine Hand und stellte sich vor. Rocky war der Kommandant des Sturmgeschwaders. Ein Oberstleutnant der Army.

Sechs Monate waren in einem Wimpernschlag vergangen, und 2008 neigte sich dem Ende zu. Bill und die anderen hatten dieser letzten Trainingsphase ihren Segen erteilt: die Operators. Es war an der Zeit, mit dem Angriffsteam zusammenzuarbeiten – die Typen, die mit uns am Boden reisen und den Zielen nachstellen würden, die wir jagten.

Rocky war hochintelligent und schien sich gut mit nachrichtendienstlichen Vorgängen auszukennen. Er ließ mich an seinen Einsichten und Gedanken über die künftige Suche nach bestimmten Terroristengruppen teilhaben.

Dann wurde sein Ton todernst: »Sie wissen schon, dass Sie einen unglaublich wichtigen Job haben?«

»Was meinen Sie, Sir?«, fragte ich.

»Alle Männer, die hier sind« – Rocky deutete auf die Operators, die neben mir saßen – »verlassen sich auf Sie.«

Die Operators waren die Besten ihres Fachs. Sie waren die härtesten Burschen der Spezialeinheiten – durchtrainiert, mit speziellen Waffen ausgerüstet, überall und jederzeit einsatzbereit.

Ich nickte.

»Wir werden auf Basis Ihrer Entscheidungen unser Leben riskieren.« Er sah mich an. »Sie entscheiden, wer lebt oder stirbt, weil Sie derjenige sind, der das Ziel findet. … Sie sind derjenige, der das Todesurteil unterschreibt.«

Ich hatte es nie so gesehen, bis Rocky es an jenem Nachmittag aussprach. Ich hatte zuvor immer das Argument vorgebracht: »Na ja, ich drücke ja nicht ab. Das macht jemand anderes.«

Aber Tatsache war, dass die Operators nicht im Haus jenes Terroristen wären, wenn ich sie nicht dorthin geschickt hätte.

»Er hat Recht«, sagte Jack und lehnte sich vor. »Haben Sie's verstanden? Sie müssen die Schurken, die Sie ins Visier nehmen, mit Bedacht auswählen. Es sollten lieber richtig üble Kerle sein, damit es sich auch lohnt, sie ins Jenseits zu befördern.«

Vor meiner Entsendung fuhr ich für eine letzte Übung nach Hause. Ich war schon seit vier Jahren nicht mehr in Houston gewesen, und es fühlte sich seltsam an, am Flughafen einzutreffen und mit meinem Team in die Stadt zu fahren.

Dort wurden wir in einer nichtmilitärischen Unterkunft untergebracht, einem Ort, an dem man uns niemals finden konnte, und arbeiteten Tag und Nacht. Jemand, der uns im Hotelflur oder am Schnellimbiss über den Weg lief, hätte niemals geahnt, dass wir in der Stadt Scheinjagd auf Terroristen machten. Wir hatten in unserer Hotelsuite die komplette Box aufgebaut und steuerten aus einem Wohnzimmer heraus Drohnen, Nachrichtendienst-Leute und Operators.

Als das Training an einem Nachmittag zu Ende ging, rief ich einige alte Schulfreunde an. Ich fragte mich, wie es ihnen ging, weil ich sie schon seit Jahren nicht mehr gesehen hatte.

An jenem Abend trafen sich etwa zwanzig von uns in einem Restaurant einige Straßen von meinem Hotel entfernt, und es war so wie früher, die ganze Meute, die gemeinsam abhing, Jungs und Mädels.

Alle waren erwachsen geworden. Jack und Brad waren Banker, so wie sie es geplant hatten, Jenny war Buchhalterin, und Greg und Steve waren Anwälte. Einige Männer hatten sich vor Kurzem verlobt und hatten ihre Verlobten dabei. Sie fingen bereits an, über Nachwuchs und Hauskauf zu reden. Heile Welt.

»Wie geht's dir?«, wollte Jenny wissen. »Wie ist es in der Army?«

Weil ich nichts Verbindliches sagen konnte, sagte ich einfach, dass es toll war. Ich erzählte, dass ich auf der Durchreise war, und lenkte das Gespräch auf ein anderes Thema, genau so, wie ich es gelernt hatte.

Ein Teil von mir dachte, dass sie sowieso nicht verstehen würden, was ich tat, selbst wenn ich es ihnen erzählte. Ich arbeitete in einer anderen Welt. Wo sollte ich überhaupt anfangen?

Als die Stunden verstrichen und sich die leeren Bierflaschen türmten, erkannte ich, dass ich die alten Zeiten vermisst hatte. Seit ich das College verlassen hatte, kreiste in meinem Leben praktisch alles um den Job, und an jenem Abend vermisste ich die Tage, als die Dinge deutlich einfacher gewesen waren.

Wir verabschiedeten uns nach Mitternacht und gingen unserer Wege. Während meine Freunde in ihre neuen Häuser zurückkehrten, ging ich in die im Hotel untergebrachte Einsatzzentrale, um meine Arbeit wieder aufzunehmen. Noch fünf Stunden bis Sonnenaufgang.

Ich erhielt meinen Marschbefehl kurz nach der Houstonreise. Der Führungsstab hatte mir schließlich gestattet, im Ausland ein eigenes Nachrichtendienst-Team zu leiten, und wir sollten uns auf den Weg in die nordirakische Stadt Mossul machen.

Später kam die Nachricht, dass ein Frachtflugzeug in zehn Stunden in den Irak aufbrach, weshalb ich nach Hause ging und meine letzten Sachen zusammenpackte. Ich warf die wichtigsten Dinge in einen North-Face-Rucksack – Zivilkleidung, überwiegend Cargohosen und stabile Hemden, die für das Wüstenklima ideal waren, einen individualisierten Alienware-Laptop mit 17-Zoll-Bildschirm, mobile GPS-Geräte und einige andere elektronische Geräte, die leicht genug waren, um sie auf den langen Flug mitzunehmen.

Einige Tage zuvor hatte ich schon schwerere Dinge losgeschickt, wie über mehrere Jahre gesammelte Informationen auf Drobo-Festplatten, mein Sturmgewehr und Kisten mit Munition. Alles das würde auf der anderen Seite auf mich warten.

Es war 3 Uhr nachts, als ich am Büro eintraf und mit meinem Nachrichtendienst-Team sowie den Operators in den Bus stieg. Es gab keine feierliche Verabschiedung, keine Parade, keine Freunde, die uns zum Abschied winkten. Das würde künftig immer so laufen.

Ich rief meine Mutter in jener Nacht nicht an, aber ich dachte an sie und fragte mich, ob sie wohl stolz auf mich war. Ich wollte sie nicht beunruhigen und durfte ihr auch nicht genau erklären, was ich tat. Ich glaube, sie wusste nicht einmal, dass ich ins Ausland ging.

Der Bus glitt durch die Nacht, und schon bald waren wir auf der Landebahn, auf der die C-17 stand, die langsam warm wurde. Wir redeten nicht viel, jeder war in Gedanken versunken. Wir waren in weniger als einer Stunde in der Luft.

Als das Flugzeug seine endgültige Flughöhe erreicht hatte, dösten die anderen Jungs weg. Sie hatten das schon mehrmals gemacht und konnten es kaum abwarten, im Krieg mitzumischen. Ich versuchte, meine Augen zu schließen, aber die Aufregung und Nervosität hielten mich wach. Ich erinnerte mich an Bills Ratschlag: »Drohnen sind nichts wert, wenn sie nicht von den richtigen Leuten geleitet werden ... mach einfach keinen Fehler.«

Nach einigen Stunden beschloss ich, die Schlaftabletten zu nehmen, die die Ärzte an Bord ausgegeben hatten. Ich döste im Dröhnen der C-17-Motoren weg und schlief ein.

TEIL II

9

DER DROHNENKRIEG BEGINNT

Mein Nachrichtendienst-Team und die Operators machten sich bereit und gingen zu den Black Hawks und Little Birds, die auf der Landebahn standen. Es war Spätnachmittag, die Sonne brannte auf uns herunter, wir befanden uns nördlich von Bagdad. Als wir den langen Flugzeugpark passierten, kamen wir an einer strahlenden, stromlinienförmigen Predator-Drohne vorbei, die im Hangar stand. Ich guckte zweimal hin, denn es war die Erste, die ich tatsächlich zu Gesicht bekam, während die anderen weitergingen, als hätten sie schon Hunderte gesehen.

Die Sommerluft war heiß und flimmernd, so wie bei meiner Abreise ein Jahr zuvor, als ich vor den Toren Sadr Citys gelebt hatte. Nur war es jetzt Juli 2009, und der US-Truppenanstieg hatte sich allmählich als effektiv erwiesen. Es war wichtig, dass wir diese Überzahl nutzten, und wir konnten jetzt sehen, dass der Feind zu verlieren begann, obwohl viele ältere Terrorführer immer noch da waren. Es starben jetzt weniger Soldaten, und Bagdad wurde sicherer, zumindest kam es uns so vor. Das zwang die Schurken und Mörder in den Untergrund, überwiegend nach Nord-Mossul – die Gegend, auf die wir angesetzt wurden.

Ich war mit der »Fahrzeug-Abfanggruppe« der Einheit entsandt worden. Mein Job war es für die nächsten vier Monate, den Strom von Bombenbauern, Selbstmordattentätern und Terrorführern aufzuhalten, die versuchten, über die Grenze zu kommen oder zwischen größeren Städten hin und her zu reisen. Als eine Art Notlösung sollten wir die Verbindungen trennen, die die einzelnen Terrorzellen zu ihren Verstecken in den größeren Städten im Norden Iraks unterhielten. Unser Team war mit seiner eigenen Flotte von Black Hawks und Little Birds der 160th SOAR ausgestattet. Die Piloten waren mit Abstand die Besten der Welt. Wir mussten so schnell und mobil sein wie der Feind, und mit der Flotte konnten wir in kürzester Zeit überall hinfliegen.

Wir flogen mit offenen Hubschraubertüren, 160 Kilometer pro Stunde, und waren bereit, bei der Landung gleich loszurennen. Es war ein erhebendes Gefühl, an der Kante des Hubschraubers zu sitzen, die Beine frei in der Luft baumelnd, durch den blauen Himmel zu rasen, und zu beobachten, wie die weite, meist leere Wüste und gelegentlich ein Dorf an uns vorbeizog. Es fühlte sich so an, als wären wir Entdecker, die loszogen, um ein neues Gebiet zu erkunden und abzustecken.

Als wir landeten, gab es keine Zeit zu verlieren. Wir hatten nur vier Monate, um dem Terrornetzwerk in Mossul und den umliegenden Provinzen möglichst großen Schaden zuzufügen. Ich ließ meinen schwarzen Seesack in einen der Wohncontainer fallen, die hinter den großen Betonblöcken, den sogenannten »T-Barrieren«, verborgen waren, und ging direkt in die Box.

Am Stützpunkt wussten nur wenige, was es mit unseren weißen Containern und den schwarzen Hubschraubern auf sich hatte, die Tag und Nacht eintrafen und wegflogen, weil alles von den restlichen US-Soldaten abgeschottet wurde. Die Container waren fensterlos, mit Satellitenschüsseln auf dem Dach, und rund um die Uhr abgeschlossen. Unser gesamtes Areal wurde von Soldaten bewacht; sie ließen keine anderen Militärangehörigen oder Einheimischen in unseren Bereich. Für den Feind waren wir unsichtbar. Sie hatten keine Ahnung, wo wir waren – und so musste es auch sein.

Die Box war ein extrabreites Containergebäude, das mit einem langen Sperrholztisch ausgestattet war, der auf einem kalten Betonboden stand, sowie mit einer vier Meter breiten Wand, die mit Flachbildmonitoren bestückt war. Bilder einer Drohne und der Wüstenlandschaft waren zu sehen. *Los geht's*, dachte ich. Innerlich war ich wahnsinnig nervös, äußerlich wirkte ich indes seltsam ruhig. Ich hatte mich lange auf diesen Augenblick vorbereitet. Ich trank eine Tasse schwarzen Kaffee, der hinten auf einer Warmhalteplatte stand – und machte mich an die Arbeit.

Eine Frage, die sich jeder Targeter stellt, ist: Wo fängt man seine Jagd an? Terroristen zu finden, die ihr Leben damit verbracht haben, den US-Streitkräften aus dem Weg zu gehen, ist eine Kunst, keine Wissenschaft, und es gab nur eine Handvoll Targeter, die das jede Nacht schafften. Wir konnten jeden finden, wenn wir die Gelegenheit und die Ressourcen hatten – und unsere Multimillionen-Dollar-Drohnen gaben uns die Gelegenheit, mit äußerster Präzision vorzugehen.

Jede Stunde, in der wir diskutierten, war eine Minute, in der das Ziel die Gelegenheit hatte, sich an unsere Technologie anzupassen oder seinen nächsten Angriff auf arglose Zivilisten zu planen. Wir mussten uns an das Tempo des Krieges anpassen, weil der Feind nicht wartete.

Viele falsch informierte Menschen bei den internationalen Nachrichtendiensten dachten, dass wir eine Art Zauberer von Oz im Himmel hatten, der magisch die Leute fand, die wir jagen wollten – indem wir einfach ein wenig mit unseren Tastaturen klimperten.

Das ist ein Witz.

Selbst bei den amerikanischen Nachrichtendiensten verstehen die meisten nicht, wie das Spiel läuft oder wie ein feindlicher Anführer vom Schlachtfeld genommen wird, wenn sie in den Nachrichten darüber lesen.

Wenn eine Nachrichtendienst-Gruppe aus den Vereinigten Arabischen Emiraten eines unserer Teams an einer US-Militärbasis im Rahmen eines routinemäßigen Austauschprogramms besuchte, kamen sie nicht mit der Tatsache klar, dass unsere Zielteams nur aus etwa einem Dutzend Mitarbeitern bestanden. Sie wunderten sich, dass wir einen Gesuchten anhand eines kleinen Informationsfetzens lokalisieren und ihn kurze Zeit später ausfindig machen und töten konnten, in manchen Fällen schon nach wenigen Stunden, während sie und andere Monate dafür brauchten, falls sie die Zielperson überhaupt zu fassen bekamen.

»Woher bekommen Sie die Software, um diese Typen zu finden?«, fragte einer der Männer. »Wir würden sie gerne für unsere Computer kaufen.«

»Ha! Was für Software?«

»Na ja, die Analyse-Software, die Ihnen sagt, welche Terroristen Sie angreifen sollen und genaue Prognosen darüber abgibt, wo sie sich auf der Welt befinden.«

Typisch. Der Mann aus den Emiraten dachte, er könnte alles kaufen, was er wollte, wenn er nur genügend Geld auf den Tisch legte. Wie die anderen schien er nicht zu begreifen, dass einige wenige Analysten hinter den Kulissen akribische Arbeit leisteten – und keineswegs eine mysteriöse Technologie hinter unserem Erfolg steckte.

Es gab keine geheime Formel, um einen Terroristen zu finden. Es war eine Kombination mehrerer Dinge, und jedes Ziel war auf seine Weise einzigartig. Wir hatten zahlreiche Intel-Teams, die in verschiedenen Teilen der Welt arbeiteten, die im Schutz der Nacht kamen und gingen. Normalerweise gingen die Entsendungen über vier Monate, je nach Mission, aber es kam einem immer länger vor, weil kaum jemand von uns viel schlief.

Als Targeter mussten wir gleichzeitig Historiker, Reporter und Propheten sein. Wir mussten ein Ziel nicht nur so gut verstehen, dass wir die Lebensgeschichte eines Feindes in- und auswendig kannten, sondern auch unseren Kommandanten und anderen hochrangigen Personen in der US-Regierung ständig aktuelle Beurteilungen liefern und die nächste Bewegung einer Zielperson prognostizieren.

Jede unserer Zielpersonen verdiente das, was ihr bevorstand. Bei jedem gab es eindeutige Beweise dafür, dass er aktiv an der Planung, Anordnung oder Ausführung von Angriffen beteiligt war, die den Interessen der USA zuwiderliefen. Kein einziger von ihnen hätte Hemmungen gehabt, einen Amerikaner zu töten – Mann, Frau oder Kind – wenn er die Gelegenheit dazu gehabt hätte.

Dabei muss man wissen, wie Terrornetzwerke strukturiert sind. Normalerweise besteht eine al-Qaida- oder ISIS-Zelle aus verschiedenen Emiren, die für Verwaltung, Militär, Logistik, Sicherheit, Sharia (islamisches Gesetz) und Medienarbeit zuständig sind; dann gibt es noch den übergeordneten Emir. Ich suchte mir gern die Verwaltungs-Emire aus, weil sie immer am meisten Informationen über die Zelle hatten und mit jedem ihrer Teile verbunden waren. Die Verwaltungs-Emire waren auch deutlich weniger fanatisch veranlagt und eher langweilige Personen, so etwas wie Buchhalter – im Gegensatz zu den Militär-Emiren, die sich lieber in die Luft jagten, als sich gefangen nehmen zu lassen.

In unserer Welt hatten wir eine spezifische Methodik für diesen Kreislauf des unnachgiebigen Drucks auf den Feind entwickelt und optimiert.

Die Methodik war theoretisch einfach, aber praktisch schwer ausführbar. Ich suchte in den Netzwerken immer nach der entscheidenden Figur, dem einen Emir, dessen Tod die Gruppe in ihrer Gesamtheit am meisten schwächen würde.

Jeder Terrorist hat eine Schwachstelle. Diese Leute waren auch nur Menschen, trotz allem. Ich musste mich in die Rolle eines Terroristen, in seine Gedankenwelt hineinversetzen.

Normalerweise fing ich damit an, mir den vollständigen Namen des Ziels anzusehen. Namen sind im Nahen Osten reiche Informationsquellen – die von anderen allzu oft übersehen werden.

Die Männer werden nach ihren Vorfahren genannt, der zweite Name war also der seines Vaters und der dritte der seines Großvaters, und ein anderer Teil würde auch Auskunft darüber geben, woher sie kamen.

Eine Sache, auf die wir achten mussten, waren *Kunyas* – Pseudonyme, die sich die Terroristen selbst gaben, um sich vor Jägern wir mir und meinem Team zu verstecken. In Dschihad-Kreisen verwendeten diese Männer *Kunyas*, wenn sie miteinander redeten, um ihre wahre Identität zu verbergen für den Fall, dass ihre Komplizen in Gefangenschaft gerieten. Wir legten Diagramme ihrer vollständigen Namen und Familien als Ausgangspunkt für unsere Suche an. Ein Analysewerkzeug half mir, die inneren Kreise klarer zu sehen, meine Ergebnisse zu organisieren, Muster zu erkennen und schnell Diagramme und Tabellen seiner Welt zu zeichnen, vor allem im Hinblick darauf, auf wen ich es als Nächstes absehen sollte, sobald ich die betreffende Zielperson unschädlich gemacht hatte. Um zur Hauptzielperson zu gelangen, mussten wir oft zwei oder drei Ebenen nach unten gehen, und beispielsweise einen Freund oder ein Familienmitglied aufspüren, der von den illegalen Aktivitäten gar nichts wusste.

Alle Namen, die aufkamen, liefen durch eine spezielle Software, die eigens für diese Zwecke entwickelt worden war, eines der besten technischen Hilfsmittel, die man mit Geld kaufen kann.

Zunächst gingen wir ihren ganzen Kram durch – ihre Autos, Häuser, Telefone … alles. Und wir suchten gleichzeitig nach Druckpunkten (Familie, Freunde). In diesen Teilen der Welt gibt es keinen nützlicheren Hebel als die Familie.

Danach fingen wir an, ein Muster der Lebensgewohnheiten (POL = *pattern of life*) zu erstellen – Orte, die die Zielperson aufsuchte, ehemalige Wohnorte. Wir versuchten sogar herauszufinden, ob sie wusste, dass sie von den US-Streitkräften verfolgt wurde. Trotzdem brauchte ich einen echten »Startpunkt«, einen Punkt im Himmel, um die Drohne zu starten.

Startpunkte gibt es in der Anfangsphase der Jagd viele. Wir sammeln weitere Startpunkte außerhalb der Familie der Zielperson und suchen Informationen, die es vielleicht auf Internetseiten sowie in Berichten und Datenbanken gibt. Der Aufenthaltsort konnte überall sein, zum Beispiel das Haus eines entfernten Verwandten, lokale Geschäfte, eine Moschee, historisch relevante Orte, die mit anderen Mitgliedern ihrer unmittelbaren Gruppe verbunden sind, kleine Dörfer, auf die wir stießen und die eine ähnliche Stammesgeschichte hatten oder einen gemeinsamen Hintergrund mit der Zielperson und ihrer Familie.

Manchmal konnte der Schlüssel zum Auffinden unseres Ziels ein einfaches Detail sein, das andere übersehen hatten. Ein Bürogebäude, in dem die Zielperson Jahre zuvor gearbeitet hatte, bevor sie zum Extremisten wurde, ein Café, das sie regelmäßig besuchte, die Moschee, in der sie betete. Ich erforschte auch andere wichtige Dinge – etwa ihre Bildung oder physische Merkmale wie eine gebrochene Nase oder ein hinkendes Bein. In der Zwischenzeit ging der Spezialist für signalerfassende Aufklärung, der in unserem Team saß, alle elektronischen Signale durch, die einen Bezug zur betreffenden Person hatten – ihre Kommunikation, Online-Propagandavideos, alles, was zu finden war. Ein solcher Zugang machte uns unaufhaltsam. Für jedes Ziel erstellten wir PowerPoint-Folien, die alles über die Zielperson und ihre Aktivitäten zeigten – die »Baseball-Sammelkarten«. Offiziell war dieser Prozess als »Zielnominierung« bekannt. Diese Folien würden sich ihren Weg durch die Befehlskette bis ganz nach oben bahnen.

Wenn alles passte und eine Mission bewilligt worden war, begann unsere Jagd. Wir folgten Fährten, Verbindungen und Beziehungen, bis wir Glück hatten – ein Austausch zwischen zwei Parteien, der außergewöhnlich war, eine Reise in die Einöde mit einem weißen Pritschenwagen, mehrere Zwischenstopps auf Märkten ohne etwas einzukaufen, ein Besucher, der eines Tages völlig unvermittelt in einem Haus erschien.

Wir hielten solche Stopps und die Orte aller Interaktionen kartografisch fest, während wir die ganze Zeit mit dem Team redeten und jeden Stopp mit unserer Datenbank abglichen, um verdächtige Verbindungen zu identifizieren – andere Ziele, die den Ort vielleicht schon einmal aufgesucht hatten. Wir legten nicht nur eine Karte ihrer eigenen Vergangenheit an, sondern auch die Karte des entsprechenden Terrornetzwerks, versehen mit dem Ort, Telefonanrufen als Querverweisen, SMS-Nachrichten und E-Mails, die in irgendeiner Form eine Verbindung dazu hatten: So nahmen die Lebensgewohnheiten der Zielperson langsam Gestalt an.

Für unseren Erfolg waren Informationen entscheidend – die großen Datenbanken, die wir über die Jahre angelegt hatten, Terabytes mit Dossiers über Terroristen, Quellenberichten, allgemein zugänglichen Informationen, Vernehmungsprotokollen und detaillierten Beurteilungen der Loyalität von Dörfern zu Terrorgruppen oder religiösen Sekten.

Auf der Grundlage dieser umfangreichen Daten, die in meinen Karten enthalten waren, konnte ich mit der Drohne über ein Haus fliegen und sagen, wer dort wohnte und ob dort bereits eine Operation durchgeführt worden war. Terroristen benutzten gern die Häuser anderer Terroristen (normalerweise nachdem ihre Freunde getötet oder gefasst worden waren), als ob Amerika irgendwie vergessen hätte, wo diese Leute gelebt hatten.

Alles das geschah in Echtzeit. Sobald wir unsere Augen auf die richtigen Leute gerichtet hatten, die um ein oder zwei Ecken mit der Zielperson zu tun hatten, würden wir fast zwangsläufig unseren Mann erwischen – vorausgesetzt, dass wir zuvor unsere Arbeit richtig gemacht, geduldig gewartet hatten und bei der Jagd nicht gestört wurden, beispielsweise durch schlechtes Wetter oder wenn wir eine Zielperson im Straßenverkehr aus den Augen verloren.

Und dann? In 90 Prozent aller Fälle fassten wir unsere Zielperson. Den Rest erledigten wir mit Hellfire-Raketen. Die Kriterien für Tötungen waren unterschiedlich. Es gab viele Fragen, die ich mir in diesem Zusammenhang stellte, wie: Was würde der Tod dieser Person für das gesamte Netzwerk bedeuten oder für die örtlichen Behörden? Was haben wir davon? Würde das alles nur schlimmer machen? Hatte die Zielperson den Tod verdient?

Unser erstes Ziel war ein ISI-Anführer, den wir Usamah nannten. Ich hatte mich auf ihn fixiert, noch bevor wir überhaupt in dem Land eintrafen. Er war der Verwaltungs-Emir für die Provinz Salah ad Din, die aus einem 23 Quadratkilometer großen Gebiet im Norden bestand – etwa so groß wie New Jersey. Seine Aufgaben, kombiniert mit der Bedeutung dieser Provinz für die allgemeine strategische Mission des ISI, brachten es mit sich, dass Usamah in der Befehlskette relativ weit oben war und über die gruppeninternen Finanzen Bescheid wusste. Er war sozusagen der Buchhalter, kannte die Männer genau, aus denen die zahlreichen Terrorzellen im ganzen Norden bestanden, ebenso die Finanzen und Einkünfte der Gruppe. Er verkehrte jeden Tag mit den Kommandanten; er kannte ihre Tagesabläufe. Wir brauchten sein gesamtes Wissen.

Ich hatte noch den Geschmack von schalem Kaffee in meinem Mund, als ich meine Anweisungen an Jake gab, den taktischen Controller, der neben mir saß und für den Kamera-Operator und Predator-Piloten in den USA alles in den System-Chat tippte. Neben uns arbeiteten vier weitere Personen: mein Stellvertreter, der Informationen in Echtzeit auswertete, ein Fernmelder, der mit anderen Nachrichtendiensten kommunizierte, die ebenfalls an der Jagd beteiligt waren, sowie drei Leute, die signalerfassende Aufklärung betrieben und verschiedene elektronische Geräte abhörten – E-Mails, Handys und SMS-Nachrichten unserer Zielperson.

Tagelang benutzten wir eine Flotte aus Predators und anderen Fluggeräten, um Bereiche zu beobachten, die für uns von Interesse waren – kleine Dörfer und größere Städte in unmittelbarer Nähe von Mossul. Das Team vor uns hatte während seiner Entsendung genau dasselbe getan und mir sein gesamtes Wissen der vergangenen Monate übergeben. Usamah war jemand, der die Parole »Feind hört mit!« verinnerlicht hatte – er wusste also durchaus, dass er gesucht wurde und jederzeit aus dem Verkehr gezogen werden konnte. Er tat alles, was in seiner Macht stand, um sich unserer Verfolgung zu entziehen. Aber es gab etwas, das ich schon bald lernte: Die Terroristen, die ich jagte, machten früher oder später einen Fehler. Und dann waren sie fällig.

Usamah war gut: Er hinterließ am Boden keine besonderen Spuren und seine jahrelange Erfahrung, dem US-Militär zu entkommen, machte ihn zu einem würdigen Gegner. Quellen berichteten eines Tages, er sei auf einem Markt in Mossul gesichtet worden; außerdem ging das Gerücht um, er nähme demnächst an einem geheimen ISI-Treffen im südlichen Korridor der Stadt teil. Mit jeder neuen Entdeckung fingen die Punkte auf unserer Karte an, Gestalt anzunehmen und eine Geschichte zu erzählen; trotzdem verschwand er bei diesen Sichtungen zu schnell, um wiederkehrende Verhaltensmuster zu erkennen.

Es dauerte etwa eine Woche, bis der Durchbruch kam. Nachdem wir alte Akten durchgearbeitet hatten, bemerkten wir, dass Usamah jede Woche in die Stadt Baidschi fuhr, die südlich von Mossul lag, um illegale Einnahmen in Empfang zu nehmen und an Mitglieder seiner kleinen Gruppe innerhalb der ISI zu verteilen.

Die kleine Stadt war für Usamahs Schutzgelderpressung entscheidend, bei der Millionen von Dollar aus Baidschis Ölraffinerie herausgeschleust wurden. Es gab eine staubige Straße, die sich 180 Kilometer von Mossul nach Baidschi erstreckte – ich kam zu dem Schluss, dass Usamah unterwegs am anfälligsten war. Denn dann musste er seine Komfortzone in Mossul verlassen, wo sich die ISI-Führung einen Rückzugsort geschaffen hatte, indem sie fortwährend die Sicherheitskräfte bestach und die Bevölkerung einschüchterte. Die einzigen Leute, die den ISI damals in dieser Gegend in Schach halten konnten, waren die US-Kräfte; den irakischen Sicherheitskräften konnte man einfach nicht trauen.

Wir hatten herausgefunden, dass Usamah einmal in der Woche am selben Wochentag zur selben Uhrzeit nach Baidschi fuhr, aber wir wussten noch nicht, welchen Ort in der Stadt er aufsuchte oder wen er dort traf.

Wir wühlten uns weiter durch alte Akten von Usamahs Weggefährten und Familienmitgliedern. In Baidschi stießen wir schon bald auf drei Häuser, in denen möglicherweise alte Weggefährten wohnten. Es war nicht viel, aber es reichte für eine Jagd aus.

»Z in Eins«, sagte ich über Funk.

Die Drohnenkamera schwenkte mit ihrem elektro-optischen Objektiv im »day TV«-Modus über die staubige Landschaft und richtete ihren Blick auf die Stadt Baidschi. Wir hatten das Gerücht gehört, dass Usamah bereits hier angekommen war.

Ich hatte mir diesen Augenblick schon seit Monaten ausgemalt und mir vorgestellt, an einer solchen Mission mitzuwirken und den Feind zu ergreifen. Wo war er?

»Z in Zwei«, sagte ich. Eine Reihe von Lehm- und Steinhäusern erschien im Bild, die Kamera fuhr näher heran, und da war Haus Nummer 1: grauer Beton, zwei Stockwerke. Es gehörte einmal Usamahs Cousin, zumindest laut der Informationen, die ich in alten Unterlagen gefunden hatte.

Das war unser erster Ausgangspunkt. Der Plan war es, mit der Drohne schnell die drei potenziellen Schlupflöcher anzusehen und Ausschau nach etwas zu halten, das außergewöhnlich erschien.

Es gab keinen Vorgarten, nur einen kleinen, heruntergekommenen Zaun, der das Grundstück von der leeren, schmutzigen Straße trennte. Die Drohne kreiste über den Bereich und erlaubte uns, jeden Winkel des Ortes zu sehen, selbst durch die Fensteröffnungen.

Es war niemand da.

»Weiter«, sagte ich.

»Verstanden.«

Wir hatten nicht viel Zeit, denn wir wussten, dass sich Usamah nur etwa drei Stunden in Baidschi aufhalten würde, bevor er wieder nach Mossul zurückkehrte.

Angesichts seiner Paranoia mussten wir Glück haben, um überhaupt etwas zu finden.

Das zweite Haus war ein kleiner Apartmentkomplex am Marktplatz in der Innenstadt. Das Haus von Usamahs erster Frau. Als die Drohne ihre Kreise zog, war die Lage zu beengt, um viel zu sehen. Wäsche hing aus den meisten Fenstern und machte es so gut wie unmöglich, einen Blick ins Haus zu werfen. Der Verkehr war dicht, und Hunderte von Menschen bewegten sich auf der Straße.

»Das war's dann wohl«, sagte ich.

Wir hatten keine Chance, Usamah hier zu finden. Ich kämpfte gegen das nagende Gefühl an, möglicherweise hinters Licht geführt worden zu sein, und erteilte den Befehl, das dritte Haus aufzusuchen.

»Flughöhe anheben«, gab ich durch. Das dritte Haus gehörte einem mutmaßlichen ISI-Terroristen – ein ruhiger Ort außerhalb der Stadt. Das barg Gefahren: Wenn die Drohne zu tief flog, war sie womöglich am Boden zu hören.

Das Haus war etwa so groß wie das erste, nur dass es von drei Meter hohen, um einen ungepflasterten Innenhof herum gezogenen Betonmauern umgeben war. Im nordwestlichen Eck war eine Satellitenschüssel angebracht, und ich konnte sehen, dass sich ein Hund in der Nähe der Stufen aufhielt, die zur Auffahrt führten. Als wir heranzoomten, konnten wir einen weißen Kombi sehen, der nicht allzu weit vom Haupteingang geparkt war, die Reifenspuren waren immer noch in der Erde sichtbar. Es hatte einige Tage zuvor stark geregnet und die Erde war schlammig geworden.

Wir machten Schnappschüsse von dem Haus und konzentrierten uns auf die Fenster, Eingänge und verborgenen Bereiche, damit wir sie später als Referenz verwenden konnten.

»Auf Infrarot schalten«, sagte ich.

Als die Drohnenkamera von »day TV« auf »infrarot« schaltete, wurden die Bilder klarer, weiß vor schwarzem Hintergrund wie bei einem Röntgenbild. Das war typisch und wurde vor allem verwendet, wenn der Drohnensensor das Ziel aus verschiedenen Perspektiven zeigen sollte, auch wenn noch helllichter Tag war. Außerdem half es mir, einen besseren Blick auf das zu bekommen, was wir beobachteten, wenn schwere Sandstürme tobten.

In dem Haus waren keine Bewegungen erkennbar, zumindest war nichts zu sehen. Ich interessierte mich allerdings mehr für den Kombi. Wenn Usamah wegen seiner allwöchentlichen Geldsammlung auf Besuch war, könnte das sein Auto sein. Über das Infrarotbild war zu erkennen, dass der Motor des Autos heiß war: Schwarz und langsam pulsierend hob er sich von der weißen Karosserie ab. Es sah fast so aus, als würde er noch laufen. Als die Drohne ihre Kreise zog, konnten wir sehen, dass sich jemand in dem Fahrzeug befand.

Das war bisher unsere beste Spur, wenn auch noch keine entscheidende. In keiner unserer Akten stand etwas darüber, welches Auto er fuhr.

»Was wollen Sie machen?«, fragte Jack.

»Wenn das Auto losfährt, verfolgen wir es.«

Ich begann, noch einmal die alten Unterlagen über Usamah durchzugehen. Vielleicht hatten wir eine wichtige Information übersehen, irgendein kleines Detail.

Eine konzentrierte Stille, die nur durch die Lüfter der Server und das gelegentliche Tippen auf einer Tastatur unterbrochen wurde, brach herein und hielt an, bis das Telefon klingelte.

Es war der Analyst eines unserer anderen Drohnenteams, der außerhalb von Tikrit saß.

»Ich kenne diesen Kombi«, sagte er.

Er hatte an seinem Standort die Live-Übertragung der Drohne meines Teams beobachtet, während er selbst andere Ziele jagte.

»Vor drei Monaten haben wir Bilder von diesem Auto bekommen«, fuhr er fort.

»Die Veranstaltung in Baidschi war ein großes ISI-Treffen der wichtigsten Anführer in dem Bereich.« Ich wurde hellhörig.

»Wir stellten später fest, dass Usamah der Fahrer war«, sagte er. Aber es war zu spät gewesen. Als sie die Bestätigung erhielten, war das Auto schon wieder verschwunden.

Ich wollte die Beweise selbst sehen. »Können Sie mir die Fotos schicken?«, fragte ich.

Sie kamen per E-Mail, und ich bemerkte den Datumsstempel auf dem Foto: Es war drei Monate alt. Und der weiße viertürige Kombi in unserem aktuellen Drohnenbild war derselbe wie auf dem alten Foto. Ich sah wieder auf den Monitor. Das war Usamah. *Haben wir dich.*

In diesem Augenblick fing der weiße Kombi an, sich in Bewegung zu setzen.

»Verfolgen«, sagte ich.

Die Drohne verließ ihren Orbit über dem Haus und setzte sich in über 500 Metern Höhe auf die Spur des Fahrzeugs, ein Geist am Himmel.

Wir beobachteten, wie das Auto das Stadtviertel verließ und auf die Hauptstraße fuhr. Der Fahrer bog nach links ab und fuhr nördlich in

Richtung Mossul – genau das, was ich erwartet hatte, nachdem er seine Botengänge für die Woche erledigt hatte.

Er würde zwei Stunden auf dieser Straße unterwegs sein. Der Countdown lief. Mehr Zeit blieb uns nicht, dann würde er Mossul erreichen, wo angesichts der engen Straßen und Menschenmengen eine Verfolgung schwierig bis unmöglich sein würde.

Ich rief Max herbei, den Leiter des Angriffsteams. Sekunden später stand er neben mir und starrte auf die Monitore.

Er war wie ich ein Neuling in der Einheit und darauf bedacht, sich einen Ruf zu erarbeiten und ein würdiger Nachfolger jener legendären Offiziere zu werden, die vor ihm da gewesen waren. Ich nannte ihn Superman, weil er so attraktiv und groß war wie Clark Kent. Er kam aus dem Süden, war verheiratet, Mitte dreißig, hatte immer Kautabak unter der Lippe und fiel auf, weil er keinen Bart trug. Als würde er sein Gesicht jeden Morgen mit einer Messerklinge rasieren.

»Hast du den Fahrer gesehen?«, fragte er und deutete auf den Kombi auf dem Monitor.

»Nein, aber mein Bauch sagt mir, dass es Usamah ist. Alle Hinweise deuten darauf hin.«

Das war meine Einschätzung, aber er musste die letzte Entscheidung treffen.

»Los geht's«, sagte er – und dann setzte sich alles in Bewegung. Er funkte sein Team an. Es war an der Zeit, die Ausrüstung anzulegen – Waffen, Zielfernrohre, Schutzwesten, Funkgeräte. Er informierte die Piloten der Black Hawks und Little Birds.

Doch kurz bevor der die Box verließ, griff er zum Telefon und rief den Oberkommandeur im Hauptquartier an. Was sollte das? Eigentlich brauchte er keine Autorisierung, aber offenbar wollte er eine zweite Meinung hören.

Der Oberkommandeur war schon lange dabei und dafür bekannt, ein harter Hund zu sein. Aber er war klug und penibel. Ihm gefiel nicht, was er hörte.

»Der Intel-Typ ist neu«, sagte er und meinte mich. »Er ist noch nicht auf die Probe gestellt worden. Es ist zu riskant, seinem Bauchgefühl zu trauen.«

Max legte auf und ich dachte an etwas, das mein Mentor Bill einige Monate zuvor gesagt hatte: »Sie können sagen und tun was Sie wollen, aber Sie sollten damit richtigliegen.«

Ich hatte das Gefühl, als müsste ich meinen Standpunkt verteidigen.

»Max, das ist Usamah in diesem Fahrzeug«, sagte ich. »Es spricht alles dafür. Niemand hat seit Monaten eine Spur von diesem Kerl. Er geht dir noch durch die Lappen.«

Ich ging die Informationen noch einmal durch, die Verbindungen, die wir hergestellt hatten, die Fotos von dem Auto bei dem Treffen, das einige Monate zuvor stattgefunden hatte. Was wusste der andere Kommandant überhaupt? Er war an einem anderen Ort, und verfolgte das, was wir taten, nicht sehr genau.

»Uns läuft die Zeit davon«, sagte ich, als wir zusahen, wie der Kombi in Richtung Mossul fuhr.

Ich weiß nicht mehr genau, was ich sagte, aber es zeigte Wirkung. Max rief den Kommandanten noch einmal an und sagte ihm, dass wir soeben weitere Informationen von einer anderen Quelle erhalten hatten, die bestätigten, dass sich Usamah in dem Fahrzeug aufhielt. Das war eine glatte Lüge, er widersetzte sich einem direkten Befehl, und es bedeutete zugleich, dass die Verantwortung für das, was gleich geschehen würde, voll und ganz auf mir lasten würde.

»Wir gehen!«, rief Max seinem Team zu.

Die Operators waren schwer bewaffnet – hauptsächlich HK-Sturmgewehre mit Nachtsichtaufsatz und Schalldämpfern. Sie hatten zwei Arten von Granaten dabei – Schockgranaten, die eher darauf ausgelegt waren zu verwirren als zu töten, und die M67-Splittergranaten, die man aus Filmen kennt und die einfach nur hochgehen.

Es gab viele Möglichkeiten, wie ein Angriff eingeleitet werden konnte, es hing von der Entscheidung des Kommandanten und der Situation am Boden ab. Normalerweise »landete man auf dem X«, das heißt, der Pilot des Black Hawk setzte das Team von oben direkt am Zielort ab, und daraufhin folgte ein schnelles, aggressives Vorgehen. Alternativ »landete man auf dem Y«, das heißt, der Hubschrauber setzte die Operators in einigem Abstand ab, damit sie sich ans Ziel heranschleichen konnten. Heute würden wir aggressiv über sie herfallen.

Als Max den Raum verlassen wollte, sagte ich ihm, dass wir Usamah für weitere Verhöre lebend brauchten. »Versuchen Sie, ihn möglichst nicht umzubringen.«

Er nickte. »Wir überlassen der Zielperson die endgültige Entscheidung darüber.«

Sekunden später hoben die Hubschrauber vom Boden ab, die Operators in voller Kampfmontur an den offenen Türen sitzend.

Wir konnten in Farbe sehen, dass der Fahrer des Fahrzeugs sein Fenster heruntergekurbelt hatte und seinen Arm aus dem Fenster hängen ließ, während er 80 bis 100 Kilometer pro Stunde fuhr.

Innerhalb von Minuten landeten die Hubschrauber in der Nähe einer irakischen Kontrollstelle, einige Meilen nördlich des nahenden Autos. Die Kontrollstelle war nicht mehr als eine Hütte, die an der Hauptstraße stand und von drei irakischen Wachleuten besetzt wurde, die stichprobenartig Fahrzeuge kontrollierten, die nach Mossul kamen.

Als die Hubschrauber aus dem Sichtfeld verschwanden, setzte das Team seinen Weg zu Fuß fort. Ein tragbarer Monitor erlaubte uns zu sehen, was die Drohne sah. Zusätzlich waren wir per Funk verbunden, sodass wir alles am Boden mithören konnten. In der Hütte sagten die Operators den irakischen Sicherheitsleuten, dass sie sich ruhig verhalten sollten – sie müssen ziemlich überrascht gewesen sein, als unsere Leute aufkreuzten –, und dann warteten sie auf Usamah.

Ich wurde in den stillen Augenblicken, die sich vor einem Zugriff unendlich in die Länge zu ziehen scheinen, immer nervös. Max und sein Team hatten großes Vertrauen in mich. Ich hatte ihnen gesagt, dass Usamah als Verwaltungsemir voraussichtlich keine Gegenwehr leisten würde und vermutlich nicht einmal eine Waffe trug. Aber was, wenn ich falsch lag? Was, wenn es gar nicht Usamah war? Was, wenn der Fahrer ein ausländischer Kämpfer war, der einfach nur Amerikaner töten wollte, und wir ihm eine Steilvorlage dafür geliefert hatten?

Ich wollte nicht, dass das Blut von Zivilisten oder einem unserer Teammitglieder an meinen Händen klebte. Ich hatte Angst davor, falschzuliegen. Wir waren dazu ausgebildet worden, recht zu haben, doch es schwirrten immer Zweifel in meinem Kopf – eine Art Tonspur, die unbewusst und schnell jede wichtige Information wiederholte, die ich zuvor über das Ziel gesammelt hatte, stets auf der Suche nach fehlenden Puzzleteilen.

Als der Kombi die abgeschiedene Kontrollstelle erreichte, hämmerte es in meinem Kopf. Meine Kehle fühlte sich trocken an. Die Operators waren jetzt im Sichtfeld der Drohne und warteten auf den Zugriff – sie warteten, warteten, warteten.

Sie sprangen aus dem Häuschen, mehr als ein Dutzend von ihnen, die Waffen im Anschlag, und versperrten die Straße.

Der Wagen hielt abrupt an, als er von dem Team umgeben war. Zuerst stieg der Fahrer nicht aus. Er muss unter Schock gestanden haben. Einige Dutzend Männer erschienen aus dem Nichts, bis auf die Zähne bewaffnet, und warteten nur darauf, dass er das Ende seiner Geschichte wählte. Die Sekunden zogen sich in die Länge. *Was zum Teufel machte er da gerade?*

Ein Operator trat an das Fenster auf der Fahrerseite, den Finger am Abzug. Die anderen folgten ihm und bildeten einen Kreis, der sich wie eine Schlinge zuzog.

Wo sind seine Hände? Hat er eine Bombe?

Plötzlich ging die Tür auf, die Hände des Fahrers reckten sich in die Höhe und die Operators fielen blitzschnell über ihn her.

Sekunden später hörte ich über Funk: »Jackpot.«

Meine Schultern fühlten sich an, als hätte ich meilenweit einen Betonblock geschleppt. Ein Schauer fuhr mir über den Rücken. Mir tat alles weh.

Ich sah mich um und betrachtete den Rest des Nachrichtendienst-Teams. Ich atmete tief durch. Für den Bruchteil einer Sekunde erwartete ich, dass alle in Jubel ausbrechen würden. Dass man sich vielleicht sogar abklatschen würde. Schulterklopfen und Anerkennung.
Aber es gab nichts. Sie hatten das alles schon erlebt. Es war einfach nur ein ganz normaler Bürotag.

Ich lernte an jenem Tag einige Lektionen. Ich erkannte, dass eine Handvoll Leute die Macht hatte, den Verlauf des Krieges zu beeinflussen, und dass ich zum ersten Mal eine Gelegenheit hatte, direkt mitzuwirken und einen Unterschied herbeizuführen. Meine Handlungen konnten die Welt verändern; das war der Zweck, den ich mir herbeigesehnt hatte. Aber die Entscheidung, Usamah zu verfolgen, war qualvoll gewesen. Bill und Jack schien an ihren Einsatzorten diese Arbeit keine Mühe zu bereiten. Ich wusste nicht genau, was ich tun musste, um dieses Niveau zu erreichen.
Einige Männer vom Angriffsteam blieben zurück, um Usamahs Kombi von der Kontrollstelle zur Box zu fahren. Wir brauchten den Wagen für forensische Zwecke. Als die Hubschrauber einen Großteil des Teams und unseren neuen Gefangenen zum Stützpunkt transportierten, sorgte ich mit der Drohne von oben für die Sicherheit der Männer, die auf dem Landweg zurückfuhren.
Victor, einer der Männer, beschloss, die Rückfahrt auf der Motorhaube des Kombis anzutreten – auf dem Rücken liegend, als würde er sich am Strand sonnen.
Er war einer der wilden Operators – drahtig und bärtig. Er muss gewusst haben, dass ich ihn beobachtete, denn als ich mit der Pred an das Auto heranzoomte, das mit etwa 80 Sachen über die staubige Straße bretterte, sah ich, dass er den Daumen in die Luft streckte.
Cowboys. Er schien zu sagen: »Du bist schon in Ordnung, Junge.« Es war ein großer Schritt, ihr Vertrauen zu gewinnen. Vertrauen, das ich für das, was noch bevorstand, dringend benötigte.

10

DIE JÄGER

»Was geht, Intel?«, fragte Victor, als er einige Tage später am Nachmittag in der Box vorbeikam. »Hast du jemanden, den wir uns heute vorknöpfen können?«

Den Daumen, den er mir nach der erfolgreichen Usamah-Mission auf der Motorhaube entgegengereckt hatte, lag in meiner Erinnerung bereits sehr lange zurück. Er war bereit für ein anderes Ziel. Wie ein hyperaktives Kind. »Pennt ihr, oder was?«, sagte er, als er auf unsere Monitore zuging. »Was habt ihr für uns?«

Victor war nicht der Einzige. Alle Operators waren fahrig, allzeit bereit, in einen Hubschrauber zu steigen und ein neues Ziel aufzusuchen. Sie kamen täglich in die Box, fragten, was los war, wann sie wieder Arbeit bekämen, ob wir jemanden ins Visier genommen hatten. Wer kam nach Usamah?

Ich sagte ihm noch nichts. Er stand einige Minuten da und beobachtete unsere Monitore – ein Hüne mit grau meliertem Haar. Man konnte allein an seinem Anblick erkennen, dass er schon viel erlebt und viele Menschen hatte sterben sehen. Seine Nase sah aus, als wäre sie schon ein Dutzend Mal gebrochen gewesen. Mindestens zweimal war er bereits angeschossen worden und hatte entsprechende Narben vorzuweisen.

»Wie wär's mit dem da, können wir uns den vorknöpfen?«, fragte er. Ich hatte eine unserer Drohnenkameras auf einen Mann am Boden gerichtet, der eine weiße Dishdasha trug und neben einem ziemlich ramponierten blauen Auto eine Zigarette rauchte.

Wir verfolgten ihn bereits seit einigen Tagen. »Das ist ein kleiner Fisch«, sagte ich. »Der ist nicht wichtig genug.«

»Worauf warten wir eigentlich?«

Es war leicht, sich von der Denkweise der Operators anstecken zu lassen, vor allem, weil ich von ihnen gemocht werden wollte. Für sie war die Devise immer los, los, los. Das Adrenalin, das sie bei diesen gefährlichen Missionen durchfuhr, nährte ihre Sucht nach ständiger Aktivität. Sie sehnten sich nach dem Gefühl, Türen aufzusprengen und dahinter Räume voller Aufständischer vorzufinden, die Euphorie von Schusswechseln; das trieb sie an. Zivilisten denken oft, dass Soldaten lieber nicht im Krieg wären, wenn sie die Wahl hätten. Vielleicht trifft das auf die normalen Streitkräfte zu, aber die meisten Kommandosoldaten wollen im Kampfeinsatz sein. Sie haben ihr Leben lang trainiert. Sie werden dafür herangezüchtet. Je mehr Zeit ich mit ihnen verbrachte, umso klarer wurde mir, dass die meisten von ihnen es jederzeit vorgezogen hätten, für Amerika zu sterben, als immer auf Nummer sicher zu gehen und zu Hause ein normales Leben zu führen.

Allmählich näherte ich mich ihrer Denkweise. Ich wollte Blut sehen, für meine Kameraden von der 82., die regelmäßig vom Feind getroffen wurden und nicht viel dagegen ausrichten konnten, aber auch für meine Freunde zu Hause, für Amerika. Ich wollte so viele von ihnen wie möglich töten.

Allerdings konnte ich mich den dicken Fischen nur langsam und schleppend nähern. Es war meine Aufgabe, Rätsel zu lösen und die größeren Zusammenhänge zu erkennen, während die Operators die Männer fürs Grobe waren. In den Nächten, in denen sie zu unruhig wurden, schob ich ihnen manchmal irgendwelche Ziele zu. Ich hatte immer Möglichkeiten, ihren Hunger zu stillen. Es gab Zehntausende von Kämpfern, die in weniger besiedelten Gegenden ihr Unwesen trieben.

Aber die größeren Ziele musste ich manchmal monatelang jagen, bevor es Sinn machte zuzuschlagen oder einen Einsatz anzuordnen. Wenn wir nur eine Gruppe kleiner Terroristen fingen, würde das für das größere Terrornetzwerk irrelevant sein. Diese Kleinkriminellen redeten nicht viel. Sie waren schon oft im Gefängnis und in geheimen Verhöreinrichtungen gewesen. Sie kannten das Spiel. Aber wenn wir ihnen folgten, konnten wir ihre Welt infiltrieren – die Mittelsmänner und die Verbindungen, die Treffen und Absetzpunkte.

Es war natürlich immer ein Balanceakt: wann man gehen und wann man sich zurückhalten sollte. Jede Situation war anders. Ich musste wissen, ob ein Ziel zu höherrangigen Personen führte, oder ob es eine Sackgasse war, die kaum mit Leuten interagierte, die im Netzwerk wichtigere Stellen bekleideten.

Diesen Unterschied sahen Operators wie Victor nicht, und er war ihnen eigentlich auch egal. Wenn man sie fragte, wen sie gefangen genommen oder getötet hatten, kannten sie nur einige Namen, und dann auch nur die wichtigen. Für sie war jedes Beutetier gleich, es war nur ein Terrorist, der auf seine Kugel wartete.

»Der Fisch ist nicht dick genug«, sagte ich.

»Der sieht für mich wie ein Hai aus.«

»Er ist eher eine Makrele«, sagte ich und lehnte mich zurück. »Die uns aber zum Hai führen könnte.«

Ich verbrachte die meisten Tage damit zu beobachten – die Straßen im Blick zu behalten, die Stadtviertel und Grenzübergänge zu scannen, Lehmhütten heranzuzoomen – wie ein Schurke jeden Tag in ein Café geht, bis er eines Tages ein Paket zu einem weißen Haus am Marktplatz trägt; wie ein anderes Ziel monatelang jede Nacht um 21 Uhr ins Bett geht, bis er eines Nachts um Mitternacht aufbricht, um einem Treffen in der Wüste beizuwohnen; und ein anderer, der jeden Tag dieselbe Strecke zur Arbeit benutzt, aber eines Tages in die entgegengesetzte Richtung auf ein Haus zugeht, das einem Ziel gehört, das zwei Jahre zuvor getötet worden war.

Wir beobachteten alles. Wie eine düstere Version der *Truman Show*.

Wir hielten nach Anomalitäten Ausschau und arbeiteten uns zu Leuten vor, bis schließlich ein Angriff durchgeführt wurde. Das waren die Probleme von Detektiven; hier machte eine kleine, scheinbar unwichtige Information – wie jemand, der in der Wüste anhielt und in den Himmel sah – oft den Unterschied zwischen Leben und Tod aus. Und um diese Rätsel zu lösen, brauchte man oft eine außergewöhnliche Geduld für den ultimativen Lohn – bei einer Jagd mussten wir einmal über zwanzig separate Operationen durchführen, bis wir schließlich eine Spur erhielten, die uns zu unserem Ziel führte.

Die Box wurde meine Welt. Das Containergebäude war meistens dunkel, nur die Computer und Bildschirme spendeten Licht. Die sechs Personen unseres Teams saßen an einem langen Sperrholztisch, der sich über die Länge des Raums erstreckte. Überall Computerbildschirme, auf denen Chats mit blinkenden Nachrichten zu sehen waren – oder laufende Kartensoftware, die komplizierte Landschaften der nahe gelegenen Wüste und der Berge in eine 3D-Animation umwandelte. Vor uns säumten zwei übereinander angeordnete Monitor-Reihen die Wand und gaben Aufnahmen unserer aktiven Drohnen wieder.

Selbst mit der Klimaanlage und den Tischventilatoren, die auf höchste Stufe gestellt waren, roch es nach verbranntem Kaffee und dem Schweiß von Leuten, die viel zu selten duschten. Die Tage waren immer zu kurz. Man gewöhnte sich daran.

Ich war der mit Abstand jüngste J2 – Intelligence-Chief – in meiner Organisation. Das heißt, dass ich hart arbeiten musste, um mir den Respekt der anderen zu verdienen und mich zu beweisen. Ich hatte ein junges Team, dessen Mitglieder aus den unterschiedlichsten Gründen hierhergekommen waren – die meisten waren Ende 20, Anfang 30. Alle waren Technikfreaks, ein wenig nerdig, aber zugleich auch ein wenig hipstermäßig, so wie die Hacker in dem Film *WarGames*. Alle verständigten sich in Fachchinesisch: »Z in« (Hereinzoomen), »IR« (Infrarot an), »RTB« (Rückkehr zur Basis), »SP« (gib mir einen Startpunkt), »ROZ einrichten« (eingeschränkte Operationszone). Wir konnten ausführliche Gespräche führen, die ein Außenstehender nicht verstanden hätte.

In der Box war kaum jemand in Uniform. Die meisten trugen Cargo-Hose und T-Shirt, dazu Kopfhörer, die – wenn sie nicht gerade im Einsatz waren – um den Hals hingen. Ein Kollege trug immer eine Baseballkappe mit NYPD-Emblem, ein anderer eine Yankees-Mütze.

Das war eine neue Generation von Soldaten, die mit der neuesten Technologie Krieg führten. Es war beinahe so, als wären sie mit Computerchips im Gehirn auf die Welt gekommen. Sie hatten mehr Zeit am Computer verbracht als auf dem Schießstand. Zumindest ging es mir so.

Laura war die einzige Frau im Team. Sie war stämmig, hatte lange braune Haare und eine laute Stimme. Sie war vermutlich eine der besten Signalanalysten weit und breit und redete wie ein Wasserfall, wenn sie etwas beschäftigte. Oscar, unser Fernmelder, sagte dafür kaum etwas. Er war der Stumme. Jake war vermutlich der Einzige, der jünger war als ich. Er war praktisch von Geburt an bei der Air Force – er hatte sich gleich nach der Highschool gemeldet. Er trug Polohemden und hatte einen spärlichen Bartwuchs, wie bei einem Teenager, und wir zogen ihn gern deswegen auf.

Tag und Nacht, Stunde für Stunde, monatelang, verließen wir die Box kaum. Es gab zu viele Zielpersonen, die wir zu verfolgen hatten. Ich verbrachte Stunden damit, ihre Lebensgewohnheiten nach wiederkehrenden Mustern zu analysieren, während die Drohnen rund um die Uhr ihre Arbeit verrichteten. Um nicht einzuschlafen, drehte ich die Musik auf meinen Kopfhörern auf – Linkin Park oder Green Day in einem Ohr, die Mission und mein Team im anderen.

Bei den Operators war es genau umgekehrt. Sie hatten wesentlich mehr Freizeit, weil sie darauf warteten, dass wir für sie das nächste Ziel festlegten. Wenn sie nicht im Einsatz waren oder am Schießstand übten, hielten sie sich in ihren Unterkünften auf, schlugen die Zeit tot, zogen sich gegenseitig auf, rauchten Zigaretten, lungerten auf durchgesessenen

Sofas herum und taten alles Mögliche, um die Langeweile zu vertreiben. Meist spielten sie dann Guitar Hero auf der Xbox oder tranken bis in die frühen Morgenstunden.

Max war ihr Vorgesetzter und verbrachte den Großteil seiner Zeit mit mir in der Box oder in einem Little Bird oder Black Hawk, der unterwegs zu einem Schurken war.

Wir arbeiteten gleichzeitig an zwei oder drei Missionen, das waren Dutzende im Monat. Es war immer eine Drohne in der Luft, manchmal drei oder vier auf einmal, je nachdem, wen wir verfolgten. Wir konnten eine Mission gegen ein Ziel durchführen, während wir gleichzeitig mit einer separaten Drohne in einem anderen Stadtteil den Aufenthaltsort eines anderen Ziels spezifizierten. Diese neue Art der Kriegsführung war mit dem Wissen verbunden, niemals abschalten oder ausspannen zu können; weil mir so viele Informationen zur Verfügung standen, hatte ich immer das Gefühl, diese Informationen auch nutzen zu müssen. Mein Gehirn arbeitete immer weiter und überlegte sich ständig, welches Ziel ich als Nächstes ins Visier nehmen sollte.

Wenn ich eine Pause brauchte, ging ich auf den Hubschrauberlandeplatz und sah in den Himmel. Nachts war es stockdunkel und so still, dass man eine Patronenhülse hätte fallen hören. Wenn ich den Tag mit Computermonitoren und Funkgeräten verbracht hatte, brauchte ich diesen Frieden.

Wir waren von T-förmigen Zement-Barrieren umgeben. Auf der einen Seite war ein Außenposten des US-Militärs, auf der anderen Seite die endlose Wüste – meilenweit sah man nichts als braunen Sand.

Eines Nachts kam Victor hinaus auf den Hubschrauberlandeplatz. »Du bist wie ein Geist, Intel«, sagte er.

Ich sah ihn an. Er deutete auf meine Arme, die blasser waren als je zuvor. »Kreidebleich«, sagte er. »Du warst zu viele Tage am Stück in dem Raum.«

Wir waren gerade drei Tage am Stück auf der Jagd gewesen. Ich hatte vermutlich zwei Nächte nicht geschlafen.

»Du musst mehr essen als Frühstücksflocken und Eis«, sagte er und zog wieder ab.

Ich blieb noch einige Minuten, bevor ich wieder zu meinem Wohncontainer ging. In der Dunkelheit konnte ich hören, wie einige der Operators Poker spielten und Hochprozentiges becherten.

Unsere Schlafunterkünfte waren so groß wie Frachtcontainer, die neben- und hintereinander aufgereiht waren. In jedem Container standen ein Einzelbett und ein Flachbildfernseher mit Hunderten von Kabelkanälen. Ich versuchte normalerweise, zwischen 2 und 3 Uhr nachts ins Bett zu gehen und bei laufendem Fernseher einzuschlafen. Eine solche Routine half hier draußen gut weiter, fand ich.

In jener Nacht legte ich mich hin und sah mir wie immer die Show von Stephen Colbert an. Ich wollte etwas Lustiges sehen. Als sie vorbei war, schaltete ich die Drohnenübertragung an, die aus der Box gesendet wurde. Sie wurde aus der Operationszentrale in alle Schlafzimmer geleitet. Ich sah gern, was gerade los war, obwohl zu dieser Uhrzeit meist nur ein Meer regloser Dunkelheit zu sehen war. Unsere Zielpersonen schliefen, so wie alle anderen Leute.

Ich schlief drei Stunden, bevor ich bei Sonnenaufgang in die Box zurückkehrte, um – mit einer Rip-It-Dose in der Hand – die Spuren weiter zu verfolgen, die ich mir in der Nacht zuvor in meinem Kopf zurechtgelegt hatte. Es gab kaum einen Augenblick, an dem ich nicht Ideen oder Strategien für unser nächstes Ziel entwickelte. In den ersten Wochen litt ich sehr unter dem Schlafmangel und den 24-Stunden-Tagen. Doch ich gewöhnte mich daran.

Während wir an anderen Missionen arbeiteten, warteten wir auf Rückmeldung von den Vernehmungsspezialisten, die an einem geheimen Ort versuchten, von Usamah Informationen zu erhalten. All unsere Gefangenen wanderten zunächst in eine taktische Haftanstalt, und wir konnten sie befragen, bevor andere Militär- oder Regierungsangehörige dazu kamen.

Usamah war ein Puzzleteil im Gesamtbild des neuen Islamischen Staates. Damals machte die al-Qaida im Irak (AQI) einen Wandel durch. Sie hatte angefangen, sich als eine neue Gruppe namens Islamischer Staat Irak (ISI) zu formieren, woraus später mit der Ausdehnung nach Syrien der ISIS wurde. Damals kannten nur wenige den ISI, aber wir hatten ihn genau beobachtet. Wir wussten teilweise mehr über den Wandel der Gruppe als einige ihrer eigenen Kämpfer.

Der ISI entstand nach dem Tod des AQI-Anführers Abu Musab al-Sarkawi im Juni 2006. Meine Vorgänger in der Einheit hatten einen wichtigen Beitrag geleistet, ihn zu töten. Am nächsten Tag kam der Führungsstab der AQI an einem geheimen Ort in der Provinz Anbar zusammen, um einen Nachfolger zu nominieren – einen Ägypter namens Abu Ayyub al-Masri. Wir gaben ihm den Codenamen »Objective Manhattan«.

In der Zwischenzeit versuchten Osama bin Laden und seine Nummer 2 in Pakistan, Aiman al-Sawahiri, die al-Qaida im Irak umzuorganisieren. Sawahiri und andere führende Terroristen der al-Qaida glaubten, dass die AQI die Unterstützung anderer Muslime im Irak verlor, weil sie angesichts der vielen Morde in der Vergangenheit als zu brutal und unislamisch galt. Sie wollten einen Religionsführer, der die Gewalttaten religiös legitimieren und andere Muslime wieder um die AQI-Fahne scharen konnte.

Sawahiri entschied sich für einen alten Freund, den er Jahre zuvor in Afghanistan in einem von Dschihadisten geführten Trainingslager kennengelernt hatte. Sein Name war Abu Umar al-Baghdadi (AuAB), der als erster Anführer der ISIS galt. Wir nannten ihn »Objective Brooklyn«. An jenem Tag gab Sawahiri der AQI den Befehl, sich in »Islamischer Staat im Irak« umzubenennen.

Für meine Leute und die Teams, die vor und nach uns kamen, gab es zwischen AQI und ISI keinen Unterschied. Manchmal erhielten wir Informationen von einer Quelle, die einen von uns gesuchten Terroristen als Angehörigen der AQI bezeichnete, während eine andere Quelle dieselbe Person als ISI-Anhänger bezeichnete.

An dem Tag, an dem Manhattan und Brooklyn Anführer wurden, wanderten sie auf unserer Todesliste ganz nach oben. Doch sie verschwanden schnell von der Bildfläche, weil sie wussten, dass unsere Teams hinter ihnen her waren. Das war eine andere Führungsstrategie als bei Sarkawi, der es vorgezogen hatte, bei großen Operationen neben seinen Weggefährten zu kämpfen.

Bevor er getötet wurde, hatte Sarkawi Manhattan und Brooklyn viel über Drohnen und über unsere Zielsuche beigebracht. Er hatte sein Wissen an andere weitergegeben. Da Manhattan und Brooklyn wussten, wozu wir fähig waren, waren sie untergetaucht, und selbst ihre eigenen Kämpfer bekamen die beiden Anführer nie zu Gesicht. Wir vermuteten, dass sie stets gemeinsam unterwegs waren und sich selten persönlich mit ihren Adjutanten trafen.

Bei jeder Mission im Land hielten wir nach beiden Führern Ausschau. Wenn wir Leute gefangen nahmen, wollten wir von ihnen Details erfahren. Die meisten sagten bei den Vernehmungen sehr wenig über die beiden Männer. Vermutlich, weil sie selbst über Details im Dunkeln gelassen wurden.

So war es auch bei Usamah. Er erzählte uns, dass er nichts über Manhattan und Brooklyn wüsste. Aber er wusste etwas über eine andere Person: Abu Nasir, der ISI-Emir für die gesamte Provinz Salah ad Din. Ich nannte ihn Scarface.

Das war ein Durchbruch. Usamah erzählte uns etwas über eine Reise, die Scarface jede Woche von Mossul nach Naidschi unternahm, um seine Untergebenen zu treffen und von ihnen Geld zu sammeln. Allerdings war plötzlich Eile geboten: Scarface plante schon bald einen Angriff auf einen US-Stützpunkt.

Usamah wusste nicht, wann und wo der Anschlag stattfinden sollte. Er wusste nur, dass es bald sein würde und dass Scarface vermutlich einen anderen ausländischen Selbstmordattentäter einsetzen würde, der erst kürzlich von einem anderen Kriegschauplatz der Dschihadisten in den Irak eingesickert war.

Als ich erfuhr, was Usamah in jener Nacht in Haft ausgesagt hatte, stand ich auf und ging ins Freie, hinaus in die Wüstenluft, an den anderen Containern vorbei in meine Unterkunft, wo ich ins Bett ging. Ich versuchte zu schlafen, konnte es jetzt aber nicht; ich hatte keine Zeit dafür. Die nächste Mission fand bereits in wenigen Stunden statt.

Und ich hatte da so eine Ahnung: Langsam kamen wir Manhattan und Brooklyn näher.

11

MEIN ERSTER KILL

Scarface stand schon lange auf unserer Todesliste. Er war ein Hardliner und Extremist – extremer ging nicht. Es gab Anekdoten, dass er sich mehrmals freiwillig gemeldet hatte, Bomben in amerikanische Stützpunkte zu fahren; er wollte unbedingt den Märtyrertod sterben, doch seine Vorgesetzten hatten ihm jedes Mal befohlen, Stellvertreter einzusetzen. Er war für den Aufstand zu wertvoll, hatte das Kommando über Tausende von Kämpfern. Vermutlich war er der fünft- oder sechstwichtigste Anführer des gesamten Terrornetzwerks. Ich konzentrierte die Aufmerksamkeit unseres Teams auf ihn, unser neues Gespenst.

Die Provinzen Salah ad Din und Ninewah übten im Land den größten Einfluss aus (Der ISI übertrug seinen wichtigsten Leuten das Kommando über diese Gebiete, weil dort mehr Kämpfer konzentriert waren). Scarface war nicht der typische Anführer. Im Gegensatz zu anderen schien ihm Geld egal zu sein. Ihm ging es um die islamische Sache und darum, jeden zu töten, der die Ansichten des ISI nicht teilte. Das war die gefährlichste Sorte Terrorist. Nichts konnte ihn dazu bewegen, das Morden zu stoppen. Er würde lieber sterben, als in Gefangenschaft zu geraten.

In ganz Irak war Scarface zu einer Art oberstem Sensenmann geworden. Er war für die Koordination von Selbstmordattentaten im nördlichen Teil des Landes verantwortlich, darunter auf amerikanische Stützpunkte, und war in Geschäfte verwickelt, die Millionen von Dollar einbrachten:

Schmuggel, Entführungen, Enthauptungen, Schutzgelderpressung, die ganze Palette. Zain, das größte Telekommunikationsunternehmen im Irak, zahlte seiner Gruppe Hunderttausende von Dollar dafür, dass er ihre Telefonmasten nicht in die Luft sprengte.

Eine seiner größten Geldquellen war gestohlenes Öl, das aus einer Raffinerie in Baidschi geschmuggelt wurde. Seine Männer raubten das Öl, wenn es in großen Tanklastern auf dem Weg nach Syrien war, und verkauften es an den Höchstbietenden, wobei die Profite an die feindlichen Kämpfer ausgegeben oder wieder in den Krieg investiert wurden (in Form von Waffen, Sprengstoff und Selbstmordattentätern). Wir gingen davon aus, dass ihre Schutzgelderpressungen im Monat etwa eine Million Dollar einbrachten, wobei ein Teil davon bei den beiden Anführer blieb – Manhattan und Brooklyn. Geld, Männer und Material, so nannten wir das.

Scarface wusste genau, wie es um den Aufstand bestellt war, und wir wollten an seinem Wissen teilhaben, weil es uns Einblicke in die Gruppe bieten konnte.

Wir hatten schon vor der Gefangennahme Usamahs Informationen über Scarface gesammelt, und sein Name erschien regelmäßig in der Analyse meines Teams. Wir erhielten von einem Gefangenen bestimmte Informationen, die wir mit den Angaben eines anderen Häftlings kombinierten. So identifizierten wir die Mitglieder seines inneren Kreises und füllten Wissenslücken. Aber er war nicht leicht zu verfolgen. Ständig wechselte er sein Telefon und benutzte manchmal eine Schnittstelle – einen V-Mann, dem er seine Befehle durchgab. Er war im Grunde nur ein Gerücht – bis Usamah anfing zu reden.

»Unsere Priorität ist Scarface«, kündigte ich in unserer Einsatzbesprechung an jenem Abend an. »Wir haben berechtigten Grund zu der Annahme, dass er nach Baidschi kommt, um Ölzahlungen in Empfang zu nehmen, und er wird vermutlich versuchen, die große Lücke im Netzwerk zu füllen, die Usamah hinterlassen hat.«

Wir trafen uns jede Nacht gegen 20 Uhr per Video-Konferenz, an der die fünf Geheimdienst-Chiefs und der Oberkommandeur teilnahmen. Weil die meisten unserer Missionen mitten in der Nacht stattfanden, ging es bei diesen Konferenzen zunächst darum, die Strategie zu besprechen.

Dabei handelte es sich jedoch nicht um die üblichen militärischen Planungs-Sessions, in denen oft viel Mist erzählt wurde und die Offiziere Informationen präsentierten, die für die meisten Anwesenden keinen Nutzen hatten. Es war sehr professionell.

Auf den Bildschirmen in der Box waren die fünf Chiefs und eine PowerPoint-Präsentation über Scarface zu sehen, in der alles stand, was wir über ihn und den geplanten Zugriff wussten.

Bill war mit seinem Team da. Jack auch.

Ich warf ein Foto von Scarface auf den Bildschirm. Er war untersetzt, hatte langes dichtes Haar und einen dicken Bart, er sah aus wie die arabische Version von Tony Soprano.

»Sie erinnern sich vielleicht daran, dass wir schon letztes Jahr mit Scarface zu tun hatten«, sagte Bill, »als er das große Selbstmordattentat auf einen Marktplatz im Norden angeordnet hat. Damals starben Hunderte von Menschen.«

Ich erklärte dem Oberkommandeur meinen Standpunkt. »Sir, wir haben seine Lebensgewohnheiten eingehend analysiert und glauben außerdem, dass er einige Verwandte in der Gegend hat. Diese Kerle sind Gewohnheitstiere. Wenn Scarface in der Stadt ist, kanns es gut sein, dass er einen dieser Orte besucht.«

Ich zeigte auf dem Bildschirm einige Karten von Baidschi und einem Gebäudekomplex, der sich am Stadtrand befand und unseren Informanten zufolge ein möglicher Treffpunkt war.

»Am Morgen werden wir unsere Vögel in die Nähe der Ölraffinerie bringen«, sagte ich. »Das wird unser Startpunkt sein, und dann sehen wir weiter.«

Das Spiel hatte begonnen. »Happy Hunting«, sagte der Kommandant und meldete sich ab.

Ich schlief in jener Nacht kaum und stand vor Tagesanbruch auf. Die Information, dass Scarface mit großer Wahrscheinlichkeit dabei war, einen weiteren größeren Anschlag zu planen, machte die Mission zu einer tickenden Bombe.

Schon bald schwebte unsere Predator über der Anlage, die ich identifiziert hatte, die Kamera starrte auf die Erde und suchte nach möglichen Bewegungen. Es war ein Betonbau, und seine Größe – drei Stockwerke mit einem großen, von hohen Mauern umgebenen Innenhof – ließ erahnen, dass der Eigentümer wohlhabend war und Verbindungen in die Stadt hatte.

Vor der Anlage standen vier weiße, viertürige Toyota-Geländewagen, einer mit orangefarbenen Streifen. Aber verdächtiger waren die drei oder vier großen Tank-Anhänger, die auf der Ostseite der Anlage standen. Die meisten von ihnen sahen sauber aus, als wären sie erst vor Kurzem gewaschen und von dem Sattelzug entkoppelt worden. Ein anderer war völlig mit Staub bedeckt, als würde er schon seit Monaten dort stehen.

Wir zoomten heran, heraus, wieder heran. Dabei sahen wir uns das Bild aus allen Blickwinkeln an und starrten angestrengt auf die Schatten, die an die Mauern des Innenhofs geworfen wurden. Alles war ruhig, es waren nur einige Reifenspuren im Sand, die zum Haupttor führten, das die Anlage von der Straße trennte.

Als wir warteten, gab ich die Lage des Gebäudekomplexes in die Karte auf meinem Desktop ein – GPS-Koordinaten mit einem Foto des Ortes. Nichts in unserer Datenbank deutete darauf hin, dass wir dort bereits eine Mission durchgeführt hatten.

In den Anfangsphasen der Jagd verließ man sich größtenteils auf seine Instinkte und was man über die Leute und das feindliche Netzwerk wusste. Als wir die Bildschirme beobachteten, filterten wir ständig heraus, was war, was nicht war und was sein konnte – wir suchten nach Unregelmäßigkeiten oder Abweichungen. Stimmte etwas nicht in dem Bild?

Wir stellten nie zu viele Vermutungen an – Vermutungen waren gefährlich und konnten Menschenleben kosten.

»Was war das?«

Als der Kamera-Operator eine kleine Ecke im Innenhof heranzoomte, registrierte ich eine Bewegung. Als wir die Kamera wieder zurückfuhren, um die ganze Anlage zu sehen, war der Geländewagen mit den orange-farbenen Streifen gerade dabei wegzufahren. Wir hatten nicht gesehen, wer eingestiegen war.

»Auf der Anlage bleiben oder mitgehen?«, fragte Jake.

Wir beobachteten, wie der Wagen durch das Tor und auf die Straße fuhr, die ins Zentrum von Baidschi führte. Mir schossen alle möglichen Fragen durch den Kopf. Es wäre ein Glücksspiel gewesen, dem Auto zu folgen, weil Scarface noch im Haus sein konnte. Und was, wenn er in dem Augenblick verschwand, in dem wir nicht hinsahen? Tatsache war aber auch, dass der Wagen zu diesem Zeitpunkt unsere einzige Spur war. Und wir wussten nicht, wie viele Personen sich in dem Haus aufhielten. Was, wenn es leer war?

In diesem Augenblick schickte ich dem Vernehmungsspezialisten, der Usamah seit Tagen befragt hatte, ein Foto der Anlage. »Können Sie ihn fragen, ob er etwas über diesen Ort weiß?«, schrieb ich, weil ich unbedingt wissen wollte, ob Usamah schon einmal mit Scarface an diesem Ort gewesen war.

Die Antwort kam einige Minuten später. Usamah kannte den Ort nicht. Was nicht ungewöhnlich war, weil viele Menschen im Nahen Osten es nicht gewöhnt sind, Häuser aus der Vogelperspektive einer Drohne zu sehen.

Wir mussten wissen, wohin der Wagen fuhr.

Ich hatte nur wenige Sekunden Zeit, um eine Entscheidung zu treffen. Wer zögert, verliert, und wenn man ein Ziel hatte, bekam man selten eine zweite Chance. »Beim Wagen bleiben«, sagte ich.

»Alles klar«, erwiderte der Pilot per Chat und setzte die Drohne in 400 Metern Höhe auf die Verfolgung an.

Als der Wagen auf der Fernstraße fuhr und schließlich in der Stadtmitte von Baidschi eintraf, herrschte reger Verkehr, was die Wahrscheinlichkeit erhöhte, das Fahrzeug aus den Augen zu verlieren. Städte waren für die Überwachung durch Drohnen besonders ungeeignet. Es gab zu viele Menschen. Zu viele Orte, an denen man verschwinden konnte.

Wir hatten Glück. Nach etwa zehn Minuten hielt der Wagen vor einer langen Reihe von Geschäften mit bunten Markisen, und ein Mann stieg aus der Fahrertür aus. Kein Bart, rasiert. Er bewegte sich schnell, sodass ich annahm, dass er jung war.

»In welches Geschäft geht er?«, fragte ich. Aber keiner von uns konnte es erkennen, weil die Drohne das Geschehen umkreiste und in der dicht besiedelten Einkaufsmeile gerade einen ungünstigen Blickwinkel hatte.

In diesem Augenblick standen alle in der Box auf und starrten auf die Bildschirme, um nach Hinweisen zu suchen, wo der Beobachtete auf dem Markt sein konnte. Wir hatten noch sechs Minuten, bis die Drohne eine andere Perspektive anzeigen konnte, die nötig war, um mehr zu sehen. Jede Minute zog sich in die Länge. Die Energie in dem Raum war fühlbar, wir wussten, was auf dem Spiel stand, wenn es sich bei der Person um Scarface handelte.

Noch vier Minuten …

Das konnte unsere einzige Gelegenheit sein.

»Jake, siehst du ihn?«

»Noch nicht.«

Zwei Minuten …

Die Kamera drehte sich langsam im Orbit und wartete.

Das Problem war, dass der junge Mann, der aus dem Fahrzeug gestiegen war, mittlerweile überall sein konnte. Seine Spur war in wenigen Minuten kalt. Märkte im Nahen Osten sind wie ein Bienenstock, den man umwirft – überall wimmelt es vor Leuten, alles ist sehr beengt, Geschäfte säumen unübersichtliche Wege, die sich schlängeln und wie ein Irrgarten wirken. *Hatten wir ihn verloren?*

Zehn Sekunden, bevor der genaue Punkt wieder im Sichtfeld war …

Jake sah mich enttäuscht an. »Wir haben ihn verloren.«

»Willst du die Fassaden scannen, um zu sehen, ob wir den Fahrer wiederfinden, oder sollen wir am Fahrzeug bleiben?«

»Am Fahrzeug bleiben«, sagte ich.

Ich hoffte darauf, dass der Fahrer früher oder später zum Wagen zurückkehrte. »Auf Infrarot schalten«, sagte ich.

Der Kamera-Operator schaltete den Kamerasensor auf Infrarot, und als die Drohne in ihrer Umlaufbahn einen anderen Winkel einnahm, bemerkten wir, dass etwas verdeckt gewesen war. Auf dem Beifahrersitz saß jemand. Wer zum Teufel war das? Einige Minuten später kehrte der junge Mann aus dem Geschäft zurück, der Wagen sprang an und fuhr wieder in die Richtung, aus der er gekommen war.

Ein erleichtertes Aufatmen ging durch das gesamte Team. Wir hatten unsere zweite Chance bekommen.

Der Wagen kehrte wieder zur Anlage zurück, und wir beobachteten, wie der Fahrer schnell ausstieg. Aus der Eingangstür kamen drei Kinder und eine Frau auf die Männer zugelaufen.

»Zoom auf die Beifahrerseite«, sagte ich.

Der Kamera-Operator zoomte so nah wie möglich heran, ohne das Bild zu verzerren, als der Beifahrer die Tür öffnete und ausstieg: Ein Mann mit einem sehr auffälligen, dicken Bauch und dichtem Haarschopf. Er trug eine sandfarbene Dishdasha und Sandalen.

Mein Puls schlug höher. Das ist er, dachte ich. Das muss er sein.

Seine Physis passte zur Beschreibung von Scarface; die Anlage stand mit ihm in Verbindung; überall standen Tankwagen und ließen darauf schließen, dass der Besitzer, wer auch immer es war, mit der ortsansässigen Ölindustrie zu tun hatte.

Wir hatten seit Monaten auf diesen Augenblick gewartet, nur um einen Blick auf ihn zu erhaschen.

Für sich genommen war keines dieser Indizien aussagekräftig oder ausreichend, um eine Operation zu veranlassen. Aber zusammengenommen reichten sie aus, um die Schlussfolgerung zu ziehen, dass das unser Mann war.

Scarface.
Wir haben dich.

»Bitte bestätigen, wie viele Leute voraussichtlich im Haus sind«, sagte ich Jake.
»Zwei/eins/drei« – zwei Männer, eine Frau, drei Kinder.
Wir konnten nicht wissen, ob sich noch mehr Leute im Haus aufhielten.
Das Haus war groß, und wir konnten nicht alles sehen.
Operationen wurden oft zurückgestellt, weil Frauen und Kinder vor Ort waren und wir nicht garantieren konnten, dass sie unverletzt blieben. Es gab ein spezielles Verfahren, mit dem das Personal für die Drohnensensoren im letzten Moment eine Hellfire umlenken konnte: Wenn auf unseren Monitoren Zivilisten ins Bild kamen, hatte der Sensor-Operator einen Ort am Boden, auf den er den Laser richtete, der die Hellfire auf einen sicheren Bereich lenkte, in dem sich keine Zivilisten aufhielten.
Es war immer eine schwere Entscheidung, ein Ziel gehen zu lassen, weil es so weitere Anschläge planen oder durchführen konnte. Und es gab immer das Risiko, dass wir das Ziel vielleicht niemals wiedersehen würden. Aber der Befehl zur Umlenkung musste erteilt werden, wenn die Situation dies erforderlich machte.
Ich habe nie persönlich miterlebt, dass ein militärischer Befehlshaber einen Angriffsbefehl erteilt hätte, wohl wissend, dass dabei Frauen und Kinder zu Schaden kämen. Unschuldige Zivilisten wurden verletzt und getötet. Wir waren schließlich im Krieg. Und wir hatten es mit Männern zu tun, die keine Hemmungen hatten und Unschuldige opferten. Natürlich bekam die Drohne manchmal nicht alles mit, wenn das Angriffsteam loszog. Das kam vor.
Einmal schnitt ein Team von Operators einem Laster den Weg ab, der auf der Flucht war, und die Zielperson fing an zu schießen. Soweit das Team von der Drohne wusste, handelte es sich bei der Zielperson und den anderen Passagieren im Fahrzeug um Kämpfer. Die Schätzung war auf drei Männer, keine Frauen und keine Kinder gekommen. Ein Angriffsteam,

das in einem Hubschrauber war, erwiderte das Feuer und tötete binnen weniger Sekunden alle Insassen des Fahrzeugs. Als das Team landete, stellte es fest, dass die Dinge nicht so waren, wie sie in der Drohnenübertragung gewirkt hatten: Sie hatten nicht nur das Hauptziel, sondern versehentlich auch eine Frau und ein Kind getötet.

Ein solcher Fehler war tragisch und belastete das Team massiv, das letztlich dafür verantwortlich war. Solche Ereignisse wurden keineswegs als einfache Fehler hingenommen. Ungerechtfertigte Todesfälle verfolgten die Operators nachts. Solche Todesfälle verfolgten auch mich.

In der Box fingen wir an, darüber zu diskutieren, wie wir als Nächstes vorgehen sollten. Wir führten schnelle und abgehackte Gespräche, die Sätze schlossen wir oft nicht einmal ab, weil wir uns kannten wie Brüder.

»Waren wir schon mal da?«

»Schau mal.«

»Okay.«

»Fotos?«

»Gleich.«

»Ich brauche alle Ein- und Ausstiegspunkte.«

»Greift die NSA etwas von ihren Handys ab?«

»Nichts.«

«Wie lange noch, bis die Pred startklar ist?«

»Strike?«

Wir konnten ihn jetzt ausschalten und seinem Treiben sofort ein Ende setzen. Aber dann würden wir auch die Chance verstreichen lassen, mehr Informationen über das größere ISI-Netzwerk zu sammeln, während andere in seiner Gruppe genauso leicht denselben Anschlag auf einen US-Stützpunkt ausführen konnten.

Was einen Schlag gegen Scarface zu einer besonders schwierigen Entscheidung machte, war der Umstand, dass uns seine Gefangennahme nicht unbedingt einen Vorteil brachte. Er war ein Hardliner, und es war wahrscheinlich, dass er unsere Systeme gut genug kannte, um Vernehmungen standzuhalten, bevor er uns etwas Brauchbares lieferte. Außerdem würden seine Leute alles verbrennen und noch tiefer abtauchen, wenn sie erfuhren, dass wir ihn erwischt hatten.

Es gab noch eine andere Option: ihn mit der Drohne weiter zu verfolgen, mehr Informationen über ihn und seine Leute zu sammeln, vor allem weil er so weit oben in der Hierarchie des Netzwerks stand. Es gab so viele hochrangige Anführer wie Scarface. Wenn wir ihn eine Woche länger verfolgten, konnte er uns zu den Safehouses, Waffenlagern und Verbündeten führen und uns helfen, die Welt von Manhattan und Brooklyn besser zu begreifen. Unsere Drohne würde da sein und beobachten, wie er alle Lichter im Haus löschte und ins Bett ging. Die Drohne würde auch bei Sonnenaufgang da sein, jede seiner Bewegungen festhalten und alles aufnehmen. Wir mussten uns zurücklehnen und zusehen – ein Film, der in gestochen scharfen Bildern direkt vor uns ablief.

Ich traf die Entscheidung. »Wir halten uns an ihn«, sagte ich.

Doch schließlich kam alles ganz anders.

Ein Ranger-Team, das in derselben Gegend im Einsatz war, beobachtete zufällig unsere in Echtzeit ausgestrahlte Drohnenübertragung. Unser Netzwerk war auf dem gesamten Schlachtfeld gut verschaltet, und das war für die Zusammenarbeit auch notwendig. Es war kein Geheimnis, dass sie zusahen. Sie hörten unsere Gespräche nicht mit und kannten viele Details unserer Operationen nicht. Normalerweise beobachteten sie nur unsere Übertragungen, um ihr situatives Bewusstsein zu schärfen und für den Fall, dass eines ihrer Flugzeuge den Flugraum unserer Drohnen passieren musste.

Meist funktionierte diese Vernetzung.

Unsere Spezialeinheit hatte oft nicht die Gebietshoheit. Wir gingen, wohin wir wollten – im Gegensatz zu den Rangers, die für bestimmte Bereiche zuständig waren.

Um eventuelle Probleme aus dem Weg zu räumen, telefonierte Max, der Leiter des Angriffsteams, mit dem Vorgesetzten der Rangers, um ihm zu sagen, dass wir Scarface in ihrem Einsatzgebiet lokalisiert hatten und sie sich zurückhalten sollten.

»Wir sind soweit«, hatte Max zu mir gesagt. »Sie wissen Bescheid und arbeiten mit uns.«

Wir konnten auf unseren Monitoren jetzt die gesamte Anlage sehen. Alle waren ins Haus gegangen. Die Sonne schien, und es gab weder starken Wind noch war es bewölkt. Bestes Drohnenwetter. Wir waren bereit für eine übliche Verfolgung und warteten ab.

Ich fragte mich, ob wir noch ein weiteres Gerät holen sollten für den Fall, dass eine Drohne nicht ausreichte. *Brauchen wir einen Back-up-Plan?*

Es vergingen weitere zehn Minuten, in denen wir nur warteten. Die Drohne flog in ihrer Umlaufbahn über die Anlage, während ich alte Akten über Nasir durchging, um irgendetwas Brauchbares zu finden.

Dann sah Jake, wie etwas in der Ecke des Bildschirms aufblitzte.

»Mehrere Fahrzeuge nähern sich der Anlage von der Hauptstraße«, sagte er.

»Was?«

»Sie sind schnell unterwegs.«

»Mist, die Fahrzeuge sehen groß aus. Zoom herein, ich will wissen, was das für Fahrzeuge sind.«

Der Kamera-Operator vergrößerte das Bild.

Was zum Teufel soll das? Das sind amerikanische Strikers. Was geht da vor sich?

Strikers sind sehr auffällig: acht große Räder, ein Raketenwerfer, ein bemannter Geschützturm. Sie waren fast so groß wie Panzer und dafür gebaut, Soldaten in Kampfgebiete zu fahren. Jetzt kamen vier solche Fahrzeuge in einem Tempo auf die Anlage zugerast, als wollten sie das Gebiet einnehmen, eine riesige Staubwolke hinter sich herziehend. Einer fuhr direkt durch das Tor, dicht gefolgt von den anderen drei Strikers, die parallel zum Haus hielten.

Wer zum Teufel waren diese Kerle?

In der Box starrten wir ungläubig auf die Szene, die sich vor uns abspielte. Plötzlich hatte ich die Kontrolle verloren. Das war beängstigend. Keine Situation, in der man sich gern aufhält. Wir beobachteten, wie sich die Heckrampen der Strikers senkten und Soldaten in voller Ausrüstung heraussprangen, ihre Sturmgewehre auf die Anlage gerichtet und hinter den Fahrzeugen in Deckung gehend.

Army Rangers.

Der Kamera-Operator des Predators bestätigte: »US-Einheiten im Bild.«

»So eine …«, rief jemand neben mir.

»Wir hatten doch gerade erst ausgemacht, dass sie sich heraushalten, oder?«

»Oder?«

Jeder im Raum sah sich um und nickte.

Einer der Soldaten hatte ein Megaphon an sein Gesicht gepresst, und wir konnten sehen, dass er etwas hineinbrüllte, vermutlich forderte er Scarface dazu auf herauszukommen.

So, wie wir ihn kannten, würde er sich nicht mit erhobenen Händen ergeben.

In der Zwischenzeit war Max am Telefon und sprach wieder mit dem Kommandanten der Rangers. Er war verärgert und spuckte in den Hörer.

»Was soll die Kacke, ich dachte, wir waren uns einig? Warum sind Sie auf der Scheißanlage?«

Nach einer kurzen, hitzigen Debatte legte Max auf. Der Ranger-Kommandant schob alles auf einen Zusammenbruch ihres Kommunikationssystems; er hatte es nicht mehr geschafft, seine Männer rechtzeitig zurückzurufen.

»So ein Schwachsinn«, sagte ich. »Das glaube ich nicht.« Die Kommunikationssysteme stürzen nicht einfach ab. Es war offensichtlich, dass die Rangers sich mit einem großen Ziel schmücken wollten. Wir wilderten in ihrem Revier, und sie wollten nicht, dass jemand ihnen die Show stahl, obwohl wir es waren, die den Mann überhaupt erst gefunden hatten.

Aber es gab keine Zeit für Streitereien.

»Okay, Leute, es ist, wie es ist, aber wir müssen sie jetzt unterstützen. Schaltet die Predator auf Flitzerkontrolle.«

Flitzer sind Leute, die aus einem Hintereingang oder Auto flohen oder »flitzten« oder einer Explosion entgingen.

Die Predator musste jetzt eine völlig neue Mission durchführen: den anwesenden US-Soldaten Schutz bieten. Wir hielten Ausschau nach Bedrohungen, die den Rangers gefährlich werden konnten, und stellten sicher, dass sich niemand durch den Hintereingang davonmachte.

Aber auf der Anlage war es immer noch ruhig. Ewa fünf Minuten vergingen, in denen niemand herauskam, trotz des Megaphons.

Schließlich trat eine Frau zögerlich aus dem Haupteingang. Sie hatte drei Kinder bei sich und hielt etwas in ihren Händen. Der jüngere Mann ging hinter ihr her. Die Gruppe hielt vor dem Haus an.

Normalerweise werden die Beteiligten in einer solchen Situation dazu aufgefordert, stehen zu bleiben, weil sie Bomben oder Waffen mit sich führen könnten.

Die Frau und die Kinder fingen an, sehr langsam und vorsichtig auf die Soldaten zuzugehen, und wurden schließlich hinter die Strikers gebracht. Nach einer Pause folgte ein Mann, sodass nur noch eine Person im Haus war. Wir zogen unsere Headsets an und schalteten auf die Funkfrequenz der Rangers.

Ein Ranger war gerade dabei zu erklären, was sie herausgefunden hatten. »Die Frau sagte uns, dass der noch im Haus befindliche Mann sie gebeten habe, ihm alle Waffen zu bringen. Er habe sie zum Abschied umarmt, ihnen sein Telefon und Geld gegeben und gesagt, sie sollten sofort gehen. Sie gab an, der Mann habe ihr gesagt, er würde nicht herauskommen.« Dann waren Schüsse zu hören.

Ich konnte die Mündung einer Kalaschnikow aus einem hohen Fenster sehen, die Patronen verschoss, die auf der Erde vor dem Haus aufschlugen und Staub aufwirbelten. Die Rangers erwiderten den Beschuss mit zehnfacher Feuerkraft.

In unserer Kamera konnten wir Hunderte von Kugeln wie kleine Blitze aufleuchten sehen, die die Luft zerschnitten und in das Haus eindrangen. Der Kugelhagel hielt an.

Aber der Kerl starb einfach nicht. Die Mündung seiner Kalaschnikow tauchte immer in verschiedenen Fenstern auf und feuerte willkürlich in alle Richtungen.

Dann, aus dem Nichts, feuerte ein Striker eine Rakete ab, die im oberen Eck des Hauses einschlug und ein gewaltiges Loch ins Dach riss.

»Auf Infrarot schalten«, sagte ich.

Der Kamera-Operator der Drohne zoomte an die Stelle heran, um einen Blick ins Innere des Hauses zu erlangen.

Binnen weniger Minuten schlug eine weitere Rakete in dasselbe Eck ein, riss ein noch größeres Loch in die Häuserwand und beschädigte die gesamte Fassade. Dann sahen wir einen Mann auf dem Boden liegen: leblos und in unnatürlich verdrehter Körperhaltung.

Die Rangers stellten das Feuer ein, und es brach eine Stille über das Geschehen ein. Bei all dem Chaos schien es beinahe so, als wären Stunden vergangen. Nach langem Warten drangen die Rangers schließlich in das Haus ein.

War das Scarface? Oder jemand anderes? Ich befürchtete, dass sich noch andere Personen im Haus aufhalten könnten. Aber meine größte Sorge war, dass Scarface seinen Tod nur vortäuschte, eine Bombenweste trug und die Soldaten anzulocken versuchte.

Die Drohne drehte ihre Runden über die Anlage, und die Kamera suchte nach Anzeichen von Leben oder möglichen Flitzern. Es dauerte gute fünf Minuten, bis wir Entwarnung bekamen, aber wir hörten die Meldung schließlich über Funk.

»Wir haben den Jackpot bestätigt, ein Feind im Einsatz getötet.«

In der Box waren wir hin und her gerissen. Wir waren natürlich froh, dass Scarface seinen Anschlag auf amerikanische Soldaten nicht mehr durchführen konnte. Sein Tod würde dem Netzwerk sicher schwer zusetzen. Das war natürlich gut. Aber ein Teil von mir wünschte sich trotzdem, dass wir ihn noch einige Tage oder Wochen länger hätten verfolgen können. Manhattan und Brooklyn waren immer noch auf freiem Fuß.

Ich starrte auf die Übertragung und konnte meinen Blick nicht von dem leblosen Körper abwenden. Ich hatte Scarface gefunden und die Rangers an diesen Ort geführt. Ob beabsichtigt oder nicht, das war mein erster Kill.

12

ROUTINE GEWINNEN

»Du musst schlafen«, sagte mir Max eines Morgens, als er in die Box geschlendert kam. »Du siehst echt beschissen aus.«

Die Jungs hatten begonnen, mich Casper[2] zu nennen, weil ich blass geworden war und Gewicht verlor. Meine Kleidung hing lose an mir herab. Ich hatte über dreizehn Kilogramm abgenommen. Die Hemden wirkten viel zu groß und ließen mich schmächtig erscheinen. Ich musste das engste Gürtelloch verwenden, damit meine Hose nicht nach unten rutschte. Es war Oktober 2009, und ich hatte bis dahin in vier Monaten bereits Tausende von Flugstunden hinter mir. An manchen Tagen hatte ich das Gefühl, dass ich im Bildschirm lebte, als wären meine Augen die Drohnenkamera, die niemals blinzelte und unermüdlich über Wüsten und Städte hinweg flog.

»Du musst echt mehr essen als die verdammten Cornflakes, Casper«, sagte Max und deutete auf eine Reihe geleerter Schalen mit Frosties, die vor mir auf dem Schreibtisch standen. Leere Rip-It-Dosen türmten sich neben meinem Ellbogen.

»Später«, sagte ich. »Ich esse und schlafe später.«

---

[2] Casper ist ein Gespenst aus der gleichnamigen US-amerikanischen Fantasykomödie aus dem Jahr 1995.

Ich konnte meine Augen einfach nicht mehr von den Bildschirmen abwenden. Die Jagd zog mich immer stärker in den Bann, und ich schaffte es nicht, in die Kantine zu gehen und regelmäßige Mahlzeiten zu mir zu nehmen. Ich machte etwa alle vier Stunden eine Pinkelpause und stank, weil ich seit einer Woche nicht geduscht hatte. Im Laufe der Wochen hatte mich die Jagd wie eine Droge angefixt. Eine Mission führte zur nächsten. Ich ging Ordner mit nachrichtendienstlichen Informationen durch, beobachtete den Scan der Drohnenkamera und untersuchte nahezu jeden Pixel der Bilder, die auf dem Bildschirm flimmerten.

Tag für Tag, Nacht für Nacht, trugen wir den Krieg zum Feind. Gleichzeitig führte mein Körper einen Kampf gegen sich selbst, versuchte, mit dem mentalen Stress zurechtzukommen. Dieser machte sich langsam auch äußerlich bemerkbar, obwohl ich versuchte, es vor den anderen zu verbergen. Ich wollte nicht, dass mich meine Kameraden für schwach hielten – in körperlicher oder anderer Hinsicht. Sie mussten mir vertrauen und jedem Einsatz, auf den ich sie schickte, zuversichtlich entgegensehen. Doch in Wirklichkeit fraß mich die Situation extrem schnell auf.

Es gab in der Box kein Zeitgefühl. Es war immer dunkel, die Monitore leuchteten an der Wand, auf unseren Laptops blinkten Nachrichten, die wir aus anderen Boxen weltweit und aus Washington, D.C. erhielten, sowie Updates zu neuen Zielen. Unsere Vögel konnten 18 bis 20 Stunden am Stück in der Luft sein, deshalb versuchten wir, diese Zeit auch voll zu nutzen. Die Technologie trieb uns beinahe genauso an wie das Wissen, dass unsere Zielpersonen immer noch frei herumliefen und Anschläge auf uns verüben wollten.

Das Filmmaterial war teilweise extrem langweilig. Es gab endlos viele Bilder von schäbigen Transportern, leeren Dächern, staubigen Gebäudeanlagen und gewundenen Wüstenstraßen. Aber ich konnte nicht wegsehen, weil ich Angst hatte, etwas zu verpassen.

Es fiel mir schwer, meine Augen offen zu halten, und ich hasste es, hin und wieder schlafen zu müssen. Jede verschwendete Stunde war eine weitere Stunde, in der der Feind planen konnte, eine weitere Stunde, in der er töten konnte. Es gab Hunderte von ihnen, und ich war süchtig danach geworden, sie zu finden.

Wenn ich mir keine Drohnenübertragungen ansah, ging ich die von Terroristen aufgenommenen Videos und blutverschmierten Dokumente durch, die in unseren nächtlichen Einsätzen sichergestellt worden waren. Die Dinge, die ich sah, waren abscheulich, niemand sollte jemals etwas Derartiges sehen. Unsere Zielpersonen filmten sich selbst dabei, wie sie die Kehlen anderer Muslime durchschnitten, oder sie hielten abgetrennte Köpfe in die Kamera. Sie verbrannten Kinder bei lebendigem Leib, vergewaltigten Frauen in deren eigenen Häusern.

Ich sah in jenen Tagen die schlimmsten Seiten der Menschheit. Aber ich sah mir die Videos trotzdem an, weil manche von ihnen Hinweise lieferten und halfen, Informationslücken in unserem größeren Puzzle zu schließen. Die Grausamkeit, die mein Feind in diesen Szenen zur Schau stellte, spornte mich an. Meine Mission wurde wichtiger als je zuvor.

Als ich mitten in der Nacht oder in den frühen Morgenstunden zu meinem Wohncontainer zurückschlenderte, fiel es mir schwer zu schlafen, obwohl ich hundemüde war. Ich konnte mein Gehirn nicht abschalten.

Nach einem langen Tag lag ich auf meinem Bett, eine dünne Decke über mir, und ging in Gedanken verschiedene Strategien durch, als wäre ein Teil von mir noch in der Box. Was hatten wir an jenem Tag übersehen, und wie hätten wir es vielleicht besser machen können? Ich träumte nachts davon, eine Kamera im Himmel zu sein und eine Stadt zu scannen, die ich noch nie zuvor gesehen hatte.

Jedes Ziel, das wir ausschalteten, stärkte mein Selbstbewusstsein. Von Ziel zu Ziel wurde ich immer besser darin, die Puzzleteile zusammenzufügen und Dinge durch den Schleier wiederholter Bilder zu erkennen, Ungereimtheiten in den Daten zu entdecken und geduldig abzuwarten, bis der richtige Zeitpunkt für den perfekten Zugriff gekommen war. Diese Arbeit machte mich fertig, aber es stand zu viel auf dem Spiel – ich konnte nicht aufgeben.

Manchmal fragten mich die Leute zu Hause: »Haben Sie jemals jemanden getötet?« Normalerweise antwortete ich mit einem abgewandelten Zitat aus *True Lies*, der einer meiner Lieblingsfilme ist. In einer Szene wird der von Arnold Schwarzenegger dargestellte Charakter zu all den Menschen gefragt, die er getötet hat, und seine Antwort lautet: »Ja, aber sie waren alle schlecht.«

Wenn ich darüber nachdenke, bin ich mir jedoch nicht sicher, ob ich sagen kann, dass ich jemals jemanden getötet habe.

Ich nahm an, dass vielen Militärangehörigen diese Frage von Zivilisten gestellt wurde, die nicht wirklich wissen, was sie da fragen. Ich zählte die Toten im Laufe der Monate nicht mit. Ich quantifizierte den Tod nicht. Darum ging es nicht.

Es ging darum, Amerikaner und andere unschuldige Menschen zu schützen, die nicht dieselbe Macht hatten, die ich jetzt besaß. Ich will niemanden enttäuschen, aber es ist nicht viel komplizierter als das. Wir jagten furchtbare Menschen. Das war's.

Ich erinnere mich an einen Kerl, den wir schon seit Monaten verfolgten. Eines Tages fuhr er einen Wagen auf einen belebten Markt im Bagdader Stadtteil Shaab. Er hatte einen kleinen Jungen und ein kleines Mädchen auf dem Rücksitz. Die Kinder waren höchstens zehn Jahre alt.

Einheimische Zivilisten auf dem Markt beobachteten, wie er die Kinder im Wagen ließ und in einem der Geschäfte verschwand. Einige Minuten später explodierte der Wagen. Über fünfzig Menschen starben auf jenem Markt – unter ihnen diese beiden Kinder.

Der Fahrer hatte das gesamte Auto mit einem Sprengsatz beladen – und jene Kinder benutzt, um das parkende Auto für die anwesenden Sicherheitskräfte harmlos wirken zu lassen. Das wunderte mich nicht. Diese Menschen waren höchstens in biologischer Hinsicht Menschen. Und ja, wir spürten diesen Kerl schließlich auf und töteten ihn. Er bekam keine Wahl.

Diese Gräueltaten wurden jetzt alltäglich.

Vielleicht war ich derjenige, der die Befehle erteilte und entschied, wer leben durfte oder sterben musste, aber das bedeutete sehr oft, dass eine andere Person den Abzug drücken musste.

Bei einem Angriff um 2.30 Uhr nachts schickten wir die Operators los – und das Szenario lief ganz nach Plan ab: Schüsse blitzten auf, gefolgt von einem Angriffsteam, das ins Haus stürmte. Der Mann, der mit einer Waffe herauskam. Der Mann, der zu Boden fiel. Und dann Max, der Teamleiter, der über Funk »Jackpot« durchgab. Die Operators erschossen die Zielperson.

Über den knisternden Funk gab Max durch, dass sie jetzt den Ort nach Hinweisen und Material durchsuchen wollten, die man später verwenden konnte. Aber sie mussten sich beeilen, bevor der Rest der Stadt aufwachte.

Ganz normaler Büroalltag.

Ich blieb immer wach, bis das Team zurückkehrte, deshalb wussten sie, dass ich erst dann schlafen ging, wenn ich sie in Sicherheit wusste. Außerdem gaben mir jene nächtlichen Stunden, die ich alleine in der Box verbrachte, mehr Zeit, die neuen Ziele für den kommenden Tag zu analysieren.

Die Box war in jener Zeit so friedlich wie nie, es war einige Stunden nach Mitternacht, und ein Großteil des Teams schlief oder ging gerade ins Bett. Es war die Art von Ruhe, die jedes kleine Geräusch in meinem Kopf lauter erscheinen ließ: die Computerserver mit allen unseren Daten, die rege surrten, ein gelegentlich eingehender Funkspruch, eine piepende Maschine.

Es dauerte bis etwa 4 Uhr nachts, ehe die wummernden Rotorblätter des landenden Black Hawks die Stille der Box durchbrachen und das provisorische Gebäude zum Vibrieren brachten.

Nach ihrer Rückkehr machten sich die Teams normalerweise sofort daran, ihre Waffen und Ausrüstung auszupacken, dann gingen sie ins Bett, bevor sie in der nächsten Nacht alles wieder von vorne machten. In jener Nacht kam ein Operator namens Eric herein, um mit mir zu sprechen.

»Wen habe ich gerade getötet?«, fragte er, als er die Tür aufschob. Er war blutverschmiert.

Er war derjenige, der das Ziel aus nächster Nähe erschossen hatte.

»Wen habe ich gerade getötet?«, fragte er wieder.

Ich wusste zuerst nicht, wie ich darauf reagieren sollte. Die Frage brachte mich völlig aus dem Konzept.

Eric trug immer noch seine Körperpanzerung, Funkgeräte baumelten an seiner Ausrüstung, das Sturmgewehr in seiner rechten Hand war auf den Boden gerichtet, die Mündung berührte beinahe den Boden. Er stank nach Schweiß und Staub und etwas Feuchtem – Blut, dunkelrot und großflächig über seine Schutzweste verteilt, als hätte er versucht, es abzuwischen. Das Blut war stellenweise noch nass, es war durch das Tarnmuster gesickert und hatte das große Abzeichen mit der amerikanischen Flagge verschmiert, das mit einem Klettband über seinem Herzen angebracht war.

Eric war ein erfahrener Operator, der seinen Job schon seit Jahren machte, er hatte einen zotteligen Bart und buschiges Haar, und er sah wie ein Höhlenmensch aus. Er trug immer ein marineblaues FDNY-Shirt unter seinem Kampfanzug, als würde es ihm Glück bringen. Ich kannte niemanden, der so oft angeschossen worden war wie er. Ein Teamkamerad retuschierte per Photoshop einmal ein Army-Foto von Eric im formellen Dienstanzug und kopierte etwa zwanzig Purple Hearts über die Orden an seiner Brust, um diese Tatsache hervorzuheben. Ob er Glück hatte oder einfach nur der Beste seines Fachs war, das konnte ich nicht sagen, aber ich wusste auf jeden Fall, dass ich meinen Arsch von niemand anderem gerettet haben wollte, sollte ich jemals in ein Gefecht geraten.

Er zog seinen Helm aus, der ziemlich mitgenommen und zerkratzt war, und legte ihn auf meinen Schreibtisch, als er sich auf den wackligen Stuhl neben mich setzte. Er lehnte sich nach vorne.

»Also?«, sagte er mit ruhiger Stimme.

Ich dachte mir, *Was meinst du?* Der Kerl, den er erledigt hatte, war einer der bekanntesten Schmuggler im Grenzgebiet, der Männer, Geld und Material ins Land schleuste, um den Aufstand zu unterstützen. Wie konnte er das vergessen haben?

Ich fing an, alles durchzugehen, fing an mich zu rechtfertigen, aber dann hielt ich inne.

Da wurde es mir klar.

Eric wollte nicht wirklich wissen, wen er gerade erschossen und getötet hatte. Er wusste das bereits aus dem Briefing, das der Operation vorangegangen war. Er wollte eigentlich etwas ganz anderes wissen: Hatte es dieser Typ verdient?

Er wollte damit zum Ausdruck bringen, dass dies ein echtes Menschenleben gewesen war, und dass er es genommen hatte. In der Box sah ich seinen Tod nur aus der Entfernung. Aber direkt neben mir, mit dem muffigen Gestank von menschlichem Blut auf seiner Weste, sagte mir Eric: So sieht der Tod aus.

Eric hatte das Ziel mit zwei Schüssen aus nächster Nähe niedergestreckt, bevor der Mann die Gelegenheit hatte, die Kalaschnikow abzufeuern, die er in seinen Händen hielt, als das Team auf ihn zukam.

»Keine Sorge, Eric. Er war böse«, sagte ich.

Das reichte ihm. Er wollte nur, dass ich es weiß. Dass ich begriff. Dass ich nichts von alledem auf die leichte Schulter nahm. Dass ich den Mann genauso getötet hatte wie er.

An unser beider Hände klebte Blut.

Er sah mich an, schüttelte den Kopf. »Gute Nacht!« Das war alles, was er sagte.

Um stets an die Tragweite unserer Handlungen erinnert zu werden, trug Eric das blutgetränkte Abzeichen mit der US-Flagge bis zum Ende jenes Auslandseinsatzes auf seiner Schutzweste.

Wir unterhielten uns nie wieder darüber. Überhaupt hatten wir, als wir uns auf diese Sache einließen, stillschweigend eine Vereinbarung getroffen: Wir sprachen nicht über das, was wir erlebten, wir nahmen es nicht auseinander, wir behielten es für uns.

Wir hätten trotzdem nicht überlebt, wenn die Terroristen-Jagden nicht auch mit diesem ganz eigenen, irgendwie perversem Humor verbunden gewesen wäre, der uns immer wieder ablenkte.

Das Beste für uns war die völlige Paranoia, die wir innerhalb der Terrorzellen schürten. Einmal verfolgten wir an einem diesigen, brütend heißen Tag stundenlang einen Verdächtigen, der sich durch den dichten Verkehr von Mossul schlängelte – als würde er versuchen, jemanden abzuschütteln. Dann folgten wir ihm in die Wüste, wo er schließlich aus seinem Wagen stieg. Er ging einige Meter und sah nach oben. Er tat dasselbe vor und hinter dem Auto, als ob er durch die andere Position einen besseren Blick auf den Himmel bekäme.

Das passierte oft. Unsere Zielpersonen fuhren in die Wüste, weil sie uns hören oder Ausschau nach uns halten wollten, oder sie hielten einfach auf einer menschenleeren Straße an. Im Laufe der Monate konnte ich sehen, wie die Paranoia unserer Feinde wuchs – die Angst vor dem Auge, das niemals blinzelt. Mittlerweile war die Überwachung durch Drohnen eine gängige Praxis geworden, und es war kein Geheimnis mehr, dass es im irakischen Himmel nur so wimmelte von ihnen. Der ISI fing an, seinen Leuten Ratschläge zu erteilen, wie sie auf Drohnen reagieren sollten. Es war amüsant, von ihren Methoden zu hören: Alufolie auf Dächern, der allabendliche Ausbau der Autobatterie, auf die wir angeblich irgendwie zugreifen konnten. Einmal verbrachte ein Mann dreißig Minuten damit, neben seinem Auto zu stehen, den Kopf in den Nacken zu werfen und angestrengt in den strahlend blauen Himmel zu starren, als ob dort etwas Faszinierendes oder Schreckliches zu sehen war, von dem er sich nicht abwenden konnte.

Aber nicht nur sie passten sich an, auch wir lernten dazu; wir flogen unsere Drohnen in verschiedenen Flughöhen, damit sie außer Hörweite waren, und wir ließen andere, herkömmliche Militärflugzeuge absichtlich tief über andere Teile der Stadt fliegen, um ihnen vorzugaukeln, dass wir gerade mit jemand anderem beschäftigt waren.

Man könnte vielleicht denken, diese Schurken führten stets arglistige Dinge im Schilde. Doch wenn man sie den ganzen Tag mit einer Drohne beobachtete, sah die Realität ganz anders aus. Die Gejagten waren dazu ausgebildet worden, nach außen normal zu erscheinen, und größtenteils gelang es ihnen auch. Manchmal sah man jedoch lustige Dinge, die unsere Zielpersonen gern für sich behalten hätten – man denke nur an all den Kram, den Menschen tun, wenn sie sich unbeobachtet wähnen.

Viele Menschen schlafen im Sommer auf ihren Dächern, weil sie keine Klimaanlage haben, und deshalb sahen wir viel Sex. Wir sahen, wie Männer ungeniert im Garten kackten und ihre Scheiße überall verteilten. Einmal sahen wir einen Kerl auf einem Dach in der Innenstadt von Bagdad, von dem wir zuerst dachten, dass er unser Bodenteam angreifen wollte, aber als wir den Bildausschnitt vergrößerten, sahen wir, dass er sich nur einen herunterholte. Einmal erwischten wir einen Typen auf einem entlegenen Bauernhof dabei, wie er es mit einer Kuh trieb. Wir lachten uns in der Box tagelang darüber kaputt.

Ich hörte von einer Quelle, die wir gefangen genommen hatten, dass die Angst vor unseren Drohnen einige Terroristen dazu veranlasst hatte, ihre Kleintransporter durch Autos mit Schiebedächern zu ersetzen. Die Idioten dachten tatsächlich, so wären sie in der Lage, uns während der Fahrt zu sehen.

Während wir ihnen von oben die Hölle heiß machten, zogen sich die Anführer des Netzwerks immer tiefer in den Untergrund zurück. Je mehr Drohnen wir in unsere Armee brachten, umso schlimmer wurde es für sie, und in umso weniger Zeit konnten sich die dicken Fische offen zeigen. Sie setzten immer häufiger Kuriere ein, um zwischen den verschiedenen Ebenen der Gruppe Anweisungen weiterzuleiten. Es wurden ständig Telefone entsorgt, weitgehend auf E-Mails verzichtet; Internet-Cafés fingen an, einen Teil ihrer Stammkundschaft zu verlieren. Ein Mann, den wir gefangen nahmen, führte in einer Sporttasche fünfundzwanzig Handys mit sich.

Irak war immer noch eine schreckliche Hölle, aber unser Drohnenkrieg zeigte erste Anzeichen einer Veränderung. Wir sahen, dass im September und Oktober 2009 die Angriffe auf US-Soldaten abnahmen. Es gab weniger Sprengsätze auf den Straßen, nicht mehr so viele Selbstmordattentäter, weniger Schmuggel über die Grenzen.

Zu jenem Zeitpunkt hatte ich in weniger als zwei Monaten bereits vierzig Missionen durchgeführt. Dutzende von Zielpersonen waren tot. Hunderte waren gefangen genommen worden. Bills, Jacks und Marks Teams bewegten sich genauso schnell. Unsere miteinander verbundenen Missionen deckten den nördlichen Teil von Irak ab und machten es dem Feind schwer, nachts zu schlafen oder sich zu größeren Versammlungen zu treffen.

Alles das war gut, aber wir wussten, dass sich das Blatt jederzeit wenden konnte. Wenn wir jetzt nachließen, konnte es schnell bergab gehen.

Wir machten uns Sorgen über die irakische Regierung, der es schwerfiel, an der Macht zu bleiben. In jenem Sommer erließ sie ein Gesetz, das uns dazu zwang, einen richterlichen Beschluss einzuholen, um Operationen durchzuführen.

Wir wurden alle ein wenig nervös. Was hatte das zu bedeuten?

Es ergab keinen Sinn. Unsere Arbeit war streng geheim. Nur wenige waren eingeweiht – aus gutem Grund. Mit der Vergabe von Einsatzdetails an Personen außerhalb unseres kleinen Kreises riskierten wir, dass Informationen zum Feind drangen.

Das konnten wir nicht zulassen. Wir ignorierten das Gesetz und arbeiteten nach unseren eigenen Regeln, um unsere Arbeit zu erledigen. In dem Augenblick, in dem das Gesetz wirksam wurde, drangen wir tiefer in den Schatten vor, genau dorthin, wo sich unser Feind jetzt tummelte.

Wir konnten nur deshalb so wirksam im Schatten agieren, weil wir von außergewöhnlich mutigen einheimischen Nachrichtendienstmitarbeitern unterstützt wurden. Mitglieder des Teams brachten kleinen Gruppen von Einheimischen, sowohl Männern als auch Frauen, Überwachungstaktiken bei und gaben ihnen kleine Hilfsmittel für das Ausspionieren, etwa eine als Zigarettenschachtel oder Schlüsselanhänger getarnte Kamera.

Wir gaben den Mitgliedern dieser Gruppe den Codenamen »Cobras«. Viele von ihnen sammelten jahrelang für uns Informationen an Orten, die wir selbst nicht aufsuchen konnten.

Da wir uns nicht unbemerkt in der Stadt bewegen konnten, kommunizierten wir mit unseren Cobras durch die Vögel, die im Himmel unterwegs waren. Oft lenkten sie die Augen unserer Drohne für einen Schlag direkt auf das Ziel. Diese Einheimischen arbeiteten mit uns, weil die Terroristen, die wir jagten, auf die eine oder andere Weise ihre Welt auf den Kopf gestellt hatten. Sie wollten ein besseres Leben für ihre Familie, ihre Gemeinde und ihr Land.

Eines Tages verfolgten wir am Boden eine Zielperson, von der wir ein Foto als visuelle Bestätigung benötigten. Er hatte sich monatelang in einem Wohnkomplex versteckt, sodass wir kaum Gelegenheit hatten, von der Drohne aus eine Form von visueller Bestätigung zu erhalten. Als er eines Tages sein Versteck verließ, schickten wir unseren Iraker los, um ihn mit dem Auto zu verfolgen. Aber dann wurde die Angelegenheit brenzlig.

Der Abstand zwischen den Autos war zu groß, und dann bildete sich ein Stau, der sich für uns allerdings als Glücksfall herausstellte, weil sich das Ziel zumindest kurzzeitig nicht weiterbewegen konnte. Unser Mann war zehn Autos weiter hinten, als er plötzlich aus dem Wagen stieg und auf das Ziel zuging.

Was macht er da?

Der Iraker spazierte durch den stehenden Verkehr, fluchte, brüllte alles und jeden an und tat so, als würde er sich über den Stau ärgern. Er ging wüst schimpfend an fünfzehn Autos vorbei, und auf dem Rückweg zu seinem Auto machte er ein Bild von unserem Ziel. Ein perfektes Foto.

»Haben Sie kurz Zeit zum Reden?«

Bill war am anderen Ende der Telefonleitung. Irgendetwas war los.

»Gleich«, sagte ich. »Wir verfolgen gerade eine Zielperson durch die Stadt. Sie ist in Bewegung. Worum geht's?«

Ich hatte das Telefon ans Ohr gepresst, zwischen Schulter und Kopf geklemmt, und starrte weiter auf die Live-Übertragung der Drohne, als die Zielperson in einem weißen Transporter über einen gut besuchten Markt fuhr, immer wieder abbog und an den Ampeln hielt. Der Mann hatte Bomben geladen, die jederzeit hochgehen konnten. Ich musste konzentriert bleiben.

»Wir haben vom Stützpunkt zu Hause eine Notfallnachricht erhalten«, sagte Bill und meinte damit unsere Heimatbasis in North Carolina.

Ich konnte ihn zunächst nur halb verstehen. »Was ist passiert?«

»Wir haben eine Notfallnachricht erhalten. Ihre Familie versucht, Sie zu erreichen, aber sie weiß nicht, wo Sie sich gerade in der Welt herumtreiben.«

Plötzlich nahm ich seine Stimme wahr.

»Was ist los?«

Seit meiner Ankunft im Irak vor über zwei Monaten hatte ich weder mit meiner Mutter noch mit anderen Familienangehörigen gesprochen. In jenem Augenblick bemerkte ich zum ersten Mal, dass ich sie fast vollständig vergessen hatte. Meine Familie war durch meine Teammitglieder ersetzt worden, die Drohnen hatten mich völlig vereinnahmt.

»Es geht um Ihren Cousin«, sagte er. »Er ist bei einem Autounfall ums Leben gekommen. Es muss richtig schlimm gewesen sein.«

Eine Sekunde lang sagte ich gar nichts. Ich versuchte, diese Information zu verarbeiten, zu verstehen. Ich war mit AJ in Texas aufgewachsen. Die Botschaft führte mich in Gedanken in meine Heimatstadt und was ich dort zurückgelassen hatte. Er war zweiundzwanzig Jahre alt gewesen – drei Jahre jünger als ich. Wir standen uns sehr nahe, waren fast wie Brüder. Ich verbrachte meine Sommerferien in seinem Haus in Odessa, weil er einen großen Pool und einen riesigen Garten hatte, der direkt an das trockene Land angrenzte, das sich meilenweit erstreckte. Ich erinnerte mich daran, wie wir uns früher gegenseitig unter Wasser gedrückt und in einem entlegenen Teil des Gartens ein Zeltlager eingerichtet hatten, um dort zu übernachten. Eines Nachts kam ein gewaltiger Sturm auf, und ich wachte bei einem aufzuckenden Blitz auf. Ich sah, wie er mit aller Kraft versuchte, die Ecken des Zelts unten zu halten, dem Wind, Regen und Donner trotzend. Das Zelt fühlte sich an, als würde es gleich abheben, als würden wir von demselben Tornado weggerissen werden wie in *Twister*. Als wir uns mutig genug fühlten, lugten wir durch die Zeltöffnung, zählten von Drei bis Null und rannten so schnell wir konnten durch die dunkle, tosende Nacht ins Haus. Wir waren noch jung, aber es fühlte sich damals so an, als wären wir knapp dem Tod entronnen.

Ich erfuhr später, dass er bei dem Unfall mit seinem Auto in ein Brückengeländer gefahren und sofort tot war. Diese Nachricht hätte mich zutiefst erschüttern sollen. Doch als ich in der Box saß, konnte ich einfach nicht darüber nachdenken. Das war so weit weg, und ich lebte gerade in der Mission, die sich vor mir abspielte.

»Okay, danke für die Info«, sagte ich Bill. »Ich muss jetzt weitermachen. Ich will nicht, dass mir bei diesem Ziel etwas entgeht.«

Bill versuchte, mich aus meiner Trance zu reißen und zu mir durchzudringen.

»Hören Sie, ich bin schon eine ganze Weile dabei und weiß, was Sie denken«, sagte er. »Ich hatte einige wenige enge Familienangehörige, die mit der Zeit starben, und ich zog es immer vor, die Mission im Auge zu behalten, statt sie zu sehen. Ich wollte, ich könnte die Zeit zurückdrehen.« Er schwieg eine Sekunde und sagte dann. »Hey, hören Sie mal. Ich konnte damals nicht klar denken. Nichts von dem hier ist mehr Wert als deine Familie. Nichts. Sie sollten nach Hause gehen, zu seiner Beerdigung. Wir können einen Flug arrangieren, damit Sie gleich nach Hause fahren können.«

Aber ich wollte nirgendwo hin. »Ich kann nicht, Bill. Das ist hier gerade wichtiger.«

Bill gab schließlich auf. Das letzte, was er sagte, bevor er auflegte, war: »Sie werden es bereuen.« Und das war's dann.

Die Beerdigung fand einige Tage später statt. Meine gesamte Familie war anwesend. Als die Trauergäste fragten, wo ich war, sagte meine Mutter nur, dass sie mich nicht erreichen konnte, weil ich irgendwo im Ausland war. Und ich nicht anrief.

Damals schien es für mich, die richtige Entscheidung zu sein. Ich nahm außerhalb der Drohnen und meiner persönlichen Mission nichts mehr wahr. Was ich tat, war wichtig und rettete Leben. Jahre später fragte ich mich, ob all die Toten und die Zerstörung, die auf unser Konto gingen, die Sache wirklich Wert waren. Warum hatte ich mich nicht verabschiedet?

Aber bis zu diesen Punkt sollten noch Jahre vergehen.

Die Mission ließ für den Augenblick alles in den Hintergrund treten. In jener Nacht schalteten wir den Bombenbauer aus, den ich verfolgt hatte. Und dann klingelte das Telefon wieder; ein weiteres Ziel war auf meinem Radarschirm erschienen.

Diesmal kam der Hinweis von der CIA. Keine Zeit zum Nachdenken.

Die Agency hatte eine Quelle, die möglicherweise den Aufenthaltsort von Manhattan und Brooklyn kannte, die Doppelspitze der Pyramide, die wir zu Fall bringen wollten.

»Kommen Sie zu uns«, sagten sie. »Sie müssen ihn treffen.«

Ich arbeitete oft mit der Agency zusammen. Ihre Beamten nahmen an unseren wöchentlichen Zielbesprechungen teil, und wir gingen manchmal gemeinsam auf die Jagd. Sie brauchten uns, weil wir die Drohnen in den Kriegszonen kontrollierten und Operators im Einsatz hatten, die Türen eintreten und Häuser stürmen konnten.

Trotzdem herrschte gelegentlich böses Blut zwischen uns. Unser Team hatte eine starke Abneigung gegen die CIA, weil ihre Bürokratie uns Knüppel zwischen die Beine warf und wir Tipps erhielten, die sich als nicht hilfreich herausstellten. Ihre Leute schmückten sich mit unseren Missionen. Wir bekamen Wind von den Berichten, die sie an ihre Zentrale nach Langley, Virginia, schickten und in denen sie ihren Vorgesetzten erzählten, dass sie für unsere letzten Kills verantwortlich waren. Manche unserer Leute redeten nicht einmal mit ihnen. Viele legten auf, wenn sie einen Anruf von ihnen erhielten. Die Abneigung beruhte auf Gegenseitigkeit. Manche der höherrangingen Analysten in der Behörde mochten uns nicht, weil sie dachten, dass wir zu viel Macht hätten. Aber die Beschaffung nachrichten- und geheimdienstlicher Informationen hatte sich in den Jahren nach dem 11. September massiv verändert. Die Behörde war nicht mehr als einzige am Start, und das passte ihr nicht.

Als Bill von dem Tipp hörte, warnte er mich. »Sie sollten es sich genau überlegen, bevor Sie irgendwo hingehen.« Er traute ihren Quellen nicht, vor allem wenn jemand versprach, dass er uns zu den wichtigsten Anführern brachte. Ich konnte das nachvollziehen. Aber gleichzeitig hatte ich das Gefühl, dass kein Tipp ignoriert werden durfte, der uns möglicherweise zu Manhattan und Brooklyn führte.

13

GRIFF INS KLO

Am nächsten Morgen stieg ich mit einem unserer Operators in einen Hubschrauber und flog zu einem geheimen Außenposten in Bagdad. Ich hatte nicht viel dabei, nur einen Computer, meine Pistole und meine Schutzweste.

Wir landeten auf einem kleinen Flugplatz im Norden des Irak, wo uns ein Agent in einem gepanzerten Wagen abholte und uns zu ihrem Stützpunkt fuhr. Es war später Vormittag und so heiß wie immer. Auf meiner Stirn bildete sich Schweiß.

Der Außenposten war einer von Saddam Husseins alten Palästen: opulent ausgestattet und aus Stein gebaut, mit einem Pool und einer Reihe kleinerer Gebäude, die das größere Haupthaus umgaben.

Normalerweise wurden solche Orte von uniformierten Soldaten geschützt. Diesen Ort jedoch bewachten Männern in Zivil.

Der Agent, der uns angerufen hatte, wartete mit einem Dolmetscher und der Quelle in einem der Gästehäuser. Ich hatte den CIA-Beamten noch nie zuvor getroffen. Das Einzige, woran ich mich erinnere, ist, dass er einen Schnurrbart hatte, schnell sprach und von seinem Informanten, den ich den »Silencer« nannte, sehr überzeugt war.

Ich wusste nicht viel über den Silencer, aber das war üblich. Aus Sicherheitsgründen wurden wir oft über die Informationsquellen anderer

Parteien im Dunkeln gelassen. Wir alle nutzten Quellen, die uns Dinge verrieten. Manche waren gut; andere taten es nur des Geldes wegen. Der Silencer wurde sicher gut bezahlt. Am Anfang unseres Treffens schob der Agent ihm vor unseren Augen einen Stapel mit Geldscheinen zu, es waren bestimmt einige Zehntausend Dollar, wenn nicht mehr.

Er war mir auf Anhieb unsympathisch. Als wir uns die Hand gaben, sah er mir nicht in die Augen. Er war groß, und sein Schnurrbart war ungleichmäßig rasiert, die linke Seite war kürzer als die rechte. Später sollte ich herausfinden, dass er für den Tod einiger US-Soldaten verantwortlich gewesen war. Das FBI hatte sogar Haftbefehl gegen ihn erlassen, selbst als die CIA ihn beschützte. Er war ein verkommenes menschliches Wesen, so viel stand fest, aber wir mussten mit vielen fragwürdigen Gestalten klarkommen, um andere Leben zu retten. Es war eine schmutzige Angelegenheit.

In dem Raum gab es schöne Ledermöbel, einen Eichentisch, poliertes Parkett – im Gegensatz zu der üblichen irakischen Inneneinrichtung, die in der Regel aus hartem, unbequemem und staubigem Mobiliar bestand, das immer aussah, als wäre es aus irgendeinem Bunker gezerrt worden, war dies ein Ort, an dem sich ein Besucher wohlfühlen würde.

Wir setzten uns an den Tisch, tranken Cola, aßen irakische Schawarma und plauderten über das Land und die Lokalpolitik, um die Atmosphäre zu lockern, damit sich der Silencer entspannte, bevor wir uns ernsteren Themen zuwandten.

»Er kann uns helfen«, sagte der Agent schließlich und deutete mit der Hand auf den Silencer.

»Und wie?«, fragte ich.

Ich hatte genügend Informationen über das Netzwerk, um alles auseinander zu nehmen, was zu weit hergeholt erschien.

»Warum vertrauen sie Ihnen?«, wollte ich wissen. Wir jagten Manhattan und Brooklyn bereits seit Jahren. Sie waren Phantome. »Wie könnten Sie den beiden nahekommen, ohne dass sie Verdacht schöpfen?«

Der Silencer sagte, er habe sie zwar nicht gesehen habe, wisse aber, wie er ihren Aufenthaltsort in Erfahrung bringen könne. Er habe mit dem

ISI gearbeitet und sei mit Leuten im Nordirak befreundet, die wiederum wüssten, wo sich die beiden Anführer aufhielten. »Sie vertrauen mir, ich gehöre zur Familie«, sagte er. »Ich werde keine Probleme haben, zu ihnen vorzudringen.«

Er kannte nicht alle Männer in dem lokalen Netzwerk, über das er sprach, aber wir wollten gern glauben, dass er eine hilfreiche Quelle war. Wir verließen uns darauf, dass die CIA mit ihm richtig lag.

Am Ende unseres Gesprächs beschlossen wir, uns auf ihn einzulassen, und arbeiteten einen Plan aus. Der Silencer sagte, dass er in den Norden ginge, um sich mit jemandem zu treffen, der ihn zu Leuten brächte, die den Anführern nahestanden. Er sagte, dass sie ihm die Augen verbinden, seine Kleidung verändern und ihn von einem Safehouse zum nächsten bringen würden, damit er tagelang nicht wüsste, wo er ist. Wie in einem Irrgarten. Dann würden sie ihn für das Treffen an einen geheimen Ort bringen.

»Wenn Sie mir zwei oder drei Tage folgen«, sagte er, »werden Sie Ihren Jackpot finden.«

In solchen Situationen war die große Sorge, dass die Quelle verschwand: Entweder fand das Netzwerk heraus, dass er ein V-Mann war, und brachte ihn um, oder er bekam kalte Füße und tauchte unter.

Wenn er erst einmal bei den beiden Terrorführern war, würde er eine Reihe von Fäden ziehen, die mit hochentwickelten Tracking-Geräten verbunden waren, die unsere Techniker in ein spezielles Buch genäht hatten, das er in den Händen hielt. Eine Schnur würde uns das Signal geben, dass das Treffen gerade stattfand. Und die zweite Schnur würde das Zeichen dafür sein, dass sie wieder verließ. Das war der Zeitpunkt, an dem unser Team wusste, dass es zuschlagen konnte.

Ich erzählte ihm an jenem Abend nicht, dass wir jede seiner Bewegungen von oben beobachten würden – unsere Vögel würden ihn nicht aus den Augen lassen und prüfen, dass er auch das tat, was er versprach. Unsere Absicherung.

Drei Stunden später wünschte ich dem Silencer und dem dortigen Team viel Glück, stieg wieder in den Hubschrauber und kehrte zur Box zurück. Das Spiel hatte begonnen.

Um 7 Uhr morgens hatten wir drei Vögel am Himmel, aber kein Zeichen vom Silencer am Boden.

»Wo ist Ihre Quelle?«, fragte ich per Funk. »Wir sind jetzt direkt über dem Ort.«

Die Straßen in der Innenstadt von Bagdad waren bereits voller Fahrzeuge, Menschen und Fahrräder.

»Geben Sie ihm noch ein paar Minuten«, sagte der Offizier. »Er wird kommen.«

In der Nacht zuvor hatte ich den Kommandanten dazu gebracht, uns zusätzlich zu unseren Drohnen noch zwei weitere Predators zur Verfügung zu stellen. Sie waren Leihgaben von Bills bzw. Jacks Gruppe. Wir wollten in diesem Fall kein Risiko eingehen.

Auf der anderen Seite der Drohnenübertragung hatte sich ein großes Publikum versammelt, um die Show zu beobachten. Die Befehlshaber in anderen Teilen des Landes oder in den USA verfolgten das Geschehen auf ihren Monitoren. Bills und Jacks Teams sahen ebenfalls zu, für den Fall, dass wir ihre Operators brauchten. Die ganze Sache nahm schon beinahe die Ausmaße des Super Bowls an.

»Ist er das?«

Plötzlich näherte sich ein weißer Toyota Corolla der Straße, die wir beobachtet hatten, und es stieg ein Mann aus dem Fahrzeug und tätigte einen Anruf.

»Graue Hose, gelbes Poloshirt, weißer Toyota Corolla«, sagte ich.

»Das ist er.«

Als er wieder in sein Auto stieg und losfuhr, hatten wir keine Ahnung, wohin er unterwegs war – in jedem Fall hielt er sich nördlich. Ab sofort gab es keinen direkten Kontakt mehr. Jeder weitere Schritt war so, als würde er Schach spielen. Er machte einen Zug, und wir reagierten mit einem Gegenzug, wobei wir verschiedene Behörden kontaktierten, die den Luftraum erst freigeben mussten, damit unsere Drohnenarmee folgen konnte.

»Sieht aus, als wären wir im Geschäft«, sagte ich.

Der Silencer verließ die Stadt und fuhr einige Stunden in nördlicher Richtung, wie er gesagt hatte, bevor er an einem flachen Betonhaus vor Tikrit hielt. Es hatte einen großen staubigen Hinterhof, in dem überall verstreut Gartenmöbel standen, als würde dort in Kürze eine Party stattfinden.

Er ging ins Haus und kam einige Minuten später mit zwei Männern heraus. Statt einen anderen Ort aufzusuchen, setzten sie sich auf Gartenstühle und fingen an zu rauchen und zu trinken. Sie wirkten entspannt, und ich sah, wie einer von ihnen die Beine gestreckt und die Füße gekreuzt hatte, als wäre er rundum zufrieden.

Was zum Teufel war da los? Es vergingen Stunden, ohne dass irgendwelche Schnüre gezogen wurden. Soweit ich es beurteilen konnte, war das Haus völlig normal. Keine Wachen. Weder im Innern, noch außerhalb des Hauses waren ungewöhnliche Aktivitäten feststellbar. Die Straßen waren ruhig. Es gab keine Bewegungen auf den Dächern der benachbarten Häuser.

Das Seltsamste war, dass der Silencer immer noch nicht die erste Schnur gezogen hatte – die, die nur als Test dienen sollte. Vielleicht hätten wir uns zu jenem Zeitpunkt Sorgen machen sollen, aber wir warteten ab. Ich aß einige Müsliriegel und eine Schale Cornflakes. Dann schritt ich in der Box unruhig auf und ab. Es ging mir langsam auf die Nerven, auf den Monitoren beobachten zu müssen, wie er träge herumsaß, rauchte und trank. Für wen hielt er sich eigentlich? Irgendetwas schien nicht zu stimmen. Ich fing an, über unsere sichere Chatverbindung Nachrichten mit Bill und Jack auszutauschen, die mir sagten, der Typ führe nichts Gutes im Schilde. Derweil versicherte mir der CIA-Agent, dass der Silencer schon in Ordnung war und dass die Dinge nun einmal so liefen.

»Sie müssen sich nur beruhigen. Ich habe diesen Mann selbst unterwiesen. Er weiß, was er tut«, sagte er.

Der Silencer verließ das Haus schließlich nach drei Stunden. Einer der Männer begleitete ihn, und sie fuhren zu einer nahegelegenen Eisbude am Straßenrand, wo sie mit jemanden sprachen, der vermutlich ein Angestellter oder der Besitzer war.

»Haben wir diesen Ort schon einmal unter Beobachtung gehabt?«, fragte Jake.

Schnell gingen wir unsere Ordner durch.

»Sieht so als, als wäre an der Stelle früher ein Dattelstand gewesen, der mit al-Qaida im Irak in Verbindung stand.«

Das schien potenziell vielversprechend zu sein. Immerhin gab es einen Zusammenhang.

»Kennen wir den Namen des Inhabers?«

»Nein, es gibt keinen Namen.«

Ich hatte Zugriff auf drei Drohnen, die den Schauplatz in unterschiedlicher Höhe umkreisten.

Auf unseren Monitoren sahen wir, wie die drei Männer etwa eine Stunde lang bei der Eisbude saßen, bis sie für den Tag schloss. Es war schon kurz vor Sonnenuntergang, und allmählich verlor ich die Geduld.

Die Männer trennten sich. Der Silencer stieg wieder in seinen Corolla, während der Eiskremtyp mit dem dritten Mann in seinem Auto wegfuhr.

»Die Priorität ist immer noch die Quelle, aber ich möchte wissen, wohin die anderen Typen gehen«, sagte ich und bereitete mich darauf vor, die Drohnen in unterschiedliche Richtungen fliegen zu lassen. Zuerst blieben die Autos zusammen. Durch den dichten Verkehr fuhren sie einige Kilometer, bevor sie an einem anderen Haus anhielten, wo sie eine weitere Stunde blieben. Auch hier wieder ziemlich ereignislos.

Der Eiskremtyp ging zuerst, gemeinsam mit dem anderen Mann. Sie fuhren zu einem anderen Haus, in dem sie übernachteten. Das Haus war schöner als die meisten anderen, es hatte einen gepflegten Garten, Palmen und sogar ein separates Gästehaus. Das Kapitel war erledigt. Hier gab es nichts zu verfolgen.

Beim Silencer sah es anders aus. Kurz nachdem die Lichter ausgegangen waren, verließ er das Haus und stieg wieder in den Wagen. Nach einigen Minuten im Verkehr geschah etwas sehr Beunruhigendes. Er zog die zweite Signalschnur in seinem Buch.

War das ein Versehen?

Ratlose Gesichter in der Box. Die zweite Schnur bedeutete, dass die beiden Anführer in der Nähe waren. Ich ging sofort ans Funkgerät, um mir bestätigen zu lassen, dass die zweite Schnur tatsächlich aktiviert worden war. »Sind Sie sicher?«, fragte ich. Ja, so war es. Dann brach das Chaos aus, und alles geriet in Aufruhr.

Sind die Anführer im Haus oder hat die Quelle das Signal verwechselt? Sollen wir eine Operation starten?

Gemäß unserer Unterlagen hatte das Haus, das der Silencer gerade verlassen hatte, keine Verbindungen zum Terrorismus. Es war eine vornehme Wohngegend, in der es noch viele gepflegte Gärten gab und keine vermüllten Straßen – was im Irak ungewöhnlich war. Es gab keine sichtbaren Sicherheitsvorkehrungen oder Anzeichen, dass hier etwas geheim gehalten wurde – es standen nicht viele Autos vor dem Haus, es gab keine Wachleute auf dem Dach, keine Waffen, die man sehen konnte.

Es war sehr unwahrscheinlich, dass sich hochrangige Terroristen mitten in einer Stadt in einem solchen Haus aufhielten. Solche Kerle waren immer auf dem Sprung und wollten, dass ein Treffen mit dem Silencer schnell und heimlich ablief. Sie wussten, dass wir Quellen hatten und dass jeder außerhalb ihres Kreises eine Gefahr für sie darstellte. Irgendwie passte das alles nicht zusammen. Wir beobachteten, wie der Silencer weiterfuhr und von einer Straße in die andere bog. Wenn sein Signal stimmte, verloren wir gerade Zeit.

»Jake«, sagte ich, »kann der Sensor-Operator unsere Bänder zurückspulen und prüfen, ob jemand mit ihm eingestiegen ist?« Ich wollte sichergehen, dass er alleine war. Das aufgenommene Drohnenvideo erschien auf dem Monitor, und wir spielten es in Zeitlupe ab. Er war allein.

Ich wurde wütend – verarschte uns der Typ? Er hatte uns den ganzen Tag an der Nase herumgeführt. Wir sahen vor all den Kommandanten, die das Geschehen verfolgten, wie Vollidioten aus.

»Wissen wir, wie viele Leute im Haus waren?«

»Nur die drei, die hineingegangen sind.«

Andere Teams fingen an, in der Box anzurufen und zu fragen, was los war.

»Der Typ ist eine Mogelpackung«, sagte Bill. »Der verarscht uns.«

Ich sah auf die Notizen, die ich während des Treffens angefertigt hatte, und ging die Kette von Ereignissen durch, die der Silencer angekündigt hatte, als er an jenem Morgen ging – er sollte sofort zu seiner Quelle gehen, die ihn wiederum zu den Anführern bringen sollte. Nichts von alldem war passiert. Das Einzige, was er getan hatte, war, mit seinen Kumpels zu trinken, zu rauchen und dann an der Eisbude zu halten.

Ich hatte dem Silencer glauben wollen. Ich hatte glauben wollen, dass es einen leichten Weg gibt, um Manhattan und Brooklyn zu finden, dass wir unseren Auslandseinsatz damit krönen konnten, sie in Leichensäcke zu stecken. Ich wollte an diese Mission glauben. Doch jetzt hatte ich das Gefühl, hereingelegt worden zu sein – und damit musste Schluss sein.

Mein Stolz wollte, dass ich der Spur weiter nachging, aber mein Bauchgefühl sagte etwas anderes. Der Silencer hatte unsere Zeit, unser Geld und wertvolle Ressourcen verschwendet.

Ich rief den Kommandanten an und teilte ihm mit, dass wir die Operators nicht einsetzen würden. Der Offizier widersprach nicht. Sie hatten das Video gesehen und waren auch zu dem Schluss gekommen, dass ihre Quelle nichts taugte. Einige Monate später entließen sie ihn und setzten ihn offiziell auf die schwarze Liste – zur großen Enttäuschung des Agenten, der Monate damit zugebracht hatte, ihn anzuwerben. Der Silencer jedoch hatte am Ende gewonnen; er hatte Hunderttausende von US-Dollar dafür kassiert, dem CIA jahrelang falsche Spuren und erfundene Informationen geliefert zu haben. Unser einziger Trost war, dass das FBI jetzt seine Samthandschuhe ausziehen konnte, weil der CIA den Silencer nicht mehr schützte.

»Wir machen uns Sorgen um dich«, sagte Max eines Abends nach der Rückkehr von einem Einsatz, in dem er ein Ziel über die Grenze gejagt und gefasst hatte. »Echt jetzt, Mann, du fällst vom Fleisch. Du brauchst eine Pause.«

Es war schon spät. Wie gewohnt winkte ich ab. Später ging ich zurück in mein Zimmer und sah mich im Spiegel. *Ach du Scheiße.*

Meine Haut hatte schon seit Wochen keine Sonne mehr gesehen, weil ich monatelang ununterbrochen auf Bildschirme gestarrt hatte. Meine Zähne waren gelb. Ebenso die Bindehaut meiner Augen, die Tränensäcke darunter schienen mittlerweile Dauergäste zu sein. Ich sah wie eine sterbende Version meines früheren Ichs aus.

Ich ging in die Dusche und stieg auf die Waage. Achtzehn Kilogramm hatte ich mittlerweile abgenommen. Kein Wunder, dass meine Hose nicht mehr passte. Alles hing lose an mir herunter.

Der Stress und der Druck, Zielpersonen zu finden, hatten ihren Tribut gefordert. Ich war jetzt vier Monate vor Ort, doch sie kamen mir wie Jahre vor. Lange Stunden, in denen ich mich mit Energydrinks und Schokoriegeln über Wasser hielt, und mit sonst nichts. Es fiel mir immer schwerer, nach einigen Stunden Schlaf wieder aufzustehen. Ich hatte keine Kraft mehr.

Wenn wir nicht in einigen Tagen nach Hause gefahren wären, hätte sich mein Gesundheitszustand mit Sicherheit verschlimmert. Meine körperliche und geistige Verfassung war mir nicht so wichtig wie die Sorge, dass uns die Zeit davonlief und mir meine Ziele durch die Lappen gingen.

»Koste es, was es wolle«, beschwor ich mich laut, als ich mich ein letztes Mal im Spiegel betrachtete und zur Jagd in die Box zurückkehrte.

Zum Glück endete meine erste Auslandsentsendung unmittelbar im Anschluss, einige Tage später, mit einigen weiteren Missionen, und dann war sie vorbei.

Es war November 2009 – das Ende unseres Auftrags. Es gab keine feierliche Verabschiedung. Unser Folgeteam traf mit Hubschraubern ein, und sobald wir sie bezüglich der laufenden Missionen auf den neuesten Stand gebracht hatten, flogen uns dieselben Hubschrauber heraus.
Als ich mit Bill, Mark und dem Rest des Teams ins Flugzeug nach Hause stieg, war mein Körper erschöpft. Er hätte sicher bald seinen Dienst versagt. Ich brauchte eine Pause.
Wir trafen mitten in der Nacht in einem C-17-Transportflugzeug in den USA ein. Andere militärische Einheiten wurden feierlich empfangen – mit Marschkapelle, Familien mit Willkommensplakaten und der Ankündigung ihrer Rückkehr in der Zeitung. Bei uns war es nicht so.
Der Flugplatz in Virginia war dunkel und bis auf das Wartungspersonal, das sich um das Flugzeug kümmerte, menschenleer.
Als ich mit meiner Ausrüstung von der Landefläche des Transportflugzeugs stieg, übermannte mich für eine Minute die Trostlosigkeit der Situation. Wir hatten in kurzer Zeit viel erreicht. Wir hatten Missionen durchgeführt, für die das herkömmliche Militär – sofern es überhaupt dazu in der Lage gewesen wäre – Monate oder sogar Jahre gebraucht hätte. Wir konnten unsere Erfolge aber nur teamintern feiern und niemandem sonst davon erzählen. So wollte es unsere Einheit, und ich musste lernen, mich daran zu gewöhnen. So war das eben.
In jener Nacht fuhr ich nach North Carolina, wo ich eine Eigentumswohnung hatte. Ich musste mir große Mühe geben, nicht am Steuer einzuschlafen, fiel dann aber schließlich todmüde ins Bett. Ich erinnere mich nicht daran, damals mit meiner Freundin Sarah gesprochen zu haben; wir hatten schon seit Monaten nicht mehr miteinander gesprochen. Mein Leben außerhalb der Arbeit hatte angefangen, weiter zu verfallen, aber ich konnte jetzt nicht darüber nachdenken. Ich schloss meine Augen und schlief beinahe drei Tage am Stück.

14

ZUHAUSE?

In North Carolina lebte ich auf Höhe des 13. Lochs einer Golfanlage der Gemeinde, einige Meilen außerhalb des Stadtzentrums. Der abgeschiedene Komplex war von Wäldern umgeben. Ich musste zehn oder fünfzehn Minuten fahren, um zum nächsten Supermarkt oder Restaurant zu kommen. Aber die Zentrale war nah. Man musste über gewundene Nebenstraßen fahren, an Farmhäusern und Feldern vorbei, um zu einem geheimen Eingang zu gelangen. Er befand sich dort, damit wir nicht gesehen wurden – und falls uns jemand verfolgte.

Die ersten Tage wachte ich ziemlich verkatert auf, als würde ich gerade einen Amphetamin-Entzug durchmachen. Mein Kopf tat weh, wenn ich durch meine Wohnung schlurfte. Ich hatte Durst, und mein Magen fühlte sich leer an. Eines der ersten Dinge, die ich aß, war ein großer amerikanischer Burger mit allem Drum und Dran. Meine Freundin Sarah sah zu, wie ich ihn verschlang.

»Hast wohl ein bisschen Hunger, was?«, fragte sie und versuchte, mit mir ins Gespräch zu kommen.

»Kohldampf«, sagte ich, sah kurz auf und aß dann weiter.

Wir versuchten an jenem Abend, miteinander zu reden. Es war praktisch unmöglich geworden, den Anschein von Normalität zu wahren. Es lag zu viel Tod und Zerstörung hinter mir – oder eher in mir. Wie unterhält man sich, nachdem man gesehen hat, was ich gesehen habe – nachdem man getan hat, was ich getan habe? Diesmal war es viel schwerer als bei meiner letzten Rückkehr aus einem Kriegsgebiet. Damit kein Missverständnis aufkommt: Es war nicht so, als verfolgten mich Horror-Erlebnisse oder als hätte ich ein traumatisches Erlebnis erlitten. Ich saß die meiste Zeit am Schreibtisch und erlebte nicht annähernd so schlimme Dinge wie die Operators. Sie waren die echten Helden. Es war eher die Tatsache, dass sich mein Leben praktisch über Nacht verändert hatte: erst die Reizüberflutung, die damit einherging, in eine Welt transportiert zu werden, von der ich nichts gewusst hatte, und dann der Druck, praktisch rund um die Uhr Höchstleistungen abzuliefern. Meine geistigen Fähigkeiten waren auf eine harte Probe gestellt worden, beinahe so, als wäre ich aufgewacht und als hätte ich festgestellt, dass ich über Nacht auf einen anderen Planeten gebracht worden war, an dem nichts existierte, was ich zuvor gekannt hatte.

Jetzt, wo ich wieder zu Hause war, konnte ich mit niemandem über irgendetwas sprechen. Alles, was ich tat, war streng geheim. Ich bin mir außerdem auch gar nicht sicher, ob ich überhaupt darüber reden wollte. Denn ich befürchtete, dass Außenstehende es sowieso nicht verstanden hätten. So wurde jede Form der Interaktion schwierig. Normale Sätze wurden zensiert, ich ging gedanklich jeden Satz mehrmals durch, bevor ich ihn laut aussprach. Das zwang mich dazu, stiller und introvertierter zu werden. Wenn ich nicht im Büro war, schottete ich mich ab.

Dennoch konnte ich den Krieg nicht aus meinem Kopf bekommen – die Kameras, die unsere Ziele beobachteten, die sie verfolgten, die zusahen, wie Fremde und ihre Angehörigen vor meinen Augen ihrem Alltag nachgingen. An einem Tag hatte ich die übelsten Terroristen der Welt getötet, und am nächsten saß ich in einem gemütlichen Restaurant, aß Burger mit Käse und Speck und sah, wie die Leute um mich herum sorglos lachten und sich unterhielten. Konnte der Alltag so surreal sein? Es war so, als hätte ich in einem rasanten Actionfilm gelebt – doch plötzlich hatte jemand auf Stopp gedrückt und mich aus der Handlung geworfen. Und jetzt erkannte ich nicht einmal den Ort, an dem ich gelandet war.

Als wir an jenem Abend nach dem Abendessen nach Hause zurückkehrten, wollte Sarah mehr erfahren. »Was war da drüben los?«

Es war spät, aber ich war nicht müde. Wir saßen im Wohnzimmer auf dem Sofa. Ich versuchte, sie anzusehen, und sie erwiderte meinen Blick, bis ich es nicht mehr ertrug und wegsah.

»Deine Augen sehen irgendwie anders aus«, sagte sie.

»Meine Augen?«

»Sie sind wie Steine. Irgendwie reglos.«

Das Schweigen, das zwischen uns aufstieg, war unerträglich. Es ließ die Nacht aufheulen. Das Zirpen der Grillen im Wald und auf dem Golfplatz war lauter als das Piepen und Rattern der Computer, das nach den Missionen in der Box zu hören war.

Ich wollte ihr alles erzählen, hielt mich aber zurück.

Ich lenkte das Gespräch an jenem Abend auf sie und behielt diese Praxis an den folgenden Abenden bei. Ich war kein sehr guter Zuhörer und bekam vieles nicht mit, und ich bin mir sicher, dass sie es merkte. Es fiel mir schwer, ihr in die Augen zu sehen.

Wenn man als Soldat im Auslandseinsatz ist, vergisst man, wie das Leben zu Hause ist. Und umgekehrt gerät man in seiner Abwesenheit bei den Zuhausegebliebenen ebenfalls in Vergessenheit. Man verändert sich, und sie verändern sich. Und man fällt unangenehm auf, wenn man wieder nach Hause zurückkehrt.

Manche Soldaten betrachten den Kampfeinsatz als Auszeit von der Familie, der Ehefrau, dem eintönigen Alltag, aus dem das Leben normalerweise besteht. Es gefiel mir, dass ich mich im Krieg nicht mit dem ganzen Mist herumschlagen musste, der so viel Zeit kostet, wie Textnachrichten schreiben, telefonisch immer erreichbar sein, Auto fahren, nur um Einkäufe zu erledigen.

Im Ausland war das alles nicht nötig. Unsere Teams waren praktisch autark, weil sie über eine erstaunliche Infrastruktur verfügten, die errichtet worden war, um unsere Operationen zu unterstützen.

Ich wollte den Krieg und das Leben zu Hause als zwei Paar Schuhe betrachten, als geteilten Bildschirm. Aber manchmal war diese Teilung unmöglich.

Jene erste Woche zu Hause war die schwerste. Die Spannung zwischen Sarah und mir wuchs. Aber sie war vermeidlich. Wir waren zusammen, schliefen im selben Zimmer, aßen Frühstück und Abendessen am selben Tisch – aber ich hätte genauso gut auf dem Mars sein können.

»Bist du überhaupt da?«, fragte sie mich eines Abends.

»Ach, komm schon, Sarah«, sagte ich.

»Nein, komm du schon. Du musst mit mir reden. Wir müssen reden.«

»Tun wir doch«, sagte ich.

»Bist du entführt worden?« Sie machte einen Witz, aber irgendwie auch wieder nicht.

Ein Großteil meiner Familie und alten Freunde hatte keine Ahnung, was ich tat, selbst diejenigen nicht, die mir sehr nahestanden. Sie hatten ihr eigenes Leben, über das sie nachdenken mussten, Beruf und Familie. Der Krieg gegen den Terror war nach fast einem Jahrzehnt alt geworden, und in jener Zeit wurden weltweite Anschläge zur Normalität. Amerika stumpfte gegen die Schrecken des Terrorismus ab. Die Medien wiederum machten sich kaum die Mühe, über Militäroperationen und steigende Opferzahlen zu berichten. Am Anfang des globalen Kriegs gegen den Terror sah man, wie ein Attentat mit zehn Toten auf CNN ausführlich besprochen wurde. Jetzt grenzte es schon an ein Wunder, wenn ein koordinierter Selbstmordanschlag mit fünfzig oder mehr Todesopfern überhaupt im Newsticker erwähnt wurde. Alle anderen hatten ihr Leben fortgesetzt und sich neuen Dingen zugewandt, nur nicht jene von uns, die sich noch mit diesen Themen beschäftigten, wie mein Team.

Ich wollte wieder zum Krieg zurückkehren, weil das jetzt alles war, was ich kannte. Und ich wollte mich wieder mit den Leuten umgeben, die das erlebten, was ich erlebte, und die das gesehen hatten, was ich gesehen hatte, ohne mich erklären oder rechtfertigen zu müssen. Dem Rest meines Teams ging es genauso. Wir waren in einer Art Warteschleife gefangen – so lange, bis der Krieg in unseren Alltag zurückkehren würde. Wir waren hungrig, wussten aber nicht, wie wir den Hunger stillen konnten.

Die Tage verstrichen und aus dem Warten wurde Langeweile. Ich schaltete den Fernseher ein, aber es gab nie etwas, das ich wirklich sehen wollte. Ich musste immer wieder an die Zielpersonen denken, die ich zurückgelassen hatte. Schlechte Menschen, die immer noch auf freiem Fuß waren, Manhattan und Brooklyn. Manchmal verließ ich meine Wohnung mit einem Dreier-Eisen und schlug bis in den späten Abend Bälle vom 13. Loch. Einen nach dem anderen. Ich war kein sehr guter Golfer, aber es fühlte sich gut an, die Bälle abzuschlagen und zu beobachten, wie sie durch die Luft flogen.

Ich unternahm auch lange Autofahrten. Mit meiner Corvette gab ich auf den langen, geraden Strecken vor den Toren der Stadt Vollgas, nur um etwas zu spüren. Dabei ärgerte ich mich über den Verkehr und die neuen Temposchwellen, die in unserem Stadtviertel eingerichtet worden waren. Eigentlich war ich kein jähzorniger Typ, doch der Krieg hatte mich verändert. Wenn ich auf dem Highway nicht vorwärtskam, wurde ich nervös, manchmal sogar ein wenig paranoid.

»Komm jetzt, mach schon!«, brüllte ich in Richtung eines silbernen Toyota Camry, der eines Nachmittags auf meinem Weg zur Mall vor mir anhielt. Ich sah im Heckspiegel in den Himmel, als würde mich jemand beobachten. Der Beobachter wird zum Beobachteten. Der Himmel war so blau wie im Irak. Ich musste mich daran erinnern, dass ich in North Carolina war.

Eines Nachmittags geriet ich in einen Streit mit einer Frau von Time Warner. Es ging um meine Internetverbindung. Sie funktionierte zu Hause nicht, und ich fing an, deswegen durchzudrehen. »Sir, ich kann Ihnen helfen«, sagte sie. »Nein, können Sie nicht.« Ich legte auf.

Ich hatte mich an die Effizienz der Box gewöhnt. Dort hatte ich jede Ressource und jeden Mitarbeiter, den ich brauchte, um meine Arbeit zu erledigen. Wenn ich mitten in einer trostlosen Wüste hoch verschlüsseltes

Internet brauchte, wurde das erledigt – und diese Typen konnten nicht einmal in einem US-Vorort mein Internet ordentlich installieren?

Etwa zu jener Zeit traf ich mich mit meiner Mutter. Ich hatte sie zuletzt vor über einem Jahr gesehen. Sie kam mich besuchen, und wir gingen zum Abendessen in eine italienische Restaurantkette. Ich freute mich auf das Treffen, weil ich sie schon so lange nicht mehr gesehen hatte. Doch alles fühlte sich aufgesetzt an. Als wir uns setzten und sie mich fragte, was ich im Ausland gemacht hatte, konnte ich nichts preisgeben.

»Nicht viel«, sagte ich und aß ein Stück Brot.

»Es muss doch etwas passiert sein.«

Ich konnte ihr nichts sagen, wollte sie aber auch nicht anlügen.

Vor den Drohnen hatte ich ihr ein klein wenig mehr über meine Aufträge erzählt. Sie waren auch nichts besonders geheim gewesen. Meist wusste sie genau, wo ich mich im Ausland aufhielt. Jetzt sagte ich nicht mehr, wo ich war oder was ich tat, und das war vermutlich auch gut so. Vielleicht wäre sie mit meinen Entscheidungen nicht einverstanden gewesen – einige Dinge, für die ich die Verantwortung trug.

»Nur noch ein weiterer Auslandseinsatz«, sagte ich.

Das Abendessen zog sich wie Kaugummi. Es war schwer, meiner Mutter nichts sagen zu können. Ich wollte ihr sagen, dass sie stolz auf mich sein konnte, wollte ihr erklären, dass wir Dinge taten, um Leben zu retten und Amerikaner wie sie zu beschützen. Denn ich bin mir sicher, dass sie sich das Schlimmste vorstellte. Etwa, dass das Militär mich kaputt gemacht oder ich viele schlimme Dinge gesehen hatte und im Laufe meines Lebens von medizinischer Hilfe abhängig sein würde. Es war vermutlich nicht hilfreich, dass PTSD, posttraumatische Belastungsstörung, ein gebräuchlicher Begriff geworden war, mit dem heimkehrende Soldaten in Verbindung gebracht wurden. Das alles war bei mir nicht der Fall. Manchmal tun solche Geheimnisse weh.

Als uns das Essen gebracht wurde, sah ich nicht oft auf, aber ich wusste, dass sie beobachtete, wie ich in meinen Rigatoni herumstocherte, als ob sie etwas dadurch erfahren oder ein Signal aufnehmen könnte, dass es mir gut ging.

»Warum bist du so kurz angebunden?«, fragte sie schließlich. »Es ist beinahe so, als würdest du nicht mit mir reden wollen.«

Früher hatten wir in unserem kleinen Haus in Katy, Texas, eine gemeinsame Welt, doch jetzt lebte sie in ihrer Welt und ich in meiner, und es war schwer, beide zusammenzubringen. Sie redete nicht über meinen verstorbenen Cousin. Und ich war ihr dafür dankbar.

Ich bat sie darum, mir von ihrem neuen Job zu erzählen, und sie gab meinem Wunsch nach und stellte keine Fragen mehr über den Krieg. Sie verbrachte den Rest des Abends damit, über ihren Umzug von Texas nach North Carolina zu erzählen, und von ihrer Arbeit als Finanzanalystin. Ihr neuer Job schien ihr Spaß zu machen. Als wir aufstanden und gingen, kritisierte sie mein Aussehen. »Du bist so dünn geworden«, sagte sie, als wir vor unseren Autos standen. »Du musst mehr essen.«

Ich versprach ihr, dass ich das tun würde.

Eine Woche nach meiner Rückkehr in die USA suchte ich die Zentrale meiner Einheit auf, es zog mich förmlich dorthin. Die Fahrt dauerte fünfzehn Minuten, und das Erste, was ich tat, war meinen Laptop aufzuklappen und mich mit den Live-Übertragungen der Drohnen zu verbinden. Ich beobachtete, wie die Vögel auf einen Bereich der Wüste im Norden Iraks heruntersahen. Ich schaltete auf eine andere Übertragung und beobachtete einen weißen Transporter, der sich seinen Weg durch den Verkehr bahnte. Eine andere Kamera zoomte auf eine Lehmhütte im Jemen, wo eine Zielperson ihrem Alltag nachging.

Bill und Jack waren auch da. Sie waren genauso süchtig wie ich. Ich stellte fest, dass ich mich im Büro besser entspannen konnte als in meiner Wohnung. Wir verbrachten Tage damit, alte Missionen durchzugehen, unsere Drohnenvideos anzusehen, die getroffenen Entscheidungen zu evaluieren und zu besprechen, wie man Dinge hätte besser machen können; wie ein Football-Team, das mit Videoaufzeichnungen vergangene Spiele analysiert.

Wir gingen auch alte Akten durch, um nach Anhaltspunkten zu suchen, die wir beim ersten Mal vielleicht übersehen hatten. Wir besprachen künftige Strategien, weil jeder von uns auf seine Weise eine zweite Chance bekommen und die Kerle fangen wollte, die uns beim ersten Mal entwischt waren.

Als wir eines Nachmittags in dem geheimen Büro die Akten vor uns ausgebreitet hatten und die Leuchtstoffröhren über uns surrten, kam das Thema Scarface auf.

»Mann, ich wünschte, wir hätten ihn länger verfolgen können«, sagte ich.

»Wir hätten ihn benutzen können, um mehr über das Netzwerk zu erfahren«, meinte Bill.

»Wir müssen vor allem mehr Zeit damit verbringen, diese Typen zu verfolgen«, sagte Jack.

Das war der Hauptfehler, den ich begangen hatte – die Ziele nicht lange genug verfolgt zu haben; mit mehr Zeit und Geduld hätten sie uns zu Leuten geführt, die in der Hierarchie der Terroristen wichtigere Positionen bekleideten. Aber ich hatte mich von den Operators, die mehr Erfahrung hatten, zu einem Einsatz überreden lassen, weil sie ihren Hunger nach Action befriedigen wollten.

Bill erzählte gern die Geschichte der berühmten Jagd nach dem AQI-Anführer Abu Musab al-Sarkawi. Sie hatten Sarkawis religiösen Berater einen ganzen Monat beobachtet und seinen Alltag verfolgt, der in keiner Weise außergewöhnlich war. Es war verlockend, ihn auszuschalten, nachdem man ihn wochenlang rund um die Uhr lang beobachtet hatte. Alle waren unruhig, und jeden Tag mussten er und sein Team den Operators erklären, warum es so wichtig war, die Füße stillzuhalten. Sie warteten bis zu diesem einen Tag: »Er stieg mit seiner Familie in ein Fahrzeug und war mehrere Stunden außerhalb der Stadt unterwegs«, erklärte Bill. »Er fuhr direkt zu Sarkawis Aufenthaltsort. Und so erwischten wir sie alle auf einmal.«

»Genau so eine Geduld«, fügte er hinzu. »Die braucht man, wenn man die dicken Fische angeln will.«

In den Monaten, in denen ich zu Hause war, trugen wir Pager und waren immer auf Abruf. Die Einheit wurde an der kurzen Leine gehalten für den Fall, dass irgendwo auf der Welt etwas geschah, worauf wir reagieren mussten.

Pager, so altmodisch sie auch scheinen, waren für den Feind nicht aufspürbar. Handys ließen sich leichter hacken. Abends hatte ich meinen Pager auf dem Nachttisch liegen und wartete darauf, wieder in den Irak beordert zu werden. Meine schwarze Sporttasche mit meiner Ausrüstung war immer fertig gepackt. Manchmal ging der Pager mitten in der Nacht los, und ich raste ins Büro, über rote Ampeln fahrend, mein Blut endlich wieder in Wallung. Das waren meist nur Übungen, aber ich liebte sie, und man wusste nie, wann der echte Anruf kam.

Ich hielt mich bezüglich der Teams, die uns ersetzt hatten, auf dem Laufenden, und las die Berichte ihrer Einsätze, sobald sie verfügbar waren – ich musste wissen, worauf wir uns einließen, wenn wir wieder da waren. Es gab natürlich Gerüchte darüber, wann es wohl losginge. Wahrscheinlich würden wir wieder in den Irak gehen. Aber niemand wollte das bestätigen. Vermutlich, weil wir es niemals wirklich genau wissen konnten, bis es schließlich soweit war. Die Dinge änderten sich ständig.

Unsere Quellen sagten uns, dass das Netzwerk Probleme hatte, neue Rekruten anzuwerben und die Terrorzellen am Laufen zu halten, weil wir ihre Leute töteten. Manche Zellen wiesen bereits deutliche Lücken in der Führung auf: Der einen fehlte ein militärischer Emir (wir hatten Scarface getötet); der anderen fehlte ein Administrator (wie hatten Usamah gefangen genommen); und bei einer weiteren Zelle war nur noch der Logistik-Emir übrig.

Die neuen Anführer schienen außerdem immer jünger zu werden, da die Anzahl der erfahreneren ISI-Leute mit jedem neuen Schlag unserer Teams abnahm.

Manhattan und Brooklyn hatten wir nicht vergessen. Wir suchten nach Hinweisen zu ihrem Aufenthaltsort, aber irgendwie schafften sie es, sich unserem Blick zu entziehen. Wir hatten den Eindruck, dass sie immer bes-

ser darin wurden, sich zu verstecken, Kuriere zu benutzen, immer mehr
Ebenen über sich zu bringen und sich tiefer in die Wüste zurückzuziehen.
Die Tage waren auch mit viel Training angefüllt – und das half mir, mich
abzulenken. In einer Woche gab es einmal Kriegsspiele in einem Lager-
haus, das so umgebaut wurde, dass es wie ein Straßenzug im Irak aussah,
mit Dutzenden von Schauspielern, die Aufständische spielten. Später
reiste ich nach Polen und tauschte mich mit der Spezialeinheit GROM
über Antiterror-Taktiken aus. Danach war ich wieder in North Carolina
und sprang aus Flugzeugen.

Und dann gab es da auch noch die Anzugträger. Ich hasste die Anzugträger.

Es war für uns nicht unüblich, nach D.C. zu gehen, um mit anderen
Sicherheitsbehörden – FBI, DIA, NSA und NGA – Einsatzbesprechun-
gen abzuhalten, damit sie von unseren Erfahrungen lernen konnten.
Wir nannten diese Typen »Nine-to-Five«, weil sie Dienst nach Vorschrift
machten. Es war eine Horde Anzugträger: die »Beltway-Banditen«. Sie
waren immer neugierig und wollten wissen, wie wir die Ziele so schnell
finden konnten. Sie stellten uns viele Fragen und wollten über die Schurken sprechen, die sie abhörten, während wir vor Ort damit beschäftigt
waren, sie auszuschalten.

Es gab eine Zeit vor dem 11. September, in der wir überhaupt nicht gut
miteinander zurechtkamen oder zusammenarbeiten konnten, als jeder
seine Informationen für sich behielt. Das schadete aber nur dem übergeordneten Ziel, amerikanische Leben zu retten. Unser Streben nach einer
engeren Kooperation und besseren Beziehungen ermöglichte es uns, die
Kriegswende einzuleiten.

Aber deswegen stellten sie trotzdem dumme Fragen. Viele sogar.

»Was geschah mit Terrorführer X?«

»Na ja, unsere Gruppe hat ihn vor einigen Jahren getötet.«

»Oh, dann streiche ich ihn aus meiner Liste.«

Ein anderer Beamter wusste nicht, dass das Militär mehr Drohnen am
Himmel kontrollierte als seine eigene Organisation. Er dachte, sie wären

nur in Pakistan im Einsatz. Zugleich waren diese Treffen allerdings auch wichtig für uns. Denn vielleicht gab es ja noch den einen oder anderen Analysten, der nicht wusste, dass er mich kontaktieren konnte und der ebenso wenig wusste, wie er mir dringliche Informationen zukommen lassen konnte. Und dem wiederum auffallen würde, wenn sie etwas oder jemanden aufstöberten, den wir schon seit Monaten jagten. Manchmal war es eben dieses eine Puzzleteil, das ein ganzes Reich zum Einsturz brachte.

Die Girls schienen von unserem Kommen angetan zu sein. Sie waren von der Defense Intelligence Agency (DIA), einer Art Bindeglied zwischen allen militärischen Zweigen. Es gab etwas, das ihnen gefiel, wenn sie mit uns oder den SEALs arbeiteten. Ich denke, sie bekamen einen kleinen Eindruck davon, wie es ist, hinter dem Schreibtisch hervorzukommen – wir nannten es, »sich vom Zauber anstecken zu lassen«. Der Vorteil für uns war, dass die Girls von der DIA immer hübsch waren.

Wir trafen die Anzugträger drei Wochen in Folge, und bis zur vierten Woche lief alles gut – danach fingen die Treffen an, mich zu zermürben. Das war der Zeitpunkt, an dem Jack anrief: Februar 2010.

»Ich brauche Sie sofort«, sagte er. »Wir fahren wieder zurück.«

Zurück in den Irak.

»Sind Sie bereit?«

Ich war schon seit Wochen bereit.

15

WIEDER IM SPIEL

»Was ist der Plan?«, fragte Jason, als der Black Hawk uns in unser Hauptquartier im Stadtzentrum von Bagdad flog. Es war Februar 2010. Wir konnten es beide kaum abwarten, wieder loszulegen.

»Ich habe die Liste«, sagte ich. »Das ist der Plan.«

Jason war der neue Leiter des Angriffsteams – hochintelligent, West-Point-Absolvent und Ranger, bevor er zur Einheit kam. Er ersetzte Max, der an einen anderen Teil der Welt berufen worden war. Die Todesliste war die Liste, die mir die »Beltway-Banditen« gegeben hatten, bevor ich North Carolina verließ. Die zwanzig meistgesuchten Männer in ganz Irak. Der größte Abschaum, die Kakerlaken, die trotz der Verstärkung unserer Truppen überlebt hatten.

Die Leute auf dieser Liste bildeten die oberste Führungsriege des ISI-Netzwerks. Obwohl ich schon eine Auslandsverwendung in der Box hinter mir hatte, war ich immer noch »der Neue«. Ich war zwar schon deutlich kampferprobter, hatte aber immer noch keine Ahnung, was mich erwartete. Eben das war es, was mir an der Drohnen-Kriegsführung so gefiel.

In seinem Tarnanzug wirkte Jason wie die Action-Figur »G.I. Joe«: groß und drahtig, mit kurzen blonden Haaren. Er war unter den Jungs bekannt dafür, einige militärische Fitnesswettbewerbe gewonnen zu haben, und er strebte danach, sich in der Schlacht zu beweisen. Er hatte früher sogar einmal als Komparse in einem Film über Surfer in Hawaii mitgespielt, und die Jungs rissen gern Witze darüber und nannten ihn »Mr Hollywood«.

Die meisten Teamleiter ließen uns unsere Arbeit an den Computern machen und kümmerten sich nur um die Operators. Jason war anders. Er wollte genau begreifen, wie wir unsere Informationen sammelten und Entscheidungen darüber trafen, wen wir verfolgen und töten würden.

Wir landeten in einem abgesperrten Bereich am Stützpunkt, nahmen unsere Taschen und gingen zur Box, um das Team zu treffen, das wir ersetzen würden. Wir waren von einem hohen Zaun umgeben, die Stadt lag direkt vor uns. Unser Stützpunkt befand sich in einigen ehemaligen Regierungsgebäuden in der internationalen Grünen Zone. Alles war mit Sperrholz neu erbaut worden – Mauern, Stühle, Schreibtische, Betten. Ich hatte ein Sperrholz-Etagenbett für mich, das nach frischer Farbe roch. Nicht viel besser als der letzte Ort, an dem ich war, aber wem machte ich etwas vor? Ich würde sowieso nicht viel Zeit im Bett verbringen. Wir gaben dem Ort einen treffenden Namen: der Sperrholz-Palast.

»Das A-Team ist hier«, sagte ich, als ich hereinkam. Es geht doch nichts über einen guten Witz, um das Eis zu brechen. Es war etwa 1 Uhr nachts. Marty, der leitende Analyst, rollte mit den Augen. Er war ein verklemmter Typ und schon eine ganze Weile dabei. »Hier war ständig etwas los«, sagte er und sparte sich jede Umschweife. Er wollte nach Hause.

Die Box war nur einige Schritte vom Hubschrauberlandeplatz entfernt, man musste durch mehrere Türen mit elektronischen Schlössern gehen. Sie war doppelt so groß wie die Box bei meiner letzten Auslandsverwendung vor einigen Monaten. Die Holztische waren wie in einem Kino stufenartig angeordnet, und die vordere Wand war mit einem Dutzend 60-Zoll-Fernseher bestückt, auf denen die Live-Übertragung unserer Vögel zu sehen war, die in verschiedenen Teilen des Landes unterwegs waren. Der Geruch war vertraut: Körper, Schweiß und alter Kaffee. Schön, wieder zu Hause zu sein. Aber dieses Zuhause war aufwändiger gestaltet und fühlte sich mehr an wie der Mittelpunkt des Universums. Und außerdem war es mit drei Drohnen ausgestattet.

Als Erstes klappte ich meinen Laptop auf und schaltete ihn an. Das war jetzt das Gehirn der Operation. Wir brauchten die Box damals nicht einmal mehr. Ich konnte per Satellitenverbindung überall auf der Welt ein streng geheimes, verschlüsseltes Internet-Netzwerk einrichten. Theoretisch konnte ich also auch in einer Hotelsuite sitzen und von dort eine Drohnenflotte kontrollieren. Ich holte eine Dose Rip It aus dem Kühlschrank, der weiter hinten stand, und Marty und ich unterhielten uns bis spät in die Nacht. Er erklärte, was sie getan hatten: Kills, Gefangennahmen, wer noch auf der Flucht war.

Die Bagdader Box war der Ort, an dem die besten Jäger jagen wollten – das war das Besondere an ihr. Die Stadt war schon immer ein Nährboden für Schurken gewesen. Marty und sein Team hatten feststellen müssen, dass trotz der strengen Security-Checkpoints, hier und da in der Stadt feindliche Anführer in Erscheinung getreten waren. Einige Personen aus dem Terror-Netzwerk hatten sie ausgeschaltet, und die Truppenverstärkung brachte Verbesserungen. Es wurden jeden Monat weniger amerikanische Soldaten getötet, und das Land kam langsam zur Ruhe. Präsident Obama redete darüber, die US-Streitkräfte im nächsten Jahr abzuziehen. Doch die Kommandanten des Terror-Netzes waren immer noch auf freiem Fuß, und Marty bestätigte die Gerüchte, die wir schon zu Hause gehört hatten.

»Das Netzwerk ist deutlich klüger geworden«, sagte er. »Sie passen sich an uns an.«

Ich fragte ihn, ob es etwas Neues über die beiden Anführer gäbe, Manhattan und Brooklyn.

»Nichts.«

Dann brachen Marty und sein Team auch schon auf, mit den Taschen in den Hubschraubern und auf dem Weg nach Hause. »Viel Glück«, sagte er. Nach der offiziellen Übergabe dachte ich mir: *Scheiße, wo fange ich nur an?*

Es fühlte sich so an, als hätte mir jemand plötzlich die ganze Welt auf den Rücken geladen, und das war mehr als nur ein wenig beunruhigend. Ich glaubte wirklich, dass keine andere Gruppe das tun konnte, was wir taten. Das herkömmliche Militär hatte keine Chance, diese Typen zu erwischen. Es lag an uns, es lag an mir.

Mein Team bestand jetzt aus zehn Personen. Kate war mein neuer Jake, die taktische Controllerin, die neben mir saß und meine Anweisungen per Chat an den Kamera-Operator und die Predator-Piloten weitergab. Sie kam von der Air Force, war jung, schlank und blass, als bekäme sie nicht viel Sonne ab, mit sehr langen braunen Haaren, die sie zu einem Pferdeschwanz zusammengebunden hatte. Ansonsten war sie unauffällig, kam, um ihre Arbeit zu erledigen, verrichtete sie hervorragend, und verschwendete keine Energie auf andere Dinge.

FBI, DIA, NSA und NGA hatten alle ihre Leute geschickt. Ich wurde mit den Superstars nahezu jeder Behörde zusammengebracht – ein Zeugnis dafür, wie eng wir nach dem 11. September zusammenarbeiteten. Es war gut, andere Routiniers unserer Zunft im Team zu haben, weil wir keine Zeit hatten, sie erst auf Betriebstemperatur zu bringen.

Einer dieser Superstars war Brian, das Kartengenie. Noch vom College aus hatte er sich bei der NGA (*Nationale Agentur für Geografische Aufklärung*) gemeldet und sich immer weiter nach oben gearbeitet, bis er schließlich hier gelandet war. Es war so, als wäre er mit Karten im Kopf auf die Welt gekommen. Er konnte mir Dinge beschaffen wie kein anderer – den 3D-Grundriss eines Gebäudes in Bagdad, alle möglichen Arten von militärischen Geländekarten. Er konnte streng geheime Satelliten über uns bewegen, um uns aus jedem erdenklichen Winkel aus dem Weltraum kristallklare Bilder der Stadtviertel zu geben. Er war, so wie wir alle, jung und ehrgeizig, und er redete ständig auf mich ein und sagte Sätze wie »Siehst du das, Digger?« oder »Check it out, bro.« Er redete wie ein Teenager von der Straße.

Mark, mein Teamkamerad und Vorgesetzter von zu Hause, war ebenfalls vor Ort. Weil Bagdad so nah war, trafen wir uns oft mir US-Generälen und irakischen Regierungsbeamten, unter anderem dem Premierminister Maliki, die regelmäßig über unsere Missionen unterrichtet werden wollten. Mark nahm diese hochrangigen Treffen auf sich und verbrachte einen Großteil seiner Zeit damit, mir den Führungsstab vom Leib zu halten. Ich wiederum leitete die tägliche Zielsuche.

Ich war müde von der Reise, verbrachte den nächsten Tag aber damit, Rip Its zu trinken und warm zu werden. Einmal ging ich auf die Schnelle zur Kantine im Gebäude nebenan. Immer noch dieselben Cornflakes in Plastikschalen – es gab genügend Frosties für mich zu essen.

Wir kannten die zwanzig wichtigsten Terroristen, nach denen wir suchten, aber die meisten unserer Spuren waren von unseren Vorgängern verfolgt worden. Sie hatten in den vergangenen vier Monaten alle kleineren Fische gefangen genommen oder getötet, aber das waren eben auch genau die Spuren gewesen, die wir hätten nutzen können, um die großen Jungs zu finden. Tatsache war, dass das andere Team uns einfach nicht allzu viel übrig gelassen hatte, womit wir arbeiten konnten.

Ich machte mir Sorgen, dass die Mission ein Desaster werden würde. Schnell ließ ich die Vögel in Position bringen, und die Operators konnten es nicht abwarten, von der Leine gelassen zu werden. Wie ein Junkie den nächsten Schuss brauchte ich dringend einen Einsatz.

Dann erhielten wir den ersten Hinweis auf den »Bomber«.

Der »Bomber« war ein Meister der Straßenanschläge, das war sein Spezialgebiet. Wenn jemand in einem Auto ums Leben kommen sollte oder man einen amerikanischen Militärkonvoi ausschalten wollte, war er der Mann, den der ISI rief. Wir erhielten die Information, dass der Bomber sich in einem heruntergekommenen Plattenbau nicht allzu weit weg von der Grünen Zone verschanzt hielt. Zuerst war ich mir nicht sicher, ob ich mich damit überhaupt auseinandersetzen sollte. Normalerweise würden wir einen derart unbedeutenden Typen dem herkömmlichen Militär oder den heimischen Sicherheitskräften überlassen. Wir erhielten ständig Berichte über solche Lower-Level-Fighters, weshalb wir ihnen meist nicht viel Aufmerksamkeit schenkten. Sonst würden wir überhaupt kein Land mehr sehen. Aber dieser Kerl war anders.

Tief in unseren Unterlagen fand ich einen Bericht, der ihn mit einem Terroristen namens Manaf al-Rawi in Verbindung brachte. Rawi war ein hohes Tier. Er war der ISI-Anführer für die gesamte Stadt – der Wali von Bagdad, der Vorgesetzte der Bezirksleiter. Wir hatten sogar einen Namen für ihn: Dark Horse. Dark Horse war eine der wenigen Personen, die wahrscheinlich in direktem Kontakt mit Brooklyn und Manhattan standen. Es war weit hergeholt, aber vielleicht konnte uns dieser kleine Kämpfer in der Befehlskette nach oben führen.

Es dauerte nicht lange, bis wir herausfanden, wo sich der Bomber versteckte, und Jason traf die Entscheidung, ihn in jener Nacht zu fassen. Er hatte in einem Haus im Bezirk Mansour Unterschlupf gesucht, ein Stadtteil, der als Terroristenhochburg bekannt war. Jason und die Operators taten ihr Bestes. Sie drangen in das Gebäude ein, ergriffen ihn und schafften ihn ohne Probleme heraus.

Es war früher Morgen, als sie ihn in die Box brachten, und der Bomber brach ziemlich schnell zusammen. Er behauptete, Dark Horse schon seit Jahren nicht mehr gesehen zu haben. Aber er gab uns etwas anderes – ein echtes Geschenk: »Kennen Sie den Sniper von Bagdad? Ich kann Ihnen sagen, wo er ist.«

Der Sniper von Bagdad war berüchtigt. Man hielt ihn für einen der ruchlosesten Mörder des Krieges, der Hunderte von Menschen erschossen hatte. Er war überall im Irak als »Juba, der Heckenschütze« bekannt. Eine höhere Macht musste beschlossen haben, dass er fällig war. Er war auf meinem Bildschirm erschienen, und es war an der Zeit, seiner Schreckensherrschaft ein Ende zu setzen. *Jetzt bist du dran*, dachte ich mir.

Niemand kannte seine wahre Identität. Manche glaubten, dass er von al-Qaida und dem ISI als Marketing- und Rekrutierungswerkzeug genutzt wurde. Denn er filmte einige seiner brutalen Morde und stellte sie ins Internet, unterlegt von Kampfhymnen. Ich zwang mich dazu, sie immer wieder anzusehen, um irgendwelche Hinweise zu erhalten, irgendetwas, das uns mehr über sein Netzwerk verriet. Es war kaum erträglich, aber ich blieb dran: wie er einen patrouillierenden amerikanischen Soldaten verfolgt, bevor er ihn niederstreckt und ihm in seinem qualvollen Todeskampf zusieht. Ein anderes Video zeigte, wie er einem irakischen Soldaten an einem Grenzübergang eine Kugel zwischen die Augen schießt. Das drehte mir den Magen um, und jedes erneute Abspielen vergrößerte nur meinen Hass auf ihn.

Manche waren sich nicht einmal sicher, ob Juba eine Einzelperson war oder ob tatsächlich mehrere Personen unter seinen Namen agierten – eine Schöpfung der Medien also. Die Filmkünste des Feindes waren nämlich mittlerweile so gut wie die von Hollywood. Der Fußsoldat, den wir gefangen genommen hatten, behauptete jedoch, Juba sei tatsächlich nur ein einziger Mann. Er sagte, er wisse das, weil er Juba geholfen habe, sich vor den Behörden zu verstecken und von einem Safehouse zum nächsten zu wechseln. Am heutigen Tag, sagte unser Gefangener, halte sich Juba in einem verlassenen Haus in der Stadt auf, wo er aber nicht lang bleiben werde. »Er schläft mit seinem Scharfschützengewehr neben sich«, warnte er.

Das Problem war, dass ich dem Gefangenen zu diesem Zeitpunkt noch nicht vertraute. Ich hatte mit der anderen Quelle, dem Silencer, bereits schlechte Erfahrungen gemacht. »Bringen wir eine Pred über seinen Unterschlupf«, sagte ich.

Die Drohne war unsere Möglichkeit, Informationen zu prüfen, wenn wir es mit zwielichtigen Gestalten zu tun hatten.

Binnen weniger Minuten hatten wir Augen in der Luft, die das Zielobjekt umkreisten.

»Ziemlich ruhig«, sagte ich. Dunkle Straßen mit Reihenhäusern.

»Nichts los«, antwortete Jason.

Es war ein kleines einstöckiges Gebäude, das von einigen heruntergekommenen, bröckelnden und schief stehenden ein- und zweistöckigen Häusern umgeben war. Ich hatte auf dem Dach und den Straßen keine

Wachen oder Späher gesehen. Selbst im Haus schien sich nichts zu bewegen. Es war völlig dunkel, so wie das gesamte Viertel.

»Das passt mir nicht«, sagte ich. »Es könnte eine Falle sein.«

Während meiner Ausbildung hatten wir Tage damit verbracht, Videos von Situationen zu betrachten, in denen diese außer Kontrolle gerieten. In einem Video sahen wir beispielsweise, wie es ein Angriffsteam um Haaresbreite aus einem Haus schaffte, das von oben bis unten mit Sprengstoff bestückt war.

Ich wandte mich an Jason. »Vielleicht sollten wir noch einen weiteren Tag beobachten, bevor die Jungs losziehen.« Jason gab den anderen Bescheid, sich bereitzuhalten.

»Schauen wir uns das Haus noch etwas länger an, um zu sehen, ob etwas passiert«, sagte er. »Und dann schlagen wir zu.«

Bis 12 Uhr Mittag war nicht viel passiert. An dem Haus fuhren nur wenige Autos vorbei. Das andere, was an mir nagte, war, dass wir immer noch nicht bestätigen konnten, ob sich jemand im Haus aufhielt – ein Faktor, der uns früher dazu veranlasst hatte, Missionen abzubrechen oder zu verschieben. Man wusste nie, worauf man stieß – auf eine Bombe oder einen Unschuldigen.

In diesen Missionen ging es nur um Präzision und darum, die Situation am Boden zu kennen. Aber am Schluss spielte das alles keine Rolle mehr. Dieses Ziel war so wichtig, dass sich das Risiko lohnte. An Jubas Händen klebte viel Blut.

Kurz vor Mitternacht gaben wir grünes Licht, und die Operators zogen los. Um Juba identifizieren zu können, nahmen sie den Bomber mit und veränderten dafür sein Aussehen. Wir polsterten ihn mit Kissen aus, die wir unter sein Hemd stopften, und gaben ihm einen Schal, damit er Haare und Augen verdecken konnte für den Fall, dass Einheimische genauer hinsahen.

Ich beobachtete, wie sich die Männer, die Nachtsichtgeräte auf die Helme montiert hatten, ihren Weg durch die dunklen Straßen bahnten. Ich konnte ihre Silhouetten sehen, etwa ein Dutzend von ihnen bewegte sich wie lautlose Schatten auf das Zielhaus zu.

Einige der Operators, die diesmal mit uns zusammenarbeiteten, waren in der Welt der Spezialkräfte regelrechte Legenden. Einer im Team war für den Tod von Sarkawi verantwortlich gewesen. Ein anderer hatte an der Mission teilgenommen, die zur Gefangennahme Saddam Husseins führte – er war der erste Soldat, der den Diktator erspähte, der sich in seinem Erdloch versteckt hielt. Er erzählte mir gern, wie er Saddam mit den Worten »Grüße von Präsident Bush« ins Gesicht schlug.

Ich richtete die Kamera auf das Haus, und es vergingen einige Minuten der Stille. Es gab unmittelbar vor dem Angriff einen Augenblick, in dem ich das Haus durch die Drohnenkamera beobachtete und feststellen musste, dass es sich wie ein Astronaut drehte, der im Weltraum trudelt. Die Kamera war auf die Mitte des Flachdachs gerichtet, nicht auf die Umgebung, damit wir sichergehen konnten, dass niemand aus dem Haus schlich, bevor die Operators eintrafen. Und dann erschienen langsam, aus den Ecken der Drohnenkamera, die schattenhaften Umrisse der Männer, die sich dem Haus näherten und davor in Stellung gingen. Mein Herz raste. Es war immer dasselbe. In jenen Sekundenbruchteilen der äußersten Anspannung, in denen man nicht wusste, wie die Zukunft aussah, zwischen völliger Ruhe und heillosem Chaos – den detonierenden Granaten und dem aggressiven Vorgehen des Angriffsteams – wachte plötzlich alles in mir auf.

Bald waren die Männer vor dem Haus und warteten auf das Startsignal. Immer noch keine Bewegung, die ich von oben erkennen konnte. Es war unheimlich, eine so dicht bewohnte Gegend von Bagdad so menschenleer zu sehen.

Ich konnte die Operators per Funk hören, ihre Unterhaltung heizte sich auf. »Zulu 3, Zulu 3, Position bezogen, Over.«

Und dann ging der Angriff los. Er geschah in Sekunden. Die Tür fiel zu Boden, Handgranaten gingen hoch, und die Männer stürmten ins Haus. Was sie fanden, war eine Antiklimax. Keine Bomben. Keine Sprengfalle.

Stattdessen ein Mann, der im Wohnzimmer auf dem kargen Betonboden in seinem Schlafsack lag.

Das gesamte Haus war leergeräumt worden. Das Einzige, was er bei sich hatte, war ein modifiziertes Dragunov-Scharfschützengewehr. Es befand sich direkt neben ihm, als ob er es am Ende des Tages abgelegt hatte und gleich nach dem Aufstehen wieder aufnehmen wollte, um weiterzumorden.

Der Gefangene hatte Recht gehabt.

Juba sah hager und zerzaust aus. Das war eindeutig ein Mann, der schon lange auf der Flucht war. Die Operators vernahmen ihn vor Ort und brachten ihn dann in eine geheime Gefängnisanlage, wo wir Tage damit verbrachten, ihn weiter zu verhören. Normalerweise übernahm ein anderes Team die Vernehmung. Es war ihre Aufgabe, innerhalb von achtundvierzig Stunden so viele Informationen wie möglich zu extrahieren, bevor sich das Netzwerk neu gruppieren konnte. Er brach fast sofort ein und gab zu, in den letzten Jahren für über einhundert Morde – an US-Soldaten und an irakischen Sicherheitskräften – verantwortlich gewesen zu sein. Seine Erinnerung war präzise, als hätte er sie wie Schnappschüsse in seinem Gedächtnis gespeichert, um sie später wieder abzurufen. Er ging mit dem Verhörspezialisten jeden Mord bis ins kleinste Detail durch, beschrieb wo er sich damals befand, wie viele Schüsse er abgegeben hatte, wohin der Körper fiel, wie er floh.

Als wir ihn zehn Tage später den irakischen Polizeikräften überstellten, prüften sie alle Einzelheiten, sprachen mit den Familien der Getöteten und stellten fest, dass all seine Behauptungen der Wahrheit entsprachen. Der Heckenschütze hatte über die Jahre hinweg viele Menschen in Angst und Schrecken versetzt. Jetzt konnten die Stadt und die Familie der Verstorbenen einen Schlussstrich ziehen. Einige Monate später wurde er gehängt.

Es war gut, wieder zurück zu sein.

16

DER SAUDI

»Das musst du dir ansehen«, sagte eine meiner Nachrichtendienst-Analystinnen eines Morgens. Ich hatte die Nacht zuvor nicht viel geschlafen und war gerade von meinem Wohncontainer zur Box geschlurft.

»Ich denke, ich habe da etwas«, sagte sie. Megan hatte schon seit Stunden in Akten recherchiert und nach Fährten gesucht.

Sie zeigte mir auf Ihrem Monitor das Bild eines großen, hageren Mannes mit buschigen schwarzen Haaren.

»Soll ich raten?«

»Das ist der Saudi.«

Unsere Missionen hatten nach Juba, dem Heckenschützen, an Fahrt aufgenommen. Wir fingen an, neue Informationen aufzudecken und Spuren zu sammeln, und bald fühlte es sich so an, als wäre ich nie weg gewesen. Ich war wieder dabei, Rip Its zu trinken und mehrere Tage am Stück nur mit Adrenalin und ohne Schlaf auszukommen. Zwei bis drei Drohnen waren immer in der Luft.

Dass sich die Missionen langsam in Bewegung versetzten, war größtenteils Megan und zwei anderen jungen Frauen zu verdanken, Jane und Lisa. Sie waren von der DIA gekommen und hatten die Aufgabe, die Dinge zu finden, die dem Rest des Teams entgingen: Informationslücken, Fotos verschollener Männer, Bruchstücke übersehener Gespräche oder Details, die in den Berichten verloren gegangen waren. Wir nannten sie die Pink Mafia.

Aber das lag nicht nur daran, dass sie jung und hübsch waren. Sie waren auch extrem ehrgeizig. Sie waren brillant, hatten einen starken Charakter und waren genauso entschlossen wie wir, den ISI auszuschalten. Sie waren Ende zwanzig oder Anfang dreißig und zuckten angesichts der vielen Gräuel, die Tag und Nacht in erschreckender Nähe auf unseren Bildschirmen flimmerten, nicht einmal zusammen.

Es war eher per Zufall, aber es kursierte damals ein Witz, dass die Bewerbungskriterien der DIA wie folgt lauteten: Klug? Yep. Sexy? Yep. Eingestellt! Es gab ein SEAL-Team, das immer dieselben DIA-Mädels anforderte, wenn sie jemanden brauchten.

Damals war ich jünger und hatte das Gefühl, dass es der Pink Mafia anfangs schwerfiel, von mir Befehle entgegenzunehmen. Ich kannte sie nicht, und sie kannten mich nicht. Sie sagten nie etwas, aber ihre Körpersprache ließ darauf schließen, dass sie nicht viel von mir hielten. Aber es änderte nichts an ihrer Arbeitsweise. Hier musste sich jeder den Respekt der anderen erst einmal verdienen. Und das hielt mich in ständiger Alarmbereitschaft.

Jane war eine sportliche junge Frau asiatischer Herkunft, sie war klein und zierlich und trug immer Laufschuhe und ein T-Shirt. Ihre akribische Arbeitsweise war eine enorme Bereicherung. Mit ihr im Team war es sehr unwahrscheinlich, dass uns etwas über den Hintergrund unserer Zielpersonen entging. Wenn uns ein entscheidendes Puzzleteil fehlte und wir nicht mehr weiterwussten, hatte Jane oft grandiose Einfälle. Sie tauchte dann aus dem Nichts auf und rief: »Ich hab's!« Wenn jemand eine falsche Identität verwendete, fand sie heraus, wer dahintersteckte. Einmal hatte sie lediglich die Basisinfo, dass unsere Zielperson korpulent war und eine schwarze Dishdasha trug. Trotzdem fand sie ihn irgendwie in unseren alten Unterlagen.

Lisa hatte in der Gruppe die größte Klappe. Sie hatte eine Stimme, die so schnell und laut war wie eine Kettensäge, saß mir ständig im Nacken und drängte mich, sie auf neue Ziele anzusetzen, die sie jagen konnte. Stets fühlte sie sich im Recht, und lenkte auch dann nicht ein, wenn ihr Fehler offensichtlich wurde. Sie stammte aus New Jersey, deshalb ärgerten sich einige manchmal über ihr loses Mundwerk. Als die Operators zum Stützpunkt zurückkehrten, ohne die Zielperson getötet zu haben, die wir freigegeben hatten, war sie diejenige, die sich am meisten darüber aufregte. »Sie hätten dieses Stück Scheiße kalt machen sollen«, beschwerte sie sich. Das war in etwa so, als wäre man höflich zu seinen Vorgesetzten (den Operators), würde aber hinter ihrem Rücken über sie lästern. Sie machte das oft.

Mit der Pink Mafia herrschte in der Box eine gewisse Spannung. Sie war immer präsent, wie der Geruch von Kaffee. Ein Teil davon war emotional, aber ein anderer Teil war auch sexuell motiviert. Nicht dass jemand Sex gehabt hätte. Es war nur so, dass es in der Kriegszone kaum Frauen gab. Und deswegen fanden die Operators immer einen Grund, bei uns vorbeizuschauen, wenn sie nicht gerade im Einsatz waren.

»Wir versuchen nur, die Geheimdienstinfos zu verstehen«, pflegten sie zu sagen.

Megan landete im Drohnenteam, nachdem sie ihre Anwaltskarriere an den Nagel gehängt hatte, um bei der DIA schnell Karriere zu machen. Sie sprach arabisch, hatte lange dunkle Locken, war gertenschlank und war mehr als alle anderen regelrecht besessen von der Suche nach ihren Zielpersonen.

Jetzt hatte sie den Saudi im Visier. Sie hatte sich seine Akten auf den großen Monitoren angesehen. Der Saudi war als militärischer Befehlshaber von Bagdad ziemlich weit oben in der ISI-Hierarchie. Männer, die wir über die Jahre gefasst hatten, hatten uns geholfen, seine Arbeits- und Vorgehensweise zu verstehen. Er führte Hunderte von Soldaten an, trug dazu bei, große Bombenanschläge zu organisieren und kontrollierte den illegalen Handel von Waffen und Bomben durch den Irrgarten von Sicherheitsschleusen, die es in der Stadt gab.

Wir hatten schon lange versucht, ihn zu finden und wussten nicht einmal, ob er sich in Bagdad aufhielt oder an einem anderen Ort. Soweit wir es sehen konnten, versteckte er sich hinter diversen Kurieren, Scheinfirmen und entsorgten Telefonen. Er hatte auch sehr enge Verbindungen zu Dark Horse, seinem Vorgesetzten.

»Er arbeitet als Arzt«, sagte Megan und erklärte, was es damit auf sich hatte.

Seine Identität als Arzt ließ ihn als unauffälligen, normalen Bürger erscheinen. Er besaß eine Apotheke und hatte eine Familie. Er fuhr einen schwarzen Chevrolet Suburban. Genau diese Unauffälligkeit war es, die manche Zielpersonen so schwer auffindbar machte. Sie sahen aus wie jeder andere, und selbst die Nachbarn wussten nicht, was sie wirklich taten. Sie hielten den Saudi vermutlich für jemanden, der täglich zur Arbeit ging und abends nach Hause in den Kreis seiner Familie zurückkehrte. Nichts Außergewöhnliches. Langweilig für eine Stadt, die sich im Krieg befand.

Wir machten uns schnell an die Arbeit, legten einige Startpunkte fest, riefen die Drohnen herbei und steuerten sie zuerst zur Apotheke.

Auf dem Parkplatz standen überwiegend weiße Autos, Toyota Corollas und Mazda Bongos, aber ein Fahrzeug fiel auf: ein dunkler, staubbedeckter Suburban.

»Ist der das?«, fragte ich Megan.

Sie ging schnell ihre Daten auf dem Computer durch. »Ja, genau der.«

»Z in Eins«, sagte ich dem Drohnen-Operator, weil ich wollte, dass die Kamera direkt auf den Suburban gerichtet war.

Es befand sich niemand darin.

Die Apotheke befand sich mitten in Bagdad. Sie war von Gebäuden, zwanzigstöckigen Apartmenthäusern, Verkehrsstaus und vielen Menschen umgeben, die ihrem Alltag nachgingen. Auf den Straßen war viel mehr los als in den Städten, in denen ich bei meiner ersten Entsendung auf der Jagd gewesen war.

Bei dem geschäftigen Treiben musste unsere Zielsuche noch präziser sein als sonst. In der Wüste konnten wir mit der Drohne ein Auto oder eine Person für einige Sekunden aus den Augen verlieren und kurze Zeit später wiederfinden, weil wir genau wussten, wie schnell oder wohin sie fuhren. Hier konnte ein falscher Kameraschwenk des Sensor-Operators oder ein Problem mit der Telemetrie dafür sorgen, dass das Ziel in dem Gewirr aus Straßen und Geschäften endgültig verschwand.

Die Jagd in der Stadt hatte aber einen entscheidenden Vorteil. Im Gegensatz zu anderen Orten konnten wir unsere Vögel wesentlich tiefer fliegen lassen. Weil die Einwohner so daran gewöhnt waren, dass Flugzeuge vom Bagdad International Airport abflogen oder dort landeten, wunderte sich niemand über eine Drohne. Wir nutzten das sehr zu unserem Vorteil.

Wir konnten die Vögel in der Stadt auf einer Höhe von 1200 Metern fliegen lassen, während wir in der Wüste eine Höhe von etwa 3600 Metern einhalten mussten. Das Bild war schärfer, die Farben lebhafter. Das erleichterte unsere Arbeit enorm. Ich konnte das Gesicht eines Mannes auf der Straße fast sehen und eindeutig erkennen, dass er zum Beispiel ein gelbes Hemd mit Brusttasche trug oder eine Zigarettenschachtel in der Hand hielt.

Wir kreisten stundenlang über dem Parkplatz der Apotheke und beobachteten das geparkte Auto, bis schließlich ein Mann auftauchte und einstieg.

»Ist das unser Mann?«, fragte ich Megan.

»Muss er sein.«

Er trug eine khakifarbene Hose und ein braunes Poloshirt, das er ordentlich in die Hose gesteckt hatte. Athletischer Körperbau. So wie auf den Fotos, die wir hatten.

»Sieht aus, als wäre er allein«, sagte ich.

Wir beobachteten, wie der Suburban startete und einige Meilen fuhr, bis er an einem Haus anhielt und dort in eine Auffahrt abbog.

»Wo sind wir?«

»Adamiyah.«

Es war ein schöner, gediegener Stadtteil, überwiegend von Sunniten bewohnt, was wiederum bedeutete, dass dort Sympathisanten des ISI leben konnten.

»Wissen wir etwas über das Haus?«

Es hatte zwei Stockwerke und einen Balkon im ersten Stockwerk, von dem man auf die Hauptstraße sehen konnte.

»Nichts«, sagte Megan. »Aber 2007 gab es in etwa einem Block Entfernung einmal eine Mission, die ein früheres Team durchgeführt hat.« Diese hatte zur Tötung eines militärischen Anführers im Terrornetzwerk geführt.

»Zoomen wir näher heran«, sagte ich.

Wir sahen, wie er unter der Markise verschwand und eine Treppe hinaufstieg, die zur Rückseite des Hauses führte, und von dort auf den Balkon trat. Er überquerte den Balkon und schloss am anderen Ende eine Tür auf. Wir saßen dort und warteten stundenlang, machten uns Notizen über das Haus und die umliegenden Häuser.

Wir blieben ihm drei Tage auf den Fersen – ich erinnere mich daran, wie Bill mir damals sagte, ich müsse geduldiger sein, wenn wir dickere Fische angeln wollten. Wir mussten uns zuerst sicher sein, dass das auch wirklich der Saudi war.

Ich bat Brian darum, neue Satellitenbilder des Stadtviertels zu machen. Wir mussten die Wege vom und zum Haus und die umliegenden Straßen kennen, wenn wir uns dazu entschlossen, das Angriffsteam loszuschicken. Konnte ein Hubschrauber auf den größeren Dächern landen? Gab es in der Nähe Kontrollstellen? Es gab auf der Rückseite des Hauses eine zweieinhalb Meter hohe Mauer, für die man eine entsprechend lange Leiter benötigte.

Bill rief mich eines Abends an, um mich daran zu erinnern, dass seine Leute vor einigen Jahren in dem Stadtteil einen Angriff durchgeführt hatten. »Es war übel«, sagte er. »Es erwischte die Jungs.«

Als das Angriffsteam damals zum Zielhaus fuhr, tauchten auf verschiedenen Dächern schwer bewaffnete Männer auf, die dem ISI treu ergeben waren und das Feuer auf die Einsatzfahrzeuge eröffneten. Es war ein groß angelegter Überfall. Einige Operators wurden schwer verletzt. »Passt auf, dass so etwas nicht noch mal passiert«, sagte er.

Die Tage verstrichen, und allmählich fühlte sich die Box immer mehr an wie die Zentrale der Reality-Show *Big Brother* – nur dass der Kandidat in diesem Fall überhaupt keine Ahnung davon hatte, dass er gefilmt wurde. Zuerst schienen seine Tage alles andere als ungewöhnlich zu sein. Er verließ das Haus immer nur, um zur Apotheke zu fahren. Wir folgten ihm auf dem Hin- und Rückweg und beobachteten den ganzen Tag von oben die Apotheke und das Haus.

Am Haus schien eine Sache merkwürdig. Unsere Zielperson ließ jeden Abend die Lichter an, als ob er jemanden erwartete oder hoffte, dadurch jemanden vom Haus fernzuhalten.

Die Kinder waren für das Gesamtbild entscheidend. Soweit wir es beurteilen konnten, waren sie jung, vermutlich höchstens fünf Jahre alt. Das bestätigten unsere Informationen. Die Kinder des Saudis waren genauso alt. Am Tag beobachteten wir, wie sie im Vorgarten mit ihren Spielsachen spielten, sich gegenseitig jagten und im Kreis rannten, während eine verschleierte Frau sie beobachtete. Sie wirkten wie ganz normale Kinder, wie man sie auch in irgendeinem Vorort in Amerika sehen würde. Bei diesem Gedanken fragte ich mich, ob sie überhaupt wussten, wer ihr Vater wirklich war. Vermutlich nicht.

Aber angesichts der Anwesenheit der Kinder wusste ich eins sicher – ein Drohnenschlag kam nicht in Frage.

In einer Kriegszone wie dem Irak konnten wir mit der Genehmigung unseres Kommandanten des Stabsquartiers eine Hellfire-Rakete starten. Ich reichte eine Begründung dafür ein, warum wir jemanden ins Visier genommen hatten, und sobald das Ziel im Fadenkreuz des Predators war und freigegeben wurde – für den Schuss – drückten die Piloten und der Sensor-Operator auf den Knopf.

Als Barack Obama 2009 das Präsidentenamt übernahm, änderten sich die Regeln für solche »Kills«. In einer Kriegszone wurde viel stärker auf den potenziellen Explosionsradius einer Hellfire geachtet und wer sich genau am Boden befand, das heißt die Schätzung der Kollateralschäden, der genaue Punkt des Einschlags und wer versehentlich verletzt werden konnte. Als der Irakkrieg 2003 begann, war die Schwelle für Kollateralschäden gewaltig. Weil wir ein Land übernahmen, wurde wenig Rücksicht auf unbeteiligte Opfer genommen. Es konnten sich zwanzig oder dreißig Zivilisten in der Nähe eines großen feindlichen Ziels aufhalten – und die Militärkommandanten befahlen den Schlag trotzdem. Mit der Zeit nahm die Toleranz für Kollateralschäden ab. Selbst wenn sich nur ein oder zwei Unschuldige im Schussfeld aufhielten, wurde der Schlag abgeblasen. Diese Veränderung wurde teilweise dadurch hervorgerufen, dass 2010 wesentlich mehr Drohnen online gingen und die zuständigen Stellen verstanden, dass mehr Kontrolle nötig war. Ein weiterer Grund war, dass in unserer Welt taktische Fehler strategische Konsequenzen hatten und selbst der Tod einer einzigen unschuldigen Person auf der Weltbühne nicht unbemerkt blieb.

Ein Großteil der Veränderungen in der Welt der Drohnenkriegsführung fand jedoch außerhalb der offiziellen Kriegsgebiete statt, in denen mehr Ziele in Erscheinung traten. Obama schien den Anspruch zu haben, jeden Schlag persönlich zu genehmigen, weil ihm die strategischen Konsequenzen bewusst waren, wenn versehentlich Frauen und Kinder ums Leben kamen.

Der Präsident fing an, seinen Beraterstab darum zu bitten, vor jedem Schlag, der nicht in einer Kriegszone stattfand, bestimmte Kriterien anzuwenden. Obwohl die Zielsuche dadurch extrem eingeschränkt wurde, war diese Maßnahme notwendig, um sicherzustellen, dass nur die Männer, die eine unmittelbare Bedrohung darstellten, ausgeschaltet wurden. Die Schläge nahmen auf taktischer Ebene mit Leuten wie mir, die bestimmten, ob das Ziel überhaupt lohnenswert war, ihren Anfang.

Da der Irak offiziell noch als Kriegsgebiet galt, waren die Dinge für uns wesentlich einfacher; wir hatten bereits die erforderliche Befugnis, um unsere Arbeit zu erledigen.

Wenn der Schlag außerhalb eines offiziell designierten Kriegsgebiets stattfinden sollte, gingen dieselben Präsentationsfolien durch die gesamte

Befehlskette – und durch die Hände vieler Anwälte, die nach Gründen suchten, den Antrag abzulehnen.

Diese Entscheidungen wurden niemals leichtfertig getroffen.

Erster Ansprechpartner war der für die Region zuständige Oberkommandeur. Das konnte der verantwortliche General für alle US-Soldaten im Nahen Osten sein, der den Antrag an die Vereinigten Stabschefs im Pentagon weiterleitete. Bei den Geheimdiensten wurden viele Gespräche mit Anzugträgern geführt, und Army-Vertreter betrieben Lobbyarbeit, um Einfluss zu nehmen.

Zu jenem Zeitpunkt gab es immer Nörgler. Entweder war die eine Seite nicht einverstanden oder die andere Seite wollte mehr Informationen darüber haben, ob das Ziel wirklich einen Schlag wert war. Nach diesem Hickhack gelangte der Antrag schließlich zum Verteidigungsminister, der damit zum Präsidenten ging. Obama traf die endgültige Entscheidung.

Wir ganz unten in der Hierarchie konnten sehen, dass es sich der Präsident zu einer Priorität gemacht hatte, alles über die Ziele auf der Liste zu verstehen – etwas, dass Bush an andere delegiert hatte. Wir konnten erkennen, dass er die persönliche Verantwortung für jeden Schlag übernahm, indem er sicherstellte, dass er die Ziele verstand.

Manchmal dauerte es Tage, bis eine Nominierung bestätigt wurde, manchmal Monate, manchmal sogar Jahre. Es hing davon ab, wer versuchte, sie zu verhindern, oder es spielten noch andere Faktoren eine Rolle, zum Beispiel wenn das Ziel ein amerikanischer Staatsbürger war.

Wir nannten diesen gewaltigen bürokratischen Vorgang schließlich »Tod durch PowerPoint«. Drohnenschläge außerhalb von Kriegszonen wurden auf Exekutivebene aufgrund der Überzeugungskraft unserer PowerPoint-Präsentationen entschieden, hingen davon ab, wie gut wir letztlich die Idee »verkauften«, dass jemand böse genug war, um getötet zu werden.

Sobald der Präsident die Ziele bestätigte, die unsere Teams ihren Vorgesetzten präsentiert hatten, kamen sie auf die Liste von Personen, die getötet oder gefangen genommen werden sollten. Wir nannten dies die Autorisierung der Anwendung von Militärgewalt, kurz AUMF – *authorization for use of military force*. Die AUMF wurde nach dem 11. September von Präsident Bush gesetzlich verankert, wodurch das Militär al-Qaida und ihre Verbündeten weltweit verfolgen konnte. Die Befehlsgewalt für den Schlag wurde dann dem Oberkommandeur übertragen.

Selbst nachdem der Präsident seine Zustimmung gegeben hatte, musste der Kommandeur also letztlich den Schlag absegnen. Doch vorher gab es einige abschließende Überlegungen: War die Zielperson vor Ort? Gab es dort Frauen und Kinder? War eine Gefangennahme unmöglich?

Dass es unmöglich war, eine gesuchte Person gefangen zu nehmen, war einer der häufigsten Argumente für einen Schlag. Dieses Argument überzeugte mich nie. Wir konnten so ziemlich überall auf der Welt jemanden fassen. Eine Tötung war nur eine Option.

Als wir eines Morgens den Saudi dabei beobachteten, wie er seinem Alltag nachging, änderte er seine Routine plötzlich. Wir folgten ihm, als er zur Arbeit fuhr, aber plötzlich nach rechts statt wie üblich nach links abbog. Was machte er da?

Er fuhr einige Meilen, bis er an einem geschäftigen offenen Markt anhielt, der sich über zwei oder drei Häuserblöcke erstreckte. Er parkte sein Fahrzeug an der Straße, auf der noch etwa zwanzig andere Autos standen, und ging dann schnell durch ein verschlungenes Gassengewirr in die Geschäfte.

»Hast du das auf dem Schirm?«, fragte ich Megan.

»Ja, ich seh's. Der hat irgendwas vor.«

Aus irgendeinem Grund sah er sich immer wieder um.

»Nach wem sucht er?«

Schließlich bahnte er sich seinen Weg in einen Bereich, der abgeschieden und teilweise mit Markisen verhangen war. Kurze Zeit später näherte sich ein Mann in einer weißen Dishdasha, und sie unterhielten sich einige Minuten.

Da bemerkte ich, dass der Saudi etwas in der Hand hielt – ein kleines Päckchen oder einen Umschlag. Er überreichte es dem anderen Mann, und nach wenigen Sekunden war das Treffen vorbei. Sie gingen in unterschiedlichen Richtungen davon.

Ich fokussierte die erste Drohne weiter auf unsere Zielperson, die zu ihrem Wagen zurückging, während die andere Drohne dem Komplizen folgte. Dieser fing an, schneller zu gehen, als wüsste er, dass jemand ihm folgte. Ich konnte sehen, wie er von einer Seite zur anderen blickte, als er durch die Menschenmenge hastete. Er sah sogar nach oben.

Aber es war schwer, ihm zu folgen. Überall waren Leute, die in alle möglichen Richtungen gingen. Dann fing der Mann an zu rennen, als hätte er plötzlich entschieden, sofort den Ort verlassen zu müssen, und er wich den Passanten auf dem Marktplatz im Zickzack aus.

Wir verloren ihn bald aus den Augen. Wir verbrachten einige Minuten damit, einzelne Personen auf dem Marktplatz per Zoom heranzuholen, die der Beschreibung des Mannes entsprachen, aber er war nirgendwo zu sehen. Er war verschwunden.

Nun war es an der Zeit, den Saudi zu schnappen. Wir konnten nicht mehr warten.

Es war circa 1 Uhr nachts, als ich das Angriffsteam über alle Details zum Haus briefte: seine Einstiegs- und Ausstiegspunkte, in welche Richtung sich bestimmte Türen öffneten, die vier Bewohner, die sich darin befanden, die Lichter im zweiten Stock, die immer brannten, das Flachdach für potenzielle Flitzer und das Fehlen jeglicher Waffen. Die Operators mussten eine drei Meter lange Leiter mitnehmen, um die Mauer auf der Rückseite zu überwinden. »Der Saudi ist jetzt in seinem Zimmer«, sagte ich und zeigte auf dem Monitor, wo sich sein Zimmer befand.

Das Team hörte sehr aufmerksam zu. Dies war der Augenblick, an dem ich realisierte, wie weit ich seit meiner letzten Entsendung gekommen war. Ich konnte bereits ahnen, dass sie mich gleich fragen würden, was sie dort wohl erwartete.

Ich gab ihnen Brians Karten der umliegenden Gegend, die Mauern, über die sie vielleicht klettern mussten, Fragen für die Vernehmung des Saudis und Fotos seiner Weggefährten.

»Bis bald, Leute«, sagte ich.

Kurze Zeit später stiegen in mir die bekannte Aufregung und Nervosität auf, als ich den Operators zusah, wie sie mit ihren Waffen im Anschlag in der tiefsten Nacht auf das Haus zu schlichen.

Funkmeldungen brachen aus und verstummten wieder.

»Zulu Drei«, meldete sich Jason per Funk. Das war ich. »Kannst du das Ziel markieren?«

»Roger, Echo Eins.«

Wir richteten den Infrarot-Laser der Drohne auf das Haus des Saudis. Der Laser war wie eine riesige Taschenlampe – eine Zielmarkierung, die aber nur für Personen sichtbar war, die Nachtsichtgeräte trugen.

In eben diesem Augenblick wurden wir überrascht. Ich bemerkte den Schatten einer Gestalt auf dem Nachbardach. Mein Herz schlug wie wild, weil ich mich sofort daran erinnerte, dass Bills Team einmal überfallen wurde. »Heranzoomen«, sagte ich ungeduldig, weil ich mir große Sorgen machte, dass unser Team gleich beschossen werden würde.

Gerade wollte ich die Operators anfunken und warnen, als der Kerl auf dem Dach überdeutlich zu sehen war. Er war splitternackt – und holte sich einen herunter.

»Oh Mann, Alter«, sagte Brian.

»Igitt«, rief Kate.

Megan verzog ihr Gesicht.

»Der bedroht höchstens sich selbst«, sagte ich und gab dem Kamera-Operator den Befehl, seinen Blick wieder auf das Haus der Zielperson zu richten.

Das Angriffsteam hielt einen halben Block vor dem Haus an und setzte sich dann wieder in Bewegung. Ich konnte nicht aufhören, mir diese eine gefährliche Frage zu stellen: Geschah in dem Haus etwas, das wir nicht sehen konnten?

Man konnte das erst wissen, wenn das Team durch die Tür stürmte. Ich hatte außerdem keine Ahnung, wie der Saudi reagieren würde.

Weil er sich die ganze Zeit über so geschickt versteckt hatte, war schwer abzuschätzen, was er tun würde.

Der Infrarot-Sensor der Drohne war auf schwarz-heiß geschaltet worden. Auf den Monitoren sah ich einen grellen Lichtblitz, als die Operators die Tür mit einer Sprengladung aufbrachen und ins Innere des Hauses stürmten.

Zuerst schien es, als liefen die Dinge wie geplant. Dann bemerkte ich, wie die Männer, die draußen als Wachposten abgestellt waren, plötzlich schnell hinter das Haus rannten. *Etwas stimmt nicht.*

»Flitzer«, rief Kate und deutete aufs Dach.

»Hab ihn.«

Ein Mann hatte es irgendwie geschafft, aufs Dach zu klettern, rannte von einem Ende zum anderen und sah an der Dachkante nach unten, als ob er sich vergewissern wollte, dass niemand dort war. Dann sprang er beherzt auf das Dach des Nachbarhauses und rannte weiter.

Obwohl es stockdunkel war, konnten wir ihn mit der Infrarot-Kamera genau sehen. Unser Team scharte sich um die Monitore. Als er sich bewegte, markierten wir ihn mit dem Infrarotstrahl der Drohne, damit die Operators ihn am Boden verfolgen konnten. Er sprang von einem Dach zum nächsten und bahnte sich wie eine Katze den Weg durch den Häuserblock, bis er schließlich an eine Stelle kam, die er nicht überspringen konnte.

Aber das hielt ihn nicht auf. Er packte die Dachkante, hing eine Sekunde an der Außenfassade, ein baumelndes Etwas in der pixeligen Dunkelheit, und ließ sich dann fallen – ganze zwei Etagen auf einen Treppenaufgang. Er fiel zu Boden.

Als er aufstand, waren zwei unserer Männer, die ihn verfolgt hatten, bereits da. Der Rest geschah in wenigen Sekunden.

Der Saudi griff nach einem Gewehr, bekam tatsächlich eins zu fassen, wurde von dem anderen Operator aber zwei Mal aus nächster Nähe in die Brust getroffen. Ich sah, wie der Saudi rückwärts taumelte, stürzte und auf der Treppe reglos liegen blieb.

Dann kam die Funkmeldung. Es war vorbei. Er war tot.

Nun galt es noch das Haus und die Apotheke nach Material zu durchsuchen, das vielleicht herumlag. Wir nahmen Unterlagen, Fotos und Computer mit. Aber es gab nicht viel. Der Saudi war sehr vorsichtig gewesen.

Als es vorbei war, reagierte Megan wie wir alle in jener Nacht: professionell und völlig gleichgültig darüber, dass der Saudi sein Ende gefunden hatte.

»Ein Glück, dass wir den los sind«, sagte sie, als wir an seinen leblosen Körper heranzoomten, der immer noch auf der Treppe in einer Blutlache lag.

Obwohl wir es nicht geschafft hatten, vom Saudi Informationen über den Aufenthaltsort von Manhattan und Brooklyn zu bekommen, gab es wenig Zeit zum Grübeln. Wir machten gleich mit dem nächsten Ziel weiter.

17

DIE ENTFÜHRUNG

Das Foto der entführten Frau ließ mich nicht los.

Ich lag nach achtundvierzig Stunden, in denen ich mehrere Missionen gleichzeitig betreut hatte, auf meinem zerknüllten Bett und wollte einfach nur schlafen. Mein Kissen war flach und hart wie eine überdimensionale Scheibe Zwieback. Ich versuchte, es etwas aufzuschütteln und schloss meine Augen. Aber die Frau war immer noch da.

Ich schaltete meine Lampe an und setzte mich auf. Die Klimaanlage spann wieder herum und machte laute polternde Geräusche. Ich nahm das Foto von meinem Nachttisch und sah es an. Die Kanten waren gebogen und bildeten kleine Falten im Gesicht.

Die Frau war Ende 20, hatte lange dunkle Haare und helle Haut. Sie hatte diese stechend blauen Augen und sah wie eine Libanesin aus. Einige Abende zuvor war ein Kollege mit ihrem Foto in die Box gekommen und hatte es mir gegeben.

»Ein irakischer General ist wegen ihr zu uns gekommen«, sagte er. Sie war die Frau eines bekannten irakischen Arztes. Eine ISI-Zelle hatte sie vor einigen Wochen auf offener Straße entführt, und ein Mann hatte angefangen, jeden Tag bei dem Arzt anzurufen und Lösegeld zu fordern. Die Entführer sagten, dass sie die Frau vergewaltigten und solange weitermachen würden, bis sie einige Millionen irakische Dinar erhielten. Aber so viel Geld hatte der Arzt nicht. Er bat den irakischen General um Hilfe.

Leider war diese Situation im Irak nicht ungewöhnlich. ISI hatte seit Jahren Entführungszellen, die es auf irakische Regierungsbeamte, Frauen und Kinder abgesehen hatten – also auf jeden, der einen hohen gesellschaftlichen Status und Geld hatte. Sie benutzten das Geld, um ihre Aktivitäten zu finanzieren. Meist spielte es nicht einmal eine Rolle, ob das Lösegeld bezahlt wurde oder nicht. Sie töteten ihre Gefangenen sowieso.

»Der Arzt könnte unsere Hilfe wirklich gut gebrauchen, wenn Sie Zeit haben«, sagte der Kollege.

Er gab mir die Telefonnummer des Mannes, der den Arzt wegen der Lösegeldforderungen anrief. Es war der einzige Hinweis, dem sie nachgehen konnten. Das war ein weiteres Beispiel für eine Terroristengruppe, die behauptete, für ihre islamischen Brüder zu kämpfen, aber ihnen stattdessen Schaden zufügten – das geschah täglich, das war für mich sonnenklar. Es war mitten in der Entsendung, irgendwann im Sommer. Wir hatten Dutzende von anderen Zielpersonen, die noch ausgeschaltet werden mussten. Kerle, die viel mehr Leute getötet hatten und sogar Anschläge in den USA planten. Ich erinnere mich daran, dass ich dachte: *Warum sollte ich diesem Mann helfen, den ich nicht einmal kenne, vor allem wenn wir gerade mit dickeren Fischen beschäftigt sind?*

»Sieht schlecht aus«, sagte ich.

Wir wurden immer um Hilfe gebeten. Wir wurden allmählich bekannt dafür, Gespenster zu finden, Männer die sonst niemand finden konnte, und binnen kürzester Zeit ihren Aufenthaltsort ausfindig zu machen. Es war für andere militärische Einheiten also nicht unüblich, uns darum zu bitten, Zielpersonen zu finden, die sie verloren hatten.

Aber wir hatten unsere Prioritäten. Wir kannten das Netzwerk besser als jeder andere – wir lebten und atmeten es jeden Tag. Und auch wenn wir offiziell dem Hauptquartier unterstellt waren, zwangen sie uns selten Missionen auf, weil sie wussten, wie wichtig es war, uns freie Hand zu lassen.

»Können Sie nicht einfach eine Drohne hochschicken?«, fragte uns ein FBI-Agent eines Tages in einer Videokonferenz über die Suche nach einer

Zielperson, die er aufspüren wollte. Der Anzugträger saß in einem komfortablen Besprechungsraum in Virginia.

Die Frage war idiotisch. *Warum schicken Sie nicht einfach eine Scheißdrohne hoch und schauen, wo sie Sie hinführt?*

»Drohnen fliegen nicht von selbst«, sagte ich und versuchte, diplomatisch zu sein.

Die Anzugträger begriffen es nie. Sie dachten, dass eine Drohne wie ein ferngesteuertes Flugzeug war – als würde man einfach nur auf ein paar Knöpfe drücken müssen, und es würde dann schon jeden finden, den wir gerade suchten. Das, was wir taten, war aber sehr kompliziert und technisch. Es sah für Außenstehende nur kinderleicht aus.

Wir konnten einfach nicht jedem helfen. Wir hatten nicht genug Teams für alle Einsätze.

Aber an jenem Morgen änderte sich etwas in mir, als ich wieder auf das Foto der Ehefrau des irakischen Arztes sah. Ich konnte es nicht ablegen. Die Organe in meiner Brust zogen sich zusammen, als ob mir etwas sagte, dass es diesmal anders war, ein Gefühl, das ich in all den Jahren nicht gespürt hatte, in denen ich diese Arschlöcher gejagt hatte. Es verursachte schon beinahe Kopfschmerzen. Zum ersten Mal hatte ich den Eindruck, dass ich langsam das verlor, was mich menschlich machte: die Fähigkeit, Mitgefühl für andere zu empfinden, für die Menschen, die mich umgaben. Vor langer Zeit hatte ich mich mit der Tatsache abgefunden, dass wir schlechten Menschen schlechte Dinge antaten, weil das nun einmal so ist, wenn man mit Fanatikern zu tun hat, denen es nur ums Morden geht. Die Sache war nur, dass in dieser Welt Gefühle keine Rolle spielen durften. Wenn es um die Entscheidungen ging, die wir treffen mussten, beeinträchtigten Gefühle das Urteilsvermögen. In unseren Drohnen-Übertragungen musste ich auf Familien starren, die ihrem Alltag nachgingen, auf Frauen und Kinder, die keine Ahnung hatten, dass sich ihre Welt gleich für immer verändern würde.

Ich musste das größere Gesamtbild unserer Strategie im Blick behalten, das wichtiger war als eine einzelne Person. Es ging darum, Hunderte oder sogar Tausende von Leben zu retten – nicht hier und da ein oder zwei Leben. Weil diese Frau nichts mit unserem übergeordneten Ziel zu tun hatte, passte sie nicht in meine Gleichung.

Es starben jeden Tag Leute. Und manchmal musste ich Dinge tun, die mich daran erinnerten, dass es echte Menschenleben waren.

Als diese Gefühle in mir tobten, fühlte ich mich etwas benommen. Ich erinnere mich daran, wie ich plötzlich dachte: *Was, wenn die Frau ein Mitglied meiner Familie wäre? Was, wenn sie meine Mutter wäre oder eine andere nahestehende Person?*

Meine innere Stimme rang mit mir: Wenn du diese Frau rettest, wäre es eines der wenigen Male, bei der unserer Handlungen zu echten, greifbaren Resultaten führen würden. Ist das nicht eigentlich der Grund, warum du hier bist – um dieses eine Leben zu retten? Es würde nicht lange dauern und ihrer Familie doch die Welt bedeuten.

Dann stand ich auf. Ich zog mich an und ging in die Box.

Der Rest des Teams war schon bei der Arbeit. Wir hatten in den letzten Tagen einen weiteren wichtigen Gesuchten verfolgt, aber es hatte sich in der Zwischenzeit nicht viel getan. Wir hatten bei ihm ein zuverlässiges Alltagsmuster erkannt – er fuhr zur Arbeit und wieder nach Hause. Nichts Ungewöhnliches. Ich war mir sicher, dass wir ihn in ein oder zwei Tagen wiederfinden konnten, wenn wir unsere Drohnen auf ein anderes Ziel richteten.

»Wir haben eine neue Mission«, sagte ich Kate. Ich hielt das Foto hoch. »Wir werden diese Frau finden.«

Wir verbrachten einige Tage damit, die Telefonnummer des Mannes zu analysieren, der das Handy des Arztes angerufen hatte. Es half, dass wir die vermutlich beste Technologie der Welt zur Verfügung hatten. Wir benutzten ein besonderes Tool, mit dem wir den ungefähren Aufenthaltsort des Handys orten konnten. Wir hatten schon bald unseren Startpunkt. Ich weiß nicht, ob es Glück war, weil wir es mit ziemlichen Amateuren zu tun hatten, oder ob wir einfach so gut waren, aber schon nach wenigen

Stunden kreiste unsere Drohne über einem Haus in einem Armenviertel im südlichen Teil der Stadt, in dem – da war ich mir sicher – die Frau festgehalten wurde.

Der Häuserblock war ein Gewirr aus abgewohnten Plattenbauten, die sich in unterschiedlichen Zuständen des Verfalls befanden. Manche standen kaum noch, kippten seitlich weg und neigten sich aufeinander zu, bei anderen fehlte das Dach.

Es war ein wolkenloser, sonniger Tag, auf den Straßen waren viele Passanten unterwegs, Kinder spielten, und Männer saßen untätig herum und rauchten. Alles war vom Staub der unbefestigten Straßen bedeckt.

Das Zielhaus war klein, vermutlich bestand es aus nur wenigen Räumen. Der Vorplatz direkt vor der Tür war gleichzeitig ein Parkplatz, auf dem einige Autos und ein Transporter standen – ein Zeichen dafür, dass jemand zu Hause war.

Wir warteten den Tag ab und sahen von oben zu. Einige Männer kamen und gingen. Einer war ein Raucher. Aber es gab kein Zeichen für die Frau. Jason und ich besprachen die Situation in der Box und kamen zu dem Schluss, dass wir – wenn die geringste Chance bestand, dass sie dort war – einen Zugriff riskieren mussten, bevor es zu spät war, weil die Entführer sie jederzeit an einen anderen Ort bringen konnten.

Wir beschlossen, in jener Nacht zuzuschlagen. Jason und sein Angriffsteam kamen in die Box und gingen die Geiselbefreiung durch. Es war keine typische Einsatzbesprechung. Wenn sich die Frau im Haus befand, mussten sie besonders vorsichtig vorgehen. Wenn sie in ein Haus stürmten, geschah alles blitzschnell. Sie hatten nur den Bruchteil einer Sekunde Zeit, um zu entscheiden, ob die Person im Fadenkreuz Freund oder Feind war. Die Dinge konnten allzu leicht aus dem Ruder laufen. Wenn sie einen Fehler machten, würde die Frau des Arztes sterben.

Eine Stunde später beobachteten wir von oben, wie die Operators die Tür aufbrachen. Sie fanden drei Männer der Entführungszelle und zerrten sie auf die Straße. Die Frau war im Schlafzimmer eingesperrt. »Wir haben sie«, kam es über Funk.

Die Barbaren hatten sie mit Handschellen an die Klimaanlage gekettet, und es war offensichtlich, dass sie sich an ihr vergangen hatten. Ihr Gesicht war übel zugerichtet, und ihre Kleidung war zerfetzt.

Die Männer verdienten es zu sterben.

In jener Auslandsentsendung behielt ich das Foto der Frau als Erinnerung in meinem Notizbuch: In einer Welt, in der so viel Schlimmes geschah, hatten wir die Macht, positiven Einfluss zu nehmen. Einen guten Menschen zu retten war genauso wichtig wie unseren Feind zu töten und gefangen zu nehmen.

Diese Frau wird niemals erfahren, wer ich bin, aber es war ein gutes Gefühl zu wissen, dass sie nun in Sicherheit war. Trotz all der Dinge, die über unser Team und die Drohnen gesagt wurden, die wir flogen, trotz all der Kritik, waren wir die Guten.

18

DER BOMBENANSCHLAG

Als ich den Anruf entgegennahm, wusste ich sofort, dass etwas nicht stimmte. »Haben Sie von den Anschlägen in der Stadt gehört?«, fragte die Stimme.

Es war ein Analyst, der oben im Hauptquartier saß. Das Hauptquartier rief uns nur dann an, wenn es ein Problem gab, das umgehend behoben werden musste. »Wir hören, dass es gerade mehrere koordinierte Explosionen gegeben hat«, sagte er.

»Haben Sie etwas für uns?«

Wir hatten noch nicht viel. Vor dem Anruf sickerten die Informationen von unseren lokalen Quellen erst langsam zu uns durch. »Es sind gerade erst die Koordinaten von einem der angegriffenen Orte hereingekommen«, sagte ich. »Ich melde mich gleich wieder bei Ihnen.«

Ich lehnte mich zu Kate. In den letzten Stunden hatten wir das Haus einer anderen Zielperson beobachtet. Aber der Ort sah wie ein trockenes Loch aus. »Verändere die Flugbahn des Preds noch nicht«, sagte ich. »Zoom lieber heraus.«

Wir waren zwar einige Meilen von den Anschlägen entfernt, konnten aber den Orbit halten und einen Eindruck davon bekommen, was dort vor sich ging. Die Kamera schaltete schnell vom Haus auf einen größeren Umkreis. Innerhalb weniger Sekunden bestätigten wir den Anruf. Rauchschwaden stiegen am Horizont auf.

»Okay, wir müssen da hin. Bringe die Pred über den Ort«, sagte ich. Innerhalb weniger Minuten waren wir direkt über etwas, das wie eine ausgebombte Schaufensterfront aussah. Die Bilder waren auf zwei Monitoren in hartem Schwarz-Weiß zu sehen. Es stieg immer noch Rauch auf, und Autowracks lagen auf der Straße, als wären sie aufgehoben, zerschmettert und achtlos weggeworfen worden. Menschen umgaben den Ort, und wir konnten sehen, wie sich irakische Feuerwehrleute und Polizei zwischen den Trümmern bewegten.

Wir behielten die Pred dort, als wir die zahlreichen Meldungen durchgingen, die uns per E-Mail und Telefon erreichten. Ein Bericht behauptete, dass mehrere Gebäude vollständig zerstört worden seien; einem anderen Bericht zufolge hatte es mindestens 25 Tote und Dutzende Verletzte gegeben. Einige Ersthelfer hatten Angst, die Verletzten medizinisch zu versorgen, aus Angst vor einem zweiten Anschlag, deshalb waren die Berichte uneinheitlich.

Die meisten Berichte stammten von Quellen am Boden, einheimischen Agenten oder unseren irakischen Freunden beim Militär. In solchen Situationen herrschte in der großen Box in Bagdad ein chaotisches Treiben, wie auf der Aktienbörse, bei der sich die Anwesenden ständig neu eingehende Informationen zuriefen.

Im Laufe der nächsten Stunden wurde die Situation am Boden überschaubarer. Die Attentäter hatten überall in der Stadt insgesamt neun Apartments in der Nähe gut besuchter Märkte angemietet, wochenlang mehrere Hundert Kilogramm Düngemittel herbeigeschafft, um Bomben zu bauen, und dann Handys benutzt, um sie gleichzeitig detonieren zu lassen.

Es zeichnete sich ein düsteres Bild. Über achtzig Iraker waren ums Leben gekommen, über einhundert verletzt worden – es war eine der größten Bombenanschläge seit Jahren. Ein Bild der Verwüstung.

Die Märkte befanden sich in Stadtvierteln, die überwiegend von Schiiten bewohnt wurden, was darauf hindeutete, dass eine ganz bestimmte Gruppe dafür verantwortlich gewesen war: der ISI. Dieser Angriff war professionell koordiniert und geplant worden. Der Nachrichtenkanal von Al Jazeera zeigte Bilder mehrerer Gebäude, die in verschiedenen Teilen der Stadt brannten. Niemand hatte sich bislang zu dem Anschlag bekannt, aber für mich war ein Mann der Hauptverdächtige: Dark Horse. Als ich von den Monitoren der Preds auf die schwelenden Todesgruben sah, fragte ich mich, ob er uns damit eine Botschaft senden wollte – dass das Netzwerk immer noch in der Lage war, Attentate dieser Tragweite zu verüben, mit den entsprechend hohen Verlusten. Dass er sich nicht mehr versteckte.

Der Anschlag traf uns nach einigen ruhigen Monaten wie ein Schock. Ruhe war im Irak natürlich relativ, weil das ein Zustand war, der in Amerika immer noch als Chaos gelten würde. Die Bombenanschläge beunruhigten die Führung, die befürchtete, dass der Irak langsam zerbrach, und politisch konnte sie das nicht zulassen.

In jener Nacht erhielten wir einen weiteren Anruf aus dem Hauptquartier. Militärische Führungskräfte und Anzugträger des Verteidigungsministeriums hatten sich den ganzen Tag mit irakischen Politikern und Generälen getroffen. Die Iraker brauchten bei dem Anschlag Hilfe. Sie wussten nicht einmal, wo sie anfangen sollten, um die Täter zu finden, und es herrschte die Angst, dass diese Bombenserie nur der Anfang war. »Wir brauchen Sie dabei«, hieß es aus dem Hauptquartier.

Meine erste Tat war es, zum Kühlschrank zu gehen, der im hinteren Bereich der Box stand. Ich nahm mir ein Rip It, stand einen Augenblick lang da, atmete durch und spürte, wie das kohlensäurehaltige Koffein anfing zu wirken. Auf dem Boden vor dem Kühlschrank waren überall schlammige Stiefelspuren. Ich dachte an die vielen Toten, an das viele Blut auf den Fotos, wie viele Leben auf einen Schlag ausgelöscht worden waren. Die Iraker, die an jenem Tag zur falschen Zeit am falschen Ort gewesen waren, sie waren hilflos gewesen und hätten den Terroristen nichts entgegensetzen können. Ich hasste das, brannte nach Vergeltung. Sofort machte ich mich an die Arbeit. Das würde eine lange Nacht werden.

»Hey, weißt du eigentlich, dass der Kaplan immer hier vor Ort ist?«, fragte Jason irgendwann einmal nach Mitternacht. Er saß neben mir und beobachtete die Live-Bilder der kriegszerstörten Stadt, die aus der Vogelperspektive zu sehen war.

Ein Militärkaplan war unserem Team für den Fall zugeteilt worden, dass jemand Hilfe oder einfach nur ein wenig Trost brauchte. Viele Operators hatten ihre Dämonen gut im Griff. Normalerweise hörte man erst in einer durchzechten Nacht davon, wenn die Dinge, die sie gesehen und getan hatten, plötzlich wieder sehr lebhaft in Erinnerung kamen. Die Geschichten, die ich hörte, überraschten mich am meisten.

»Ich sage den Operators immer, dass sie ihn mal besuchen sollen, aber keiner geht hin«, sagte er.

»Die spielen lieber Xbox«, sagte ich.

»Normalerweise sind nur ich und der Kaplan da. Es ist überraschend«, sagte er.

»Ich weiß nicht einmal, wo ich den Typen finden könnte«, sagte ich. Wir lachten.

Jason war nicht nur Mr Hollywood, er hatte auch diese andere Seite. Er war selbst in der Box ein gläubiger Christ, aber kein Bibel-Prediger mit missionarischem Eifer. Er war einfach religiös und ging regelmäßig in die Kirche, wenn er zu Hause in den Staaten war.

Ich hatte nicht viel Zeit für Religion und dachte nicht viel darüber nach, höchstens darüber, wie der Feind seinen Gott pervertierte und ihn benutzte, um Morde zu rechtfertigen, als gäbe es nur diesen Weg in den Himmel. Trotzdem wunderte ich mich über Jason. Er war nachts ein eiskalter Vollstrecker, wenn er aber alleine oder zu Hause war, war er ein sehr gläubiger Mensch. Ich fragte mich immer, wie er inneren Abstand zu seinen Kills nahm und sie für sich rechtfertigen konnte. Glaubte er, dass er Gottes Werk tat? Ich fragte ihn nie. Es ging mich nichts an.

Es gab danach eine lange Pause, in der wir einfach nur dasaßen und die Monitore beobachteten. Schließlich sagte er, »Du solltest bei Gelegenheit mitkommen, falls es etwas gibt, worüber die reden willst.«

Rückblickend denke ich, dass Jason vermutlich der Einzige war, der wirklich die Gefühle sah, die mir zu schaffen machten oder mit der Zeit abhandengekommen waren. Warum ich nicht schlafen konnte. Mein wachsender Hass gegenüber dem Feind. Wie mich die Jagd völlig vereinnahmt hatte. Vielleicht dachte er, dass Gott mir helfen konnte, weil Gott ihm half. Ich hatte immer meine eigenen Glaubensvorstellungen. Meine Mutter erzog mich zum Christen. Aber während meiner Auslandsentsendungen ging ich nie zu den Gottesdiensten. Sie schienen mich von der Mission abzulenken. Es gab immer andere Dinge, die mich wegzogen. Vielleicht lag es auch daran, dass der Kaplan mir einen Spiegel vorgehalten hätte, den ich nicht sehen wollte: Dass mein Herz langsam zu kalt und gefühllos wurde, dass mich die blutige Jagd in eine rücksichtslose Version meines alten Selbst verwandelt hatte, die meine Mitmenschen nicht wiedererkannten. Ich sagte ihm, dass ich darüber nachdenken würde. »Danke, Mann«, sagte ich. »Irgendwann vielleicht.« Aber ich wusste, dass ich nicht hingehen würde. Weil ich dann weniger Zeit zum Jagen hätte.

Auf viele unserer Feinde war ein hohes Kopfgeld ausgesetzt, das die US-Regierung zur Verfügung stellte. 100 000 Dollar für einen Terroristen, 50 000 Dollar für einen anderen, einige Million für wieder andere. Brooklyn und Manhattan waren jeweils 5 Millionen Dollar wert. Dark Horse befand sich im sechsstelligen Bereich.

Das Außenministerium hatte Fahndungsplakate mit ihren Bildern veröffentlicht, wie im Wilden Westen. Ich verbrachte viel Zeit damit, sie mir online anzusehen, wenn sie auf unseren Bildschirmen erschienen. Manche wurden intern versandt; andere wurden öffentlicher gemacht. Die Terroristen waren sogar stolz darauf und freuten sich, ihre Namen auf den Plakaten zu sehen, die überall in der Stadt hingen. Das waren dieselben Kerle, die wir jagten. Wäre es nicht schön, wenn wir auch etwas von dem Geld abbekämen?

Das Kopfgeld stieg und fiel im Lauf der Jahre, das hing von verschiedenen Dingen ab, zum Beispiel ob jemand weitere Morde verübte oder sich versteckt hielt. Ich verstand nie, wer dafür zuständig war, diese Listen zu führen oder wie das funktionierte. Soweit mir bekannt war, war es niemand in unserer größeren Organisation.

Das hohe Kopfgeld ließ mich mehr als einmal darüber nachdenken, wie viel Geld ich eigentlich verdiente. Im Vergleich zu jenen Belohnungen war mein Sold eigentlich Peanuts. Spät nachts, nach einer langen Mission, saß ich einmal in der Box und kritzelte auf eine Serviette eine kleine Berechnung. Die 20-Stunden-Tage. Die 140-Stunden-Wochen. Was diese Art von Arbeit und Belastung für Körper und Geist bedeutete. Ich hatte wieder Schlafprobleme bekommen.

Ich schrieb schnell einige Zahlen in meinen Notizblock. Mein Sold belief sich auf etwa 6,50 Dollar pro Stunde – weniger als der Mindestlohn. Ich lachte darüber. Ich übernahm eine wichtige Rolle, um Amerikas Terrorproblem zu lösen, bildete gewissermaßen die Speerspitze, und bekam dafür weniger als ein Burgerbrater bei McDonalds.

Solche Berechnungen stellte ich nur an, um mich zu beschäftigen, wenn ich zum Beispiel nicht schlafen konnte. Es war mir aber eigentlich egal, weil mir meine Arbeit Spaß machte. Geld trieb mich also nicht an. Es trieb niemanden von uns an. Vielmehr war es die Mission. Sie hatte mein Leben völlig vereinnahmt, und zu jenem Zeitpunkt hätte ich auch umsonst gearbeitet, obwohl das meinem Körper und Geist einen hohen Tribut abverlangte.

Wir unterschieden uns von den Agenten der Behörde. Sie verrichteten auf der anderen Seite des Zauns sehr ähnliche Arbeit, kassierten aber dicke Boni, wenn sie jemanden fanden. Sie erinnerten mich in dieser Hinsicht fast an bezahlte Killer. Meine Freunde, die dort arbeiteten, bekamen Tausende von Dollar, wenn sie mit einer Drohne jemanden töteten, der auf der Fahndungsliste weit oben stand. Ich hatte immer das Gefühl, dass dies den Zweck unserer Arbeit untergrub: Es ging darum, die Ziele zu verfolgen, die für die übergeordnete Mission relevant waren, und nicht jene, für die man den dicksten Bonus bekam.

Die Informationen, die uns von den Anschlagsorten erreichten, waren zuerst spärlich. Nach den Explosionen war wenig übrig gewesen, und ich fing an, mir Sorgen darüber zu machen, dass wir vielleicht niemals auf verwertbare Spuren stießen.

Bei einem Selbstmordattentäter konnten wir zumindest die Körperteile untersuchen, und auch bei Sprengfallen blieben immer kleine Rückstände zurück – Hinweise darauf, was geschehen war und wo wir unsere Jagd beginnen mussten. Aber diese Explosionen waren so heiß gewesen, dass es beinahe so schien, als hätten die Flammen in den Gebäuden fast alles zu Staub zerfallen lassen.

Der Typ hinter dem Angriff schien genau zu wissen, was er tat. Als unsere irakischen Kollegen die Immobilienmakler fragten, wer die Apartments an die Bombenbauer vermietet hatte, wussten sie das nicht. Die Vermieter hatten falsche Namen benutzt und die Miete für sechs Monate im Voraus bar bezahlt. Keine Spur.

Wir befürchteten, dass wir es vergessen und weitermachen mussten – bis wir einen Fehler aufdeckten. Der Anruf von unseren Freunden in der US-Botschaft erreichte uns zwei Tage später zu vorgerückter Stunde. Eine Bombe in einem der neun Häuser war nicht hochgegangen. Aus irgendeinem Grund löste das Handy die Bombe nicht aus, und man hatte den Ort weitgehend unter Kontrolle gebracht, die übereinandergestapelten Säcke mit Düngemittel waren noch intakt. Das irakische Bombenentschärfungskommando hatte auch das Handy sichergestellt.

»Rufen Sie sie jetzt an und treiben Sie das Handy auf«, sagte ich. »Und achten Sie darauf, dass niemand damit herumspielt.« Stunden später war es bei uns, und die Techniker nahmen es auseinander. Das war unsere erste Spur.

Es war ein nagelneues schwarzes Klapphandy. Keine gespeicherten Nummern. Aber es gab vier verpasste Anrufe, die genau zu der Zeit eingegangen sind, als die anderen Bomben hochgingen. Diese verpassten Anrufe sollten die Bombe vermutlich auslösen. Wir hatten die Telefonnummer des Attentäters.

Die meisten Leute konnten mit einer Handynummer nicht viel anfangen, aber für die Experten, die mit mir zusammenarbeiteten und anfingen, die Zahlen in ihre Laptops einzugeben, war sie Gold wert. Wir konnten viel damit anfangen, viel mehr, als die meisten Leute erkannten. Aber unsere Werkzeuge und ihre Anwendung konnten niemals an die Öffentlichkeit dringen.

Es schien, als hätte der Attentäter sein Handy oft benutzt, nicht nur, um Bomben detonieren zu lassen. Wir konnten nicht herausfinden, wem das Telefon gehörte, aber die Techniker schafften es, die Anrufe aus der Zeit des Attentats zurückzuverfolgen und ein Netzwerk der Kompagnons des Attentäters zu entwerfen. Dabei fiel etwas auf. Die meisten hatten Verbindungen zum Wali von Bagdad – Dark Horse.

Trotzdem hatten wir keine Adresse, die zu jemandem gehörte. Keines der Handys schien angeschaltet zu sein.

Tage der zähen Datenauswertung verstrichen. Während ich einige Missionen gegen andere Ziele ausführte, arbeiteten die Techniker weiter an den Explosionen. Eines Nachts nahm ich mir eine Auszeit und ging ins Bett; ich lag lange Zeit in meiner stinkenden, durchgeschwitzten Kleidung, bis ich schließlich einschlief. Mein Pager riss mich gegen Mitternacht aus dem Schlaf, und ich rannte zur Box zurück.

»Was ist los?«, fragte ich Kate.

»Wir haben einen Aufenthaltsort für den mutmaßlichen Attentäter«, sagte sie und deutete auf das Haus, über dem unsere Drohne nun kreiste. Das Telefon war angeschaltet worden, und wer es auch hatte, er war in diesem Augenblick dort.

Das Haus des Attentäters war ein schmales Gebäude in einer ruhigen Straße mit Holzreihenhäusern. Es waren nur wenige Straßenlaternen an, und die meisten Nachbarn schienen bereits zu schlafen, zumindest waren ihre Häuser dunkel.

Auf den Monitoren sah es so aus, als wären die Bewohner im Haus unseres Ziels noch hellwach. Die Lichter waren an und es herrschte Aktivität.

»Es bewegen sich Leute«, sagte ich dem Team.

»Hast du dieses Haus schon einmal gesehen?«, fragte ich Brian, als er ältere Satellitenbilder durchging.

»Ja, ein anderes Team tötete den Vorbesitzer in einer Mission 2006.«

»Schick mir alles, was es von damals gibt.«

»Kommt sofort.«

Die Information erschien auf meinem Bildschirm, aber damals war nicht viel vor Ort gefunden worden, deshalb gab es nur einige Fotos von einem Toten von jenem Schauplatz. Der Typ sah aus, als wäre er ein Mitglied von Sarkawis alter Bande gewesen.

Die schwarze Silhouette einer Gestalt, vermutlich eines Mannes, trat aus der Eingangstür und wurde von zwei anderen begrüßt, die aus dem Nichts erschienen.

Der Sensor-Operator vergrößerte das Bild. »Drei Männer im wehrfähigen Alter«, sagte er. »Einer sieht aus, als hätte er eine Waffe.«

»Da ist auch ein Raucher«, sagte Brian.

Das schwarze Glimmen einer Zigarette zeichnete sich in hoher Auflösung auf unseren Monitoren ab. Vielleicht war es eine Zigarettenpause. Einige Minuten später wurde die Zigarette zu Boden geworfen, und die Männer kehrten ins Haus zurück.

Mittlerweile hatte sich die Gruppe Navy SEALs, die gelegentlich mit uns zusammenarbeitete, in der Box versammelt. Mein Angriffsteam war bei einem anderen Einsatz, deshalb wurden wir heute von den SEALs unterstützt. Und sie konnten es kaum abwarten loszulegen.

Zwischen uns und den SEALs herrschte eine tiefe Rivalität – es ging meist darum, welche der beiden Einheiten mehr auf dem Kasten hatte. Aber die Einstellung unserer Gruppen hatte sich seit Beginn des Kampfs gegen den Terror deutlich gebessert. Wir arbeiteten enger zusammen, teilten Taktiken und oft auch Personal.

In Wirklichkeit wollte jeder die Chance haben, intern sagen zu können, dass er für eine erfolgreiche Mission verantwortlich war oder als erste

Wahl für einen wichtigen Angriff angefordert wurde. Das Ziel, Feinde auszuschalten, war dasselbe, aber jeder wollte für sich die Trophäen einheimsen.

Die SEALs schlürften Kaffee und verdrückten Proteinriegel. Sie fingen an, mir Fragen zu stellen. Wer ist im Haus? Was ist draußen? Was wissen wir nicht?

Brian holte die Karten mit den Routen und brachte sie auf den Bildschirm. Es war ziemlich einfach. Während sie sich fertig machten und ihre Waffen luden, erklärte ich ihnen den Ablaufplan. Weil das Haus nicht weit weg war, wollten sie die Hummer nehmen.

Normalerweise jagten wir ein Handy erst, wenn wir wussten, wer es benutzte. Wir wussten, dass die Gruppe um Dark Horse professionell arbeitete, und ich machte mir sorgen, dass wir geradewegs in eine Falle liefen – dass die Leute, die das Handy angeschaltet hatten, mit unserem Kommen rechneten und das Handy mit einem Sack Düngemittel verbunden hatten, der hochging. Jetzt zu gehen war eindeutig ein Risiko, weil wir nicht wussten, womit wir es zu tun hatten. Aber uns blieb keine Wahl. Die Zeit war nicht auf unserer Seite.

Unser Vogel patrouillierte über dem Haus und informierte uns, falls sich die Situation vor dem Eintreffen der SEALs veränderte oder etwas schieflief. Wir durchsuchten jeden Winkel, jede Ecke, jeden Schatten – alles, was verdächtig erschien. Nichts. Die Raucher kamen nicht wieder heraus. Aber der Ort war immer noch lebendig. Irgendetwas war dort los.

»Zulu Drei, Checkpoint Eins. Zeit zum Ziel dreißig Minuten.«

»Verstanden.«

Es dauerte noch etwa dreißig Minuten, bevor die Hummer im Blickfeld unserer Drohne erschienen. Sie waren etwa einen Block vom Ziel entfernt, als dreißig SEALs heraussprangen. Danach wurde wenig gesprochen. Es war wichtig, lautlos zu sein. Jeder wusste, was zu tun war.

Statt durch die Tür zu stürmen und schnell ins Haus zu dringen, schickten sie einen Hund herein. Ich beobachtete sofort, wie er stehen blieb und damit anzeigte, dass hinter der Tür Sprengstoff war. Der Teamführer schaltete sein Megaphon an und forderte die Männer dazu auf, das Haus zu verlassen. Danach geschah eine Weile nichts. Im Haus rührte sich nichts, als ob sich die Männer im Haus überlegten, was zu tun war.

Wir hielten unsere Augen auf das Dach gerichtet. Auf den umliegenden Straßen waren die Anwohner aus den Häusern gekommen. Die Szene hatte das Potenzial, hässlich zu enden.

Im Schwarz-Weiß des Infrarot-Lichts bemerkten wir plötzlich drei Männer auf dem Flachdach. »Heranzoomen«, sagte ich. Alle drei hatte Pistolen und waren zusammengekauert, als würden sie mit sich hadern, ob sie kämpfen oder sich ergeben sollten.

Ihre Entscheidung war leicht, als sie sahen, dass über zwei Dutzend bullige SEALs ihre Sturmgewehre direkt auf sie richteten, wie ein großes Arsenal, das mehr als bereit war, sie geradewegs auf den Mond zu befördern.

Einige Sekunden länger, und die SEALs hätten das gesamte Haus samt Dach in Schutt und Asche gelegt und damit jede Aussicht aufs Überleben zunichtegemacht, die die Zielpersonen noch hatten.

Ich für meinen Teil hoffte, dass sie den Tod wählten. Ich wollte nicht, dass sie lebendig zurückkehrten. Wenn diese Typen auch nur entfernt für die Bombenanschläge verantwortlich gewesen waren, verdienten sie es, an Ort und Stelle exekutiert zu werden.

Wie würde es wohl ausgehen?

Schließlich gingen ihre Hände hoch und sie warfen ihre Waffen nieder. Sie entschieden sich, vorerst am Leben zu bleiben, obwohl ich angesichts ihrer Entscheidung fast ein wenig enttäuscht war. Es war vorbei.

Als die Operators später das Haus durchsuchten, fanden sie Hunderte von Rohrbomben, Düngemittel, Waffen und Mörsergranaten. Die Männer hatten das Haus benutzt, um verschiedene kleine Sprengvorrichtungen herzustellen. Sie gestanden, dass die Rohrbomben bei den bevorstehenden Wahlen im Irak zum Einsatz kommen und vor verschiedenen Wahllokalen hochgehen sollten, um bei den neuen demokratischen Wahlen für Chaos zu sorgen.

Wir brachten sie zur Box, und es dauerte nicht lange, bis sie gestanden, an den neun Anschlägen beteiligt gewesen zu sein. Allerdings erwähnte keiner von ihnen Dark Horse. Entweder hatten sie Todesangst vor ihm oder sie waren ahnungslos. Letztendlich spielte das auch keine Rolle. Einige Tage später beging Dark Horse einen entscheidenden Fehler.

19

DARK HORSE

»Willst du mich verarschen oder was?«

Mark und ich saßen in der Box an unseren Schreibtischen, scannten Berichte und beobachteten die Drohnen-Übertragungen einer laufenden Mission, als die Information über Dark Horse eintraf.

»Da stimmt etwas nicht«, sagte ich.

»Was meinst du?«

»Ich habe gerade die Nachricht abgefangen, dass er an einer Kontrollstelle festgenommen wurde.«

»Ist vermutlich wieder ein Gerücht«, sagte Mark.

Es war März 2010. Mark und ich taten den Bericht zunächst ab. Wir wussten schon seit Jahren, dass Dark Horse einen Zwillingsbruder hatte, und die Geheimdienste und selbst andere Terroristenführer in seinem Netzwerk verwechselten die beiden regelmäßig. Aber wir hatten den weniger barbarischen Bruder bereits in Haft, weshalb wir annahmen, dass es sich um einen Fehler handelte.

Aber Tom, unser vor Ort zuständiger Source Handler kam mit derselben Nachricht herein. »Es stimmt«, sagte er. »Sie haben ihn!«

Ich hatte das Gefühl, als hätte mich ein Stromschlag getroffen. Festnahmen liefen nie so ab. An Kontrollstellen gingen normalerweise nur kleine Fische ins Netz, keine Haie. Zu jenem Zeitpunkt war Dark Horse einer der meistgesuchten Männer des Landes. Fotos von ihm waren beinahe in ganz Bagdad auf Plakaten zu sehen, die irakische Sicherheitskräfte auf der Suche nach Informationen über seinen Aufenthaltsort praktisch überall aufgehängt hatten. Das passte nicht zu ihm. Er musste nachlässig geworden sein. Nach acht Jahren auf der Flucht konnte so etwas natürlich passieren. Aber vielleicht lag es ja auch an uns, unserer Hartnäckigkeit. Wir hatten viel Zeit und viele Ressourcen investiert, um ihn auszuräuchern.

Dark Horse war nicht nur gefasst, sondern noch dazu lebendig gefasst worden. Wir waren die einzige Gruppe im US-Militär, die zu wissen schien, dass sie ihn hatten; selbst die übrigen Koalitionskräfte, die im ganzen Land verteilt waren, hatten noch nicht davon Wind bekommen. Ich hätte mich darüber freuen sollen – er konnte uns so viele Informationen geben – aber es gab einen potenziellen Haken. Er war jetzt in den Händen einer irakischen Todesschwadron, die ihn an einem Kontrollpunkt festgenommen hatte, als er einen falschen Ausweis vorlegte.

Die Schwadron war eine extrem verschwiegene, extraterritoriale Eingreiftruppe, die dem irakischen Premierminister Nouri al-Maliki unterstand und die Aufgabe hatte, al-Qaida und ISI-Terroristen zu jagen. Viele sahen sie als Malikis persönliches Killerkommando, das darauf ausgelegt war, politische Gegner unter Druck zu setzen. Keiner ihrer Häftlinge blieb lange am Leben ... daher Killerkommando.

Ich hatte keine Ahnung, ob wir es schaffen würden, an Dark Horse heranzukommen. War er überhaupt noch am Leben? Die Irakis konnten uns einfach sagen, dass wir uns verziehen sollten, und ihn töten.

Wir mussten schnell handeln. Ich machte mich auf heftigen Widerstand gefasst, als wir unsere Sachen anlegten, in unsere gepanzerten Fahrzeuge stiegen und in die Stadt fuhren, um dem irakischen General einen Besuch abzustatten, der hinter dem Kommando stand.

An Bord waren ich, Mark, Jason und der Source Handler Tom. Tom war von der CIA ausgebildet worden und spielte bei vielen Zielen, die wir ausschalteten, eine Schlüsselrolle. Sein Büro lag direkt hinter der Box, und er hatte die Aufgabe, Quellen am Boden zu rekrutieren und Informationen aus ihnen zu bekommen. Er war sehr routiniert, einen besseren Source Handler als ihn gab es nicht.

Das Büro des Generals befand sich in einem Regierungsgebäude am anderen Ende der Stadt. Wir hatten ihn zuvor angerufen, um ihn über unser Kommen in Kenntnis zu setzen, und dass wir über Dark Horse sprechen wollten; so konnten wir es uns ersparen, um den heißen Brei zu reden. Einer seiner Mitarbeiter nahm uns vorne in Empfang und führte uns in einen Raum mit dunkelbraunen Sofas und einem großen Eichentisch. Es wurde heißer Tee gebracht.

Als der General den Raum betrat, gab er sich ahnungslos. Er setzte sich ans Kopfende des Tisches auf einen braunen, goldgefassten Lederstuhl. Er schien über uns zu thronen, wie ein Richter in einem Gerichtssaal. Seine Uniform funkelte wie ein Weihnachtsbaum, er war über und über mit Orden behangen.

»Ich weiß nicht, wovon Sie reden, wir haben ihn nicht«, sagte er und lehnte sich mit einem breiten Lächeln in seinem Stuhl zurück, das zum Ausdruck brachte, dass er sehr wohl wusste, worum es ging.

Tom wollte sich keinen Bären aufbinden lassen und kam auf den Punkt. »Hören Sie, Herr General«, sagte er und lehnte sich nach vorne. »Die Männer in diesem Raum sind die besten ihres Fachs. Sie können sich sicher sein, dass wir wissen, was wir tun.«

Die Spannung war fühlbar. Der General interessierte sich jetzt auf jeden Fall mehr für uns. Er war es gewohnt, die normalen Militäreinheiten anzulügen, aber er war noch nie Leuten wie uns begegnet. Er schien uns zu taxieren und sich seine nächsten Schritte zu überlegen. Ich hatte den Eindruck, dass er mit uns spielte. Tom führte das Gespräch, aber ich ergriff das Wort, als der General wissen wollte, ob wir überhaupt eine Ahnung davon hätten, wer Dark Horse war. »Was wissen Sie über ihn?«, fragte er. »Wir sind ihm seit Jahren auf den Fersen«, sagte ich und zählte eine Reihe seiner engsten Vertrauten auf, die wir in letzter Zeit entweder getötet oder gefasst hatten. Ich sagte ihm, dass Dark Horse vermutlich einer der wenigen überlebenden Terroristen war, die noch Kontakt zu Manhattan und Brooklyn hatten. »Er könnte der Schlüssel sein, um das gesamte ISI-Netzwerk zu zerschlagen.«

Der General nickte nur und hielt sich bedeckt. Das ging über eine Stunde lang so weiter. Dann gab er ein Handzeichen und verlangte nach mehr Tee.

Tom hatte genug. »Wir wissen, dass Sie ihn haben«, sagte er. »Wir wollen mit ihm sprechen. Und wir können Ihnen im Gegenzug helfen.«

Wir boten ihm Informationen über Dark Horse an, die wir über die Jahre gesammelt hatten, und versprachen ihm Zugang zu Drohnen für Missionen, die wir künftig gemeinsam durchführen wollten.

Einige Sekunden verstrichen. Ich erinnere mich, wie sich der General am Kinn kratzte und uns ansah, als wolle er gleich einen hohen Pokereinsatz machen. Er wandte sich an seinen Assistenten, der die ganze Zeit schweigend hinter ihm gestanden hatte, und sprach leise auf Arabisch mit ihm. Als er sich wieder zu uns wandte, änderte sich die Atmosphäre im Raum, die Spannung war plötzlich verflogen. »Okay«, sagte er lächelnd, als hätte er gewonnen und als wären wir nun die besten Freunde. »Sie werden ihn heute noch sehen.«

Niemand in der US-Regierung hatte Dark Horse jemals persönlich gesprochen, aber im weiteren Verlauf des Nachmittags war ich auf dem Weg, ihn zu treffen.

Das Gefängnis war etwa dreißig Minuten vom Büro des Generals entfernt, es war am Rande eines alten, verlassenen irakischen Flughafens in einem heruntergekommenen Gebäudekomplex verborgen, der wie eine Militärkaserne aussah. Unsere Regierung wusste nicht einmal, dass es diesen Ort gab.

Ein irakischer Offizier, der für den General arbeitete, traf uns am Tor und führte uns hinein. Es waren nur ich, unser Dolmetscher und Tom anwesend. Die anderen waren in der Box geblieben.

Der Ort wurde von irakischem Militär schwer bewacht, aber man erkannte das erst, wenn man sich im Komplex befand. Als wir in den Innenhof gingen, erschienen Wachen aus dem Nichts, manche sahen aus den Fenstern des einstöckigen Gebäudes, das vor uns lag, auf uns herunter. Ich kam mir vor wie in einem alten Western, in dem die fremden Cowboys in den Saloon gehen, das Klavier verstummt und alle Anwesenden sich umdrehen.

Einige Wachen traten aus Türen, als wir vorbeigingen, zündeten Zigaretten an und deuteten auf uns, während sie sich untereinander unterhielten. Es war offensichtlich, dass Amerikaner noch nie hierhergebracht worden waren. Das Gefängnis war ihre Version einer Black Site, in der sie Häftlinge versteckten. Die Leute, die hier landeten, sollten verschwinden.

Wir gingen hinein und überquerten einen langen, schlecht beleuchteten Korridor. Der irakische Offizier sagte nichts, und unsere Schritte hallten auf dem Betonboden. Als wir vorbeigingen, wurden Türen geschlossen, als wären die meisten Dinge tabu, und als wollten sie nicht, dass wir von den Kriegsverbrechen erfuhren, die sich dahinter verbargen. Wir hielten an, der irakische Offizier drehte sich herum und sprach mit unserem Dolmetscher.

Ich konnte kaum stillhalten, all diese nervösen Gedanken schossen mir durch den Kopf. Der Offizier gab schließlich ein Handzeichen, und wir überquerten einen weiteren Innenhof, um in ein anderes Gebäude zu gehen. Der Ort war ein Irrgarten aus Betonböden und -mauern. Er war dunkler, feuchter und schmutziger, und ich hatte das Gefühl, dass wir in ein unheilvolles Geisterhaus gingen.

Die Lampen flackerten ständig auf, von der offenen Klimaanlage im Flur tropfte Wasser auf den Boden. Von den Wänden blätterte Farbe, die früher einmal weiß gewesen sein muss. An ihnen waren Handabdrücke aus getrocknetem Blut erkennbar, wer weiß von wem. Die Böden waren schmutzig und mit schlammigen Stiefelabdrücken von den Leuten, die kamen und gingen. Ich hörte, wie hinter einer Tür ein Mann vor Schmerzen schrie. Er wurde eindeutig geschlagen. Die Luft war heiß und stickig und roch nach Tod. Die Schreie hallten in den Fluren nach, bis nur noch unsere Stiefel zu hören waren.

Wir gingen einen Flur entlang, an verschlossenen Türen vorbei, hinter denen weitere Häftlinge waren. Es schien so, als wären dort Dutzende von Leuten inhaftiert. Der Offizier hielt schließlich an und öffnete eine Tür. Mit einem Kopfnicken deutete er an, dass wir da waren.

Als wir eintraten, war der Raum überraschend gepflegt, wenn man bedenkt, durch welche Hölle wir gerade gegangen waren. Er war groß und fensterlos, auf einer Seite stand eine Vitrine mit alten Waffen, Orden und Fotos. Große Ledersofas erstreckten sich über die gesamte Länge des Zimmers. Hinter einem großen Holzschreibtisch saß ein irakischer Offizier, der uns mit einer Handbewegung zu verstehen gab, dass wir Platz nehmen sollten.

Ich zog einen Schlüsselanhänger mit einer kleinen eingebauten Geheimkamera heraus und legte sie auf den Tisch. Wir redeten über unseren Dolmetscher mit dem Offizier am Schreibtisch. Er war für die gesamte Einrichtung zuständig, und von ihm ging eine erstaunliche Kälte aus. Ich dachte damals aber nicht allzu sehr darüber nach, weil ich es kaum abwarten konnte, Dark Horse zu treffen. Ich glaubte immer noch nicht, dass er da war und der General die Wahrheit gesagt hatte – dass ich ihm gleich begegnen würde.

Die irakischen Regierungsbeamten, mit denen wir im Laufe der Jahre zusammengearbeitet hatten, waren notorische Lügner. Wenn man manchen von ihnen zuhörte, hätte man fast meinen können, dass sie den gesamten Krieg schon gewonnen hatten, im Alleingang versteht sich, und dass wir jetzt nach Hause gehen konnten. Ich konnte mich nicht daran erinnern, dass die Iraker in den letzten zehn Kriegsjahren jemals einen hochrangigen Terroristen ohne die direkte Hilfe der US-Kräfte gefasst hatten. Die Tatsache, dass sie Dark Horse alleine gefangen genommen hatten, erstaunte mich daher. Ich glaubte es nicht. Das Einzige, woran ich dachte, war: *Gleich werde ich den Typen treffen, den wir seit Jahren jagen.* Die fünf oder zehn Minuten, in denen wir warteten, verdichteten sich, als ich an all die Jahre der Jagd dachte, an die Schrecken, die dieses Ungeheuer über die Welt gebracht hatte, die zerstörten Familien, die getöteten amerikanischen Soldaten, und wie zum Teufel er es geschafft hatte, sich so lange einer Gefangennahme zu entziehen.

Als Dark Horse schließlich eintrat, drückte ich auf den Schlüsselanhänger, und die Kamera startete ihre Aufnahme.

Ich rechnete damit, dass er – wie in den USA üblich – von bewaffneten Wachen in Handschellen und einem orangenfarbenen Overall hereingeführt werden würde. Schließlich hatte dieser Kerl über viele Jahre Tausende von unschuldigen Zivilisten ermordet. Aber so war es nicht. Dark Horse wurde nicht von Wachen begleitet, und er trug normale Straßenkleidung – einen schwarz-weißen Adidas-Trainingsanzug und darunter ein langärmeliges Hemd, das über der Hose hing. Es war seltsam. Keine Handschellen. Er schien sich frei zu bewegen und wirkte beinahe sorglos. Ich sah zu Tom herüber, der neben mir saß, als wollte ich mich bei ihm vergewissern, ob er dasselbe sah wie ich. Seine Reaktion war dieselbe. *Das soll wohl ein Witz sein.*

Zuerst wollte ich instinktiv nach meiner Glock greifen, weil ich damit rechnete, dass Dark Horse mich gleich angreifen würde. Er hatte sein Leben lang Amerikaner getötet und sicherlich keine Hemmungen, uns umzubringen. Man merkte ihm seine Überraschung an, Amerikaner zu sehen. Er sah zweimal hin, als er an uns vorbeiging, hielt eine Sekunde inne und blickte zum irakischen Offizier am Schreibtisch, als würde er an ihm ablesen wollen, wie er sich verhalten sollte. Der Offizier machte eine beschwichtigende Geste, die zu sagen schien: Nur die Ruhe, entspann dich. »Hallo«, sagte Dark Horse schließlich lächelnd und setzte sich gegenüber von uns auf ein Sofa.

Er hatte schwarze Augen, schwarze Haare und seine Augenbrauen waren über der Stirn zusammengewachsen. Ein dicker Schnurrbart bog sich an den Enden leicht nach unten, war aber zu kurz für einen »Pornobalken«. Seine Haare waren zerzaust, als hätte er geschlafen. Er sah uns anfangs nicht an, sondern starrte an die Wand oder auf seine Knie.

Ich beobachtete ihn einige Minuten und versuchte, Blickkontakt herzustellen, als seine Augen wie Autos hin und her flitzten, aber er wich mir aus. Er hatte einen nervösen Tick, er fuhr mit einem Finger ständig über seinen Schnurrbart.

»Wie heißen Sie?«, fragte ich ihn.

Er antwortete nicht gleich. Er sah den Oberst an, der am Schreibtisch saß, als wolle er sich vergewissern, dass er reden durfte. Er verstand nicht genau, was vor sich ging. Er unterhielt sich auf Arabisch mit dem Oberst, bevor er schließlich antwortete.

»Ich bin Manaf al-Rawi.«

Wir verbrachten an jenem ersten Tag drei Stunden mit ihm, doch er sagte nicht viel. Wir verrieten ihm nicht unsere Namen, und er fragte auch nicht nach. Wir kamen am nächsten Tag wieder, auch am übernächsten, und er erzählte uns hauptsächlich Dinge, die wir bereits wussten, Dinge, von denen er wusste, dass wir sie bereits wussten. Er spielte mit uns.

Es dauerte einige Tage, bis er mehr preisgab und anfing, über Manhattan und Brooklyn zu sprechen.

Wer weiß, warum er anfing, mehr zu sagen. Vielleicht dachte er, dass er sich damit freikaufen konnte. Vielleicht hatte er die Schreie der anderen Gefangenen gehört, die durch die Flure gezerrt wurden. Vielleicht wollte er seinen unvermeidlichen Tod herauszögern.

»Ich sah sie zum letzten Mal 2006«, sagte er. Er sagte uns, dass er nur über Briefe, die über ein Kuriersystem weitergeleitet wurden, mit Manhattan und Brooklyn kommunizierte.

Dark Horse gab uns schließlich einen ungefähren Eindruck von der Funktionsweise des Kuriernetzwerks, der zwar nicht sehr detailliert war, später aber sehr wichtig wurde. Seine Briefe an Manhattan und Brooklyn gingen durch die Hände vieler Personen, die sich ihren Weg nach Norden bahnten. Tage oder Wochen später kam durch dasselbe System eine Antwort zurück. Die Kuriere wurden regelmäßig ausgewechselt, damit Geheimdienste sie nicht abfangen und eine Fährte aufnehmen konnten. Für einen Augenblick dachte ich, dass wir sie hatten. »Sind Manhattan und Brooklyn dort? Im Norden?«

Er lächelte und wehrte ab. »Mehr weiß ich nicht.«

Dabei blieb er. Vielleicht dachte er, dass er uns bereits genug über die Anführer gesagt hatte, wir uns damit zufriedengäben und er die Sache jetzt aussitzen konnte. Aber die Iraker ließen nicht locker. Sie hatten ihre eigenen Vernehmungsmethoden, und wir zogen es vor, nichts darüber zu wissen. Es würde eine Zeit und einen Ort für weiterführende Befragungen geben. Von dem, was ich selbst beobachtet hatte, hatte diese Art von Druck zur Gefangennahme und Tötung zahlreicher hochrangiger Zielpersonen geführt.

Kurze Zeit später hatte er eine Überraschung auf Lager. »Wollen Sie wirklich etwas wissen?« Da war es wieder, dieses Lächeln. Das war eines der wenigen Male, in denen er mich direkt ansah. Er sagte, dass er vier verschiedene Operationen in die Wege geleitet hatte, bevor er gefasst wurde. »Ob Sie's glauben oder nicht«, sagte er. Er kreuzte seine Beine und lehnte sich auf seinem Sofa zurück, als wäre er im Club Med. Er war eindeutig bereit, für seine Ideale zu sterben.

Er wurde plötzlich gesprächig und fing an, über Operationen zu plaudern. Er gestikulierte lebhaft, als wolle er damit sagen, dass es eine große Explosion gäbe, während unser Dolmetscher schnell für uns übersetzte. Er lächelte, als er über die Zerstörung sprach, die er verursacht hatte, wie ein Serienmörder, der das Gesamtkonzept erklärt, das hinter seinem Wahnsinn steckt. Es war offensichtlich, dass er völlig von sich überzeugt war, als säße er gar nicht im Gefängnis, als hätte er immer noch die völlige Kontrolle über sein florierendes Netzwerk.

Er sagte, dass ein Flugzeug in ein irakisches Regierungsgebäude stürzen werde; Iraker, die zur Wahl gingen, würden zu Hunderten von kleinen Rohrbomben getötet werden, die während der bevorstehenden Parlamentswahlen überall in der Stadt gelegt werden würden; außerdem würden auf vier Botschaften in Bagdad Anschläge verübt werden.

Konkreter wurde er nicht; er sagte nichts darüber, wie wir die Anschläge verhindern konnten, und er weigerte sich, weitere Informationen preiszugeben. Er prahlte und wollte uns zeigen, mit wem wir es zu tun hatten und dass wir nichts tun konnten.

Andere Teams versuchten, seine Äußerungen zu analysieren, aber es war bald zu spät. Drei der vier Anschläge wurden ausgeführt, unter anderem jagten sich Selbstmordattentäter vor der ägyptischen, iranischen und syrischen Botschaft sowie der Residenz des deutschen Botschafters mit einer Autobombe in die Luft. Hunderte von Menschen wurden verletzt. »Wie Sie sehen«, sagte er, als wir ihn nach dem Angriff sahen, »habe ich nicht gelogen.« Dann schwieg er wieder für eine lange Zeit.

In den folgenden Wochen jagte ich weitere Ziele, während Tom und andere Mitglieder unseres Teams Dark Horse täglich einen Besuch abstatteten.

Wir fassten einen Kerl, dessen Fingerabdrücke auf einer explodierten Autobombe zu finden waren; ein anderer stand kurz davor, in den USA Flugunterricht zu nehmen; zwei weitere hatten ISI-Propagandavideos verteilt, in denen ihre schrecklichen Angriffe auf US-Kräfte gezeigt wurden. Eines Nachts töteten wir einen Anführer in der militärischen Zelle des Netzwerks, den »Spezialgruppen.« Dann einen der führenden Finanzleute der Zelle. Einem nach dem anderen erledigten wir die Leute in den Schlüsselpositionen. Von den Terroristen, die auf unserer Fahndungsliste standen, hatten wir bereits acht der zwanzig wichtigsten Ziele des Landes abgearbeitet.

Als unsere Verhörspezialisten nach ihrer Gefangennahme anfingen, mit ihnen zu reden, stellten sich die meisten dumm. »Wovon sprechen Sie? Ich kenne keine Schurken«, sagte einer. Ein anderer sagte: »Sie haben den falschen Mann.« Das war typisch, aber einmal begegnete mir jemand, der erfrischend ehrlich war. Er befand sich auf der mittleren Ebene des ISI und war eher ein Soldat als ein Planer. »Sir,« sagte er mit ernstem Gesicht. »Ich kenne niemanden, der nicht bei der al-Qaida ist.« Dann sagte er uns alles, was er wusste, und führte uns zu einigen weiteren Gesuchten.

Es gab eine Phase, in der wir zwei oder drei neue Missionen pro Nacht hatten – und sich die Puzzleteile zusammenzufügen schienen.

Zum ersten Mal hatte ich das Gefühl, alles unter Kontrolle zu haben, dass wir jeden finden konnten, den wir finden wollten, selbst wenn wir nur den kleinsten Informationsfetzen hatten. Diese Kontrolle gab mir das Gefühl, als wäre unser Team unaufhaltsam. Ich genoss jede Minute. Es war nur eine Frage der Zeit, bis wir die eine entscheidende Spur erhielten, die uns geradewegs an die Spitze brachte.

Ich legte mir gedanklich eine Strategie zurecht, wie wir uns zu Manhattan und Brooklyn vorarbeiten konnten. Wir brachten das Netzwerk in Bagdad zu Fall, Ziel für Ziel, Nacht für Nacht. Obwohl ISI versucht hatte, ihre Führungsstruktur geheim zu halten, konnte ich Ihnen genau sagen, wer welche Positionen bekleidete, auch wenn andere in der Organisation unbekannt blieben. Ich wurde immer besser in dem, was ich tat, weil es keinen Augenblick gab, an dem ich nicht über die eingehenden Informationen nachdachte und wie sie die Lücken füllten. Ich war so mit der Funktionsweise ihres Netzwerks vertraut, dass ich selbst die Führung einer ISI-Terrorzelle hätte übernehmen können, ohne dass deren Abläufe ins Stocken geraten wären. Und wenn unser Team die neuen Leute tötete oder gefangen nahm, wussten wir, wer ihre Nachfolger sein würden – bevor sie überhaupt offiziell ersetzt wurden.

Jede neue Information, jede Vernehmung, jedes Foto, jeder Tipp unserer Quellen am Boden brachte die Zelle in einen größeren Fokus. Dann wanderten sie in meine Computertabellen, wie das Diagramm eines großen Familien-Stammbaums.

Ich hatte so viel Zeit mit den Drohnen verbracht, dass ich ihre Technologie genauestens kannte und wusste, wie man ihre Eigenschaften zu unserem Vorteil nutzte. Ich hatte regelmäßig zwei oder drei Vögel in unterschiedlicher Höhe übereinander fliegen, während ich mit dem Feind Katz und Maus spielte. Erst folgten alle Drohnen einem Ziel, bevor sie sich trennten und anderen Zielen folgten.

Ich reagierte schneller. Ich hatte keinen Zweifel, als ich meine Berechnungen anstellte. Ich hatte die taktische Geduld verinnerlicht. All die Missionen hatten mir zu Erfahrung und Wissen verholfen. Ich konnte unmittelbar erkennen, ob ein Verdächtiger, den wir beobachteten, ein unschuldiger Zivilist war oder ein Feind, der sich in der Menge versteckte. Mein Team arbeitete effizient, und jeder wusste, was der andere tun würde, noch bevor dieser etwas tat. Wir verständigten uns in Halbsätzen oder manchmal auch nur mit Wortfetzen.

Die Durchführung von Missionen fühlte sich jetzt wie meine zweite Natur an. Ich konnte alles über diese Ziele sagen, ihren Lebenslauf und in welchen Gebieten sie sich vermutlich versteckten. Vorher waren wir nur Spione in der Luft gewesen. Jetzt fühlte es sich an, als würden wir mit unseren Feinden leben, als würden wir ihre Gedanken lesen, während diese ihrem Alltag nachgingen. In vielen Fällen hatte ich beinahe das Gefühl, als ob ich mehr über meine Zielpersonen wusste als ihre eigenen Familien.

Unsere Erfolge wurden auf den höchsten Führungsebenen besprochen. Unsere Vorgesetzten sagten uns, dass einige Gefangennahmen in den Tagesbericht des Präsidenten Eingang fanden. Die Anfragen, die wir erhielten, um bei anderen Zielen mitzuhelfen, zogen das Tempo noch weiter an. Die CIA wollte, dass wir uns einen Typen im Süden vornahmen. Das FBI wollte, dass wir uns jemanden ansahen, der Sprengfallen transportierte und Verbindungen in die USA hatte.

Ich schlief damals drei Stunden pro Nacht, die Drohnenübertragung auf meinem Fernseher war wie ein permanentes Nachtlicht, das die Dunkelheit von mir fernhielt. Den anderen Teamkollegen meiner Einheit, die im Norden und Westen im Einsatz waren, ging es genauso. Wir alle waren miteinander verbunden und nährten uns gegenseitig. Wir redeten nachts in Videokonferenzen miteinander und teilten unsere Fährten.

»Sie sind auf der Flucht«, sagte Jack eines Abends. »Wir hören, dass immer mehr Leute aufbrechen und nach Syrien ziehen.«

»Sie bringen sogar Mitglieder ihrer eigenen Zellen um, weil sie überall Ratten vermuten«, sagte Andy.

»Damit erleichtern sie uns die Arbeit enorm«, sagte ich lachend.

»Wir haben auch gerade einen Bericht erhalten, dass die Anführer ihren Leuten sagen, dass sie bei Besprechungen keine Armbanduhren mehr tragen sollen«, fuhr Jack fort.

»Was?«

»Sie denken, dass die verwanzt sind.«

»Das war`s dann mit den Swatch-Uhren«, sagte ich. »Wir treiben sie in den Wahnsinn.«

»Halten wir den Druck aufrecht«, sagte der Oberkommandeur.

»Wir sind bei ihnen zu Hause, und sie wissen, dass sie dort nicht mehr leben können.«

Eines Nachts rief mich Jack von seinem Standort im Norden an und bat mich, einen Blick auf seine Drohnenübertragung zu werfen. »Hey Mann, schalt mal einen deiner Monitore auf meinen Kanal.«

Ich gab die Anweisung, sie auf einen unserer Großbildschirme zu schalten.

»Schau mal«, sagte Jack. »Das ist der militärische Emir von Mossul. Er ist auf der Flucht.« Er lachte, beinahe als wollte er sagen … dieser Kerl steht kurz davor, seinem Schöpfer zu begegnen.

»Sauber«, antwortete ich.

Die Zielperson sprang von Dach zu Dach, während die irakischen Sicherheitskräfte ihn verfolgten. Jacks Operators hatten die Iraker bei dieser Mission mitgenommen, und die Zielperson war geflohen, bevor sie die Gelegenheit hatten, ihn in seinem Haus zu fassen.

Wir arbeiteten bei vielen Missionen mit den Irakern zusammen. Zusammenarbeit ist ein bisschen viel gesagt. Die Iraker mussten immer stärker in unsere Operationen eingebunden werden, weil ein neues, von der Regierung erlassenes Gesetz vorgab, dass mindestens ein Iraker an jeder US-Mission teilnahm – eine Art PR-Kampagne, damit die Einsätze ein »irakisches Gesicht« erhielten, auch wenn die Iraker nicht viel machten. Sie durften nicht in die Box, zogen aber mit unseren Angriffsteams los. Später wurden Nachrichten veröffentlicht, dass Iraker für die Tötung dieses und jenes Terroristen verantwortlich gewesen seien. Normalerweise war das eine Übertreibung. Unsere Männer waren verantwortlich gewesen, und wir schleppten einfach nur einige irakische Soldaten mit. Wie zum Beispiel diesmal.

Jack sagte: »Schau mal, gleich wird's spannend!«
Der Dachflitzer war immer noch auf der Flucht und schaffte es, den irakischen Soldaten zu entfliehen, denen langsam die Puste ausging. Er drehte sich immer wieder um und feuerte einige Schüsse ab, was die Iraker noch langsamer machte. Der Flitzer wäre vielleicht sogar davongekommen, wenn er sich nicht verschätzt hätte. Schließlich erreichte er nämlich ein Dach, das einerseits zu niedrig war, um aufs nächste Dach zu springen, und andererseits zu hoch war, um auf die Erde zu springen. Deswegen kauerte er sich hinter eine Mauer, als wolle er sich verstecken. Die Drohnenkamera parkte direkt über ihm. Ich schaltete mein Headset an, um den Gesprächen der Operators zu lauschen. Weil das Angriffsteam von ihrem Standort am Boden dieselben Drohnenbilder erhielt, gab es den irakischen Sicherheitskräften, die den Flitzer nicht genau lokalisieren konnten, per Funk sein genaues Versteck durch. Sie schlossen langsam zu ihm auf.

Als der Flitzer das bemerkte, eröffnete er das Feuer und verließ dafür immer wieder seine Deckung. Die Iraker fingen daraufhin an, ihn mit Granaten zu bewerfen. Über die Drohne konnte ich sehen, wie eine Granate nach der anderen auf dem Dach landete. Die Erste verletzte ihn, aber er war noch am Leben. Ich konnte sehen, wie er taumelte und immer noch versuchte, sich in dem Eck kauernd zu verstecken. Es folgte eine weitere Granate, *Boom*, gefolgt von einer großen Rauchwolke. Die erwischte ihn. Als wir über ihm kreisten, sahen wir, wie der Flitzer langsam verblutete und schließlich starb.

»Gut, wieder ein Drecksack, den wir von der Liste streichen können«, sagte Jack.

»Ja«, sagte ich, »vielen Dank für meine tägliche Dosis Kill-TV«, bevor ich mich abmeldete.

Dark Horse schwieg in jener Zeit – und wir mussten das schnell ändern.

»Ich habe eine Idee«, sagte der Führungsoffizier Tom eines Abends. »Erinnern Sie sich an den Zwillingsbruder?«

Nach wochenlangen Vernehmungen hatten wir es satt, uns von Dark Horse einlullen zu lassen, der uns immer wieder Lügen über die aktuelle Verfassung von Manhattan und Brooklyn erzählte, über den Aufenthaltsort anderer ISI-Kommandanten und das nächste Anschlagsziel. Ich machte mir Sorgen, dass wir bei unserer Jagd nach Manhattan und Brooklyn Zeit verloren. Wir wussten, dass er log, wenn er behauptete, nichts zu wissen, und er verschaffte dem Netzwerk Zeit, sich nach seiner Gefangennahme neu zu formieren. Tom beschloss, dass es an der Zeit war, seinen Zwillingsbruder ins Spiel zu bringen. Er war vom Vorgänger-Team gefasst worden und saß seit einiger Zeit in Haft.

Tom besuchte den Zwilling im anderen Gefängnis und bearbeitete ihn tagelang, bis er schließlich einbrach. Tom überzeugte ihn allmählich davon, dass es die jahrelangen Vergehen seines Bruders waren, die ihn ins Gefängnis gebracht hatten, und dass Dark Horse seine Familie entehrte, die in dieser Kultur alles bedeutete.

Im Zwillingsbruder, Ahmed al-Rawi, regte sich Wut. Jetzt mussten wir nur noch dafür sorgen, dass die beiden zusammenkamen und sich von Angesicht zu Angesicht sahen. Es würde ein Überraschungsmoment sein, weil sie beide nicht wussten, dass der jeweils andere in unserem Gewahrsam war.

Wir brachten Dark Horse ins Gefängnis seines Zwillingsbruders und beobachteten über einen Videobildschirm, wie die beiden miteinander redeten. Sie umarmten sich, als hätten sie sich seit Jahren nicht gesehen und als wäre dies möglicherweise ihr letztes Treffen. Sie waren emotional bereits stark mitgenommen, der Anblick des jeweils anderen reichte dafür schon aus – in Handschallen, geistig gebrochen, im orangefarbenen Overall. Die erste herzliche Umarmung endete bald, als sie sich ihrer Situation bewusst wurden.

Im Gesicht des Zwillings zeichnete sich Wut ab, als wäre er von seinem Bruder und dem, was er getan hatte, bitter enttäuscht. Alle diese Morde hätten ihn schließlich heimgesucht, Allah habe ihn für seine Sünden hierhergebracht, und die Anspannung in der Zelle stieg schnell. Er sah

Dark Horse an, als hätte er seit Monaten überlegt, was er ihm sagen würde, falls er jemals die Gelegenheit dazu bekäme.

Die Botschaft, die der Zwilling für Dark Horse hatte, war: Die Amerikaner wissen alles, sie haben alles unter Kontrolle, und das Einzige, was Dark Horse jetzt noch macht, ist, seiner Familie Schande zu bereiten. Der Zwilling forderte ihn zur Kooperation auf, in der leisen Hoffnung, dass dadurch vielleicht der kleine Rest, der von seiner zerrütteten Familie noch übrig geblieben war, gerettet werden konnte. Dark Horse brach in Tränen aus. Er vergrub sein Gesicht in seinen Händen und starrte auf den Boden. Das war der Moment, in dem wir wussten, dass wir ihn hatten. Der Zwilling war das personifizierte schlechte Gewissen seines Bruders. Tom hatte ihn gebrochen.

Ich habe genug solche Szenen gesehen, um eins zu wissen: Ganz gleich, wie hart jemand im Nehmen ist, wenn man ihn einige Monate in einen Kasten steckt und ihm dann seine Familie zeigt, löst das etwas in ihm aus. Das war der Wendepunkt, auf den wir seit Jahren gewartet hatten.

20

MANHATTAN UND BROOKLYN

Ich besuchte Dark Horse einige Tage später. Diesmal befand er sich in unserer Anlage in einem leeren gekachelten Raum, hinter der Box – ein kleiner Unterschied zu der durchgesessenen Couch, auf der wir ihn zum ersten Mal getroffen hatten.

»Hallo«, sagte er. Seine Stimme war leise, kaum hörbar. Er sah irgendwie kleiner aus, weniger selbstbewusst. Seine Kleidung hing lose an seinem Körper; sein Gesicht wirkte hagerer. Bei unserem ersten Treffen war er überheblich, skrupellos und vorlaut, als hätte er noch etwas zu sagen, obwohl er im Gefängnis war. Jetzt starrte er meist auf den kalten Boden, als wüsste er, dass er uns gehörte.

Ich hatte einige Fotos von Personen, die wir jagten, aus einer Akte entnommen und legte sie auf den Boden. Als ich über Dark Horse stand, ging er in die Hocke, um sich die Bilder anzusehen. Zwei irakische Offiziere beobachteten das Geschehen von beiden Seiten des Zimmers. Er schien verängstigt, wie ein in die Enge getriebenes Tier. Aber er hatte natürlich keine Ahnung, was als Nächstes passieren würde – ich wäre an seiner Stelle ebenfalls verängstigt gewesen.

Wir blieben stundenlang bei ihm, und er fing an, uns Informationen über alles und jeden zu geben, von dem er etwas wusste. Diesmal erzählte er keine Lügen und Märchengeschichten. Er wusste sogar etwas über geplante Anschläge auf die Fußballweltmeisterschaft in Südafrika in jenem Jahr. Wir gaben diese Informationen sofort an die CIA weiter.

Eine Zielperson, die er erwähnte, stand auf unserer Todesliste: Der neue Militärkommandant des ISI für den Norden. Wir schickten diese Information an Jack, und er schaltete mit seinem Team die Zielperson noch in der gleichen Nacht aus.

Etwa zur selben Zeit nannte uns Dark Horse Lagerorte für Waffen und Sprengstoff, die überall in Geheimdepots in der Stadt versteckt waren, und wichtiger noch, wo sich seine sieben Adjutanten aufhielten. Das waren die Typen, die nur wenige Wochen zuvor die Bombenangriffe ausgeführt und damit geprahlt hatten. In jener Nacht schickten wir ein Team los, das sich um sie kümmerte.

Die Vögel gingen zu jedem der genannten Orte, und Jason fing an, Angriffspläne auszuarbeiten – sie schlugen mit der Unterstützung irakischer Spezialeinheiten an allen sieben Orten gleichzeitig zu. Wenn wir sie nicht alle auf einen Schlag erledigten, würden die Kerle bemerken, dass ihre Zellen aufgeflogen waren, und fliehen.

Es war Anfang April und nach Mitternacht. Ich erinnere mich, in dieser Nacht beinahe zweiundsiebzig Sunden am Stück wach gewesen zu sein. Ich hatte vermutlich eine ganze Packung Frosties verdrückt.

Mit den Drohnen über uns fingen wir an, alle relevanten Locations nach Anzeichen für Waffen, Bomben, Fahrzeuge, anwesende Frauen und Kinder, einfach nach allem Möglichen zu durchsuchen – sodass die verschiedenen Angriffsteams umfassend gebrieft werden konnten, bevor sie aufbrachen.

Ich ging in Gedanken die Gefahren durch, als die Operators mit unseren neuen irakischen Partnern loszogen. Ein Teil von mir fragte sich, ob Dark Horse uns eine Falle stellte. Man weiß nie genau, ob ein Häftling lügt und man ins Verderben läuft. Die andere Möglichkeit war, dass er uns zu Unschuldigen führte.

Ich sah, wie unsere Teams in die sieben Häuser stürmten, die Türen mit Sprengladungen aufbrachen, schnell aufzuckende Lichter in der Infrarotkamera, und dann die Männer, die einige Minuten später herausgeführt wurden.

Wir nahmen in jener Nacht eine Reihe von ISI-Leuten gefangen, aber einer von ihnen war besonders wichtig – der Onkel von Dark Horse. Er war ein hochrangiger Kurier in der Befehlskette von Manhattan bzw. Brooklyn und sollte ihnen am nächsten Tag eine besondere Lieferung bringen. Der Onkel war eine wichtige Person, die alles veränderte. Das war der Zeitpunkt, an dem unsere Mission, die beiden wichtigsten Anführer des ISI zu stürzen, wirklich begann.

Die Iraker beanspruchten den Onkel sofort für sich und brachten ihn in eine ihrer Arrestzellen, um ihm Informationen zu entlocken. Einige Mitglieder unseres Teams gingen mit.

Er saß zusammengesunken auf einem Stuhl in einem kargen Betonraum. Der Onkel war beleibt und kahlköpfig, hatte einen zotteligen Bart und trug einen traditionellen weißen Kaftan. Er sagte, er habe die Aufgabe, einem Mann einen Brief in einem gelben Umschlag auszuhändigen. Dieser Mann würde den Brief jemand anderem geben, bis er mit etwas Glück ganz oben eintraf, bei Abu Ayyub al-Masri und Abu Umar al-Baghdadi – Manhattan und Brooklyn.

Der Onkel hatte bisher nur mit einem anderen Kurier in der Kette zu tun gehabt, nämlich dem Mann, dem er jede Woche einen Brief gab. Die Kurierkette war so organisiert, dass sie sofort geändert werden konnte, falls ein Glied in der Kette entdeckt würde. Wenn der Onkel oder ein anderer Kurier nicht am Treffpunkt erschien, würde sich das Kuriernetzwerk umgehend auflösen. Alle Nachrichten würden vernichtet werden, und es würde sich ein völlig neues System formieren.

Zuerst wollte der Onkel nicht kooperieren. Aber die Aussicht darauf, von den Irakern in ein düsteres Geheimgefängnis verschleppt zu werden, dass er möglicherweise niemals wieder verließ, überzeugte ihn schließlich.

Wir erfuhren, dass die Kurierkette, die quartalsweise ausgetauscht wurde, den beiden »Scheichs« – Manhattan und Brooklyn – wöchentlich und immer persönlich Informationen brachte. Der Onkel gab nur wenige Details preis, die aber ausreichten, um festzustellen, dass gerade wieder ein Brief auf den Weg gebracht werden sollte. »Sie erwarten mich morgen«, sagte er.

Man erwartete von ihm, den Brief in einem Blumentopf zu verstecken und so dem nächsten Kurier in der Kette weiterzuleiten. Der Brief war für Manhattan bestimmt, aber es war unklar, wie viele Mitglieder in der Kurierkette die Nachricht weiterleiteten und wie genau der Brief geprüft wurde, bevor er beim Empfänger eintraf.

So gern wir uns den Brief ansehen wollten – wir verzichteten darauf. Er blieb ungeöffnet in dem gelblichen Umschlag. Wenn der Eindruck entstand, dass der Brief manipuliert worden war, könnte das die Mission in Gefahr bringen. Tom wusste, dass wir schnell handeln mussten.

»Wir müssen dann los«, sagte Tom zu dem Onkel.

Dessen Augen weiteten sich. »Wohin?« Er dachte wohl für einen Moment, dass er seinen Teil erledigt hatte und nach Hause gehen konnte.

»Sie machen weiter wie geplant.«

»Auf keinen Fall, ich bin doch nicht verrückt.«

»Sie gehen«, sagte er. »Sie tragen den Brief wie vereinbart zum nächsten Mann.« Der Onkel sah den irakischen Offizier an, der ihm einen verächtlichen Blick zuwarf.

Unser Plan war wie folgt: Wir wollten den Onkel zum Treffpunkt bringen, wo er einen mit einem Peilsender versehenen Blumentopf mit den Briefen an die Scheichs abstellte. Die Lieferung erfolgte immer mit einem Blumentopf.

Die irakische Einheit, mit der wir zusammenarbeiteten, hatte mit dem Onkel aber etwas anderes vor – sie wollten nur den nächsten Kurier fangen und waren extrem unwillig, das in Betracht zu ziehen, was wir als »Verfolgung durch Bildaufklärung« bezeichneten – wir verwendeten eine Drohne, um der gesamten Kurierkette bis ganz an die Spitze zu folgen. Sie begriffen es nicht.

Verhandlungen mit den Irakern waren immer eine heikle Sache. Sie waren zögerlich, aber wir waren überzeugend. Als wir sie dazu brachten einzuwilligen, brach dem Onkel der Schweiß aus. Er schüttelte unablässig seinen Kopf. Wenn der Mann, den er treffen wollte, bemerkte, dass etwas nicht stimmte, würde er ihn und seine Familie töten. »Wir sind alle tot«, sagte er und fuhr mit dem Zeigefinger seinen Hals entlang.

»Dann sollten Sie lieber eine oscarreife Leistung abliefern«, sagte ich.

Er verstand nicht.

»Sei einfach ein guter Schauspieler.«

Wir reinigten seine Kleidung, damit nichts mehr darauf hinwies, dass er in Haft gewesen war, und gaben ihm ein Muskelrelaxans, damit er sich entspannte. Das half nicht. Aber es war trotzdem Zeit zu gehen.

Wir brachten den Onkel mit Tom und den Operators zu einem Hubschrauber, der sie zu einem anderen Safehouse flog, das näher an dem in der Stadt Samarra befindlichen Treffpunkt lag.

An jenem Nachmittag kaufte das Team neue Blumen und einen Blumentopf in einem nahegelegenen Geschäft und stieg in einen blauen Mazda Bongo-Kleintransporter, der mit unseren Peilsendern ausgestattet wurde. Der Onkel sollte behaupten, dass er in einen Autounfall geraten war und sich den blauen Transporter von einem Bekannten ausgeliehen hatte.

Wir arbeiteten die ganze Nacht. Weil der erste Kurier-Treffpunkt von meinem Standort weit entfernt und näher an Jacks Gefechtsfeld war, hatte er jetzt die Kontrolle über die Drohnen, die von verschiedenen Boxen in ganz Irak entsandt wurden. Als der Onkel gegen 7 Uhr morgens losfuhr, hatten wir drei Drohnen, die übereinander am Himmel standen.

Es dauerte eine Weile, bis wir den Treffpunkt fanden. Der Onkel wusste nicht genau, wie er fahren sollte, weil er aus nördlicher Richtung kam. Das Treffen sollte bald stattfinden, und wenn wir den Kurier verpassten, war die ganze Sache gelaufen.

Nach mehrmaligem Nachfragen und diversen Richtungsangaben fanden wir den Ort schließlich. Zwei Limousinen mit irakischen Spezialkräften waren in unmittelbarer Nähe zur Unterstützung abgestellt und simulierten am Straßenrand eine Autopanne. Als der Onkel am Treffpunkt eintraf, beobachteten wir von oben, dass es nur wenige Minuten dauerte, bis der nächste Kurier kam.

Jasons Team wartete, als der Onkel dem neuen Kurier den Blumentopf überreichte. Wir achteten auf die kleinste Bewegung – wie sich die Männer zur Begrüßung umarmten, der Topf übergeben wurde. Unsere drei Drohnen über ihnen lieferten uns Bilder, die auf die Bildschirme an der Wand übertragen wurden. An anderen Tagen flimmerten dort Dutzende von Missionen. Heute war dies das Hauptereignis, das auf jedem Monitor auftauchte.

Ich befürchtete, dass der Onkel den Kurier warnen könnte, und wir beobachteten daher genau, ob es Anzeichen dafür gab, aber der Austausch verlief ohne besondere Vorkommnisse, und kurze Zeit später verfolgten wir den zweiten Kurier, dem wir den Spitznamen Charlie gaben, mit der Drohne.

Man hätte meinen können, dass wir die Sache jetzt in der Tasche hatten, aber das war eben auch genau die Phase, in der man leicht und plötzlich die Kontrolle über eine Operation verlieren konnte.

Wir folgten einem Mann, der nicht wusste, dass er verfolgt wurde, und wir konnten ihn nur über unsere Vögel überwachen. Natürlich waren die Peilsender hilfreich – bis zu einem gewissen Grad. Aber unser Feind konnte das Auto, den Blumentopf und alles andere wechseln, und wäre dann praktisch unsichtbar.

Preds waren technologische Wunderwerke, aber sie waren trotzdem Technologie, und ich wusste, dass jederzeit etwas schiefgehen konnte. Es war durchaus möglich, dass die Kamera grundlos streikte oder die Flügel der Preds kältebedingt vereisten, was sie zur Rückkehr gezwungen hätte. Eine solche Mission stellte eine hohe Belastung dar. Eine falsche Bewegung oder eine technische Fehlfunktion und wir wären wieder bei Null. Wir verfolgten Charlie, während er die zentrale Fernstraße nach Norden fuhr, tiefer in die Wüste hinein, wo vereinzelte Ziegen und Schafe grasten. Eine solche Mission konnte stundenlang so weitergehen. Die Zeit zog sich wie Kaugummi, und man verlor jedes Zeitgefühl. Doch zumindest in dieser Etappe fuhr Charlie nur etwa dreißig Minuten, bevor er am Straßenrand anhielt.

Wir sahen, dass ein anderes Fahrzeug aus der entgegengesetzten Richtung kam. »Stellen Sie das in die Mitte«, kam die Nachricht über den Chat. »Verstanden.«

Das war eine weitere ungünstige Situation. Wir hatten nur drei Drohnen im Einsatz und konnten dementsprechend nur drei Ziele verfolgen – wussten aber nicht, welche bzw. wie viele Personen aus dem Wagen stiegen und wohin sie gingen.

In der Box wurde es sehr still. Ich hielt die Luft an und beobachtete, wie sich die Szene vor uns abspielte.

Das zweite Fahrzeug hielt an, und ein Mann stieg aus dem weißen Wagen aus, um Charlie zu treffen. Sie begrüßten sich, der neue Mann gab Charlie einen Autoreifen, während dieser den Blumentopf von der Ladefläche seines Wagens hob und dem neuen Typen überreichte.

In der Zwischenzeit hielten wir jede Bewegung fest, die jede Person machte, ebenso auch Einzelheiten über den Ort und die Uhrzeit, einerseits für die spätere Analyse und andererseits für die Akten, sollten wir für eine andere Operation jemals wieder dorthin zurückkehren müssen. Sobald sie die Übergabe vollzogen hatten, stieg der neue Mann wieder in seinen Wagen und für auf der Fernstraße weiter nach Norden. Wir gaben diesem neuen Kurier den Namen Precious Cargo – wertvolle Fracht. Über Funk nannten wir ihn nur PC.

Charlie fuhr auf der Fernstraße wieder nach Süden, zum Onkel. Als er am ersten Treffpunkt eintraf, wurde er von unserer irakischen Hilfseinheit festgenommen, die angefangen hatte, hektische Funksprüche abzusetzen, dass sie von bewaffneten Milizen verfolgt wurden. Es stellte sich heraus, dass das nicht der Fall war – sie waren nur paranoid.

Wir mussten dafür sorgen, dass jeder ruhig blieb, weil sich Nachrichten wie ein Lauffeuer verbreiteten, und jedes sichtbare Zeichen für eine Entdeckung konnte dazu führen, dass man es – irgendwie – weiter oben in der Kette mitbekommen würde.

Nachdem wir uns um Charlie gekümmert hatten, änderte die Pred, die ihn verfolgt hatte, ihren Kurs und schloss sich der Verfolgung PCs an, der weiterhin auf dem Weg nach Norden war.

Wir vermuteten – und hofften vielleicht auch – dass PC der Letzte in der Kette war. Derjenige, der uns zu den beiden meistgesuchten Männern der Welt führen würde.

PC fuhr stundenlang weiter. Er hielt an verschiedenen Orten an – einer Reihe von Häusern und Geschäften. Er fuhr in die Wüste und dann zurück in kleine Dörfer.

An jedem Ort, an dem er hielt, machten wir Notizen. Diese Orte – vor allem die Häuser – würden später Ziele unserer Operationen werden. In der Zwischenzeit machten die Drohnenkameras Hunderte von Fotos, katalogisierten sie mit jedem GPS-Punkt – Straßen, Stadtviertel, Moscheen. Die Spezialoperationen hatten sich teilweise deshalb in so kurzer Zeit so extrem entwickelt, weil wir im Grunde die Erde kartografierten.

Am Nachmittag brachte PC seinen weißen Wagen zu einem Autohändler mit dreißig oder vierzig identischen weißen Fahrzeugen. PC schien zu vermuten, dass etwas nicht stimmte, und versuchte, das Auto durch ein anderes zu ersetzen. Der Händler nahm ihm das aber nicht ab, und wir hatten Glück, dass PC keine Gelegenheit bekam, sein Auto zu wechseln.

Das war ein Dilemma. PC war ausgebildet worden, die Lieferung abzubrechen, sobald er dachte, dass er verfolgt würde, und er hatte eindeutig diesen Eindruck: Eine Stunde später sahen wir, wie er ein großes Objekt aus dem Autofenster in die Wüste warf – den Blumentopf mit der Nachricht.

»Etwas stimmt nicht«, schrieb ich Jack in unserem internen Chatsystem. »Das, was wir hier tun, bringt nichts. Er hält immer wieder beliebig an, und jetzt hat er eben den Topf aus dem Fenster geworfen. Fliegen unsere Vögel zu tief?«

»Schon. Aber wenn sie aufsteigen, sehen wir nichts durch die Wolkendecke.«

»Mist, aber irgendwie ist das ja auch ein gutes Zeichen. Das heißt, dass er nichts Gutes im Schilde führt.«

»Ja, da haben Sie Recht«, erwiderte Jack.

PC fuhr weiter. Aber schon bald zeichnete sich ein Wetterumschwung ab. Ich sah auf den Monitoren, wie sich die Wolken am Himmel verdichteten. Ein dunkler, bewegter Ozean. »Das ist nicht gut«, sagte ich zu Jack, als unsere Vögel auf den Sturm zuflogen.

Wir starrten angestrengt auf die Monitore, als könnten wir mit unseren Blicken die Wolken umlenken. Aber schon bald hatten die Wolken die Kameras verdunkelt, und bei einem Vogel fing ein Flügel an zu vereisen. Diese Drohne musste zum Stützpunkt zurückgebracht werden, bevor sie Probleme bekam.

Es verstrichen noch zehn Minuten, und dann – war PC verschwunden. Wo zum Teufel steckte er? Keine der Drohnen hatte ihn im Bild.

Ich war frustriert, als ich auf die mittlerweile pechschwarzen TV-Bildschirme starrte. Die Kameras zeigten nur schwarze Wolken. Keinen Wagen. Keinen PC.

Alle wurden unruhig.

Einige Teammitglieder warfen den Bildschirmen die wüstesten Beschimpfungen entgegen, als hätte sich das Wetter gegen uns verschworen. Es sah schlecht für uns aus. Warum gerade jetzt?

In unseren internen Chats erschienen neue Befehle und Handlungsanweisungen, um den Sichtkontakt wiederherzustellen.

Wenn PC völlig verschwunden war, lag ein Notfall vor. Die Operators bereiteten sich im Safehouse darauf vor, die ersten beiden Kuriere, Onkel und Charlie, in die Wüste zu fahren, um zu sehen, ob sie eine Ahnung hatten, wohin PC ging.

Der Kartenanalyst, der im Norden stationiert war und die Mission unterstützte, hatte eine Idee. Er fing schnell an, anhand der Fahrgeschwindigkeit des Wagens beim letzten Sichtkontakt und der Fluggeschwindigkeit der Drohne zu berechnen, wo sich PC aufhalten konnte und wann sich die Wolken verzogen.

Sobald die Koordinaten eintrafen, wurde der Sensor der Thermalkamera dorthin gerichtet – und dann hofften wir, dass wir Glück hatten. Es vergingen weitere fünf Minuten, die sich wie Stunden anfühlten.

Wo war er? Alles, was sich auf diesen einen Augenblick zugespitzt hatte, konnte verloren sein. Jetzt konnten wir sehen, dass das Wetter stellenweise aufklarte, wie ein verrauschter Kabelkanal, der zwischen kristallklarem Bild und schwarz-grauen Linien schwankt. Jedes Mal, wenn die Sonne zwischen den Wolken hervorkam, war zwischen der Wüste und unserem Vogel, der in einigen Hundert Metern Höhe flog, nichts zu sehen. Die Sekunden, die verstrichen, schienen in Zeitlupe zu verlaufen.

Es war so, als hätte jemand unsere Gebete erhöht, denn plötzlich erschien der Wagen wieder auf unserem Bildschirm. Brian brach vor Erleichterung fast vor mir zusammen. Die Wette hatte sich bezahlt gemacht. Wir hatten Glück.

Am Haupteinsatzort, tief in der Wüste, Meilen von der Box entfernt, warteten die Operators auf ihren Einsatz. Jason und seine Männer waren in voller Montur, bis auf die Zähne bewaffnet und beobachteten die Live-Drohnenübertragungen. Ihre Black Hawks waren in Bereitschaft.

Aus Tag wurde Nacht, und bald bog PC in eine Wüstenstraße ab, die tiefer ins Nirgendwo führte. War das sein endgültiger Zielort? Die leitenden Offiziere in unserem Stabsquartier verfolgten die Drohnenübertragungen jetzt in ihrem Hauptgefechtsstand. Die ranghöchsten Kommandanten in Washington, D.C. und in den Kriegsgebieten waren ebenfalls zugeschaltet. »Kill TV«, so nannten wir den Drohnenkanal.

Obwohl wir nicht genau wussten, wohin PC fuhr, lag Spannung in der Luft, weil nun fünf Jahre Jagd auf ihr Ende zusteuerten. Was sich jetzt abspielte, konnte zu einer der größten Entdeckungen der letzten Jahre führen.

Die Straße verlief schnurgerade und führte zu einer sehr kleinen Wohn-anlage, die meilenweit das einzige Gebäude war. Auf dem Monitor konn-te ich erkennen, dass vor dem Haus einige Tiere grasten. Ziegen.

»Z auf Eins«, sagte Jack dem Kamera-Operator. Er wollte die Hütte se-hen, und da war sie auch schon: Körperwärmesignaturen, die kleinen schwarzen Gespenstern gleich von der Nordseite des dunklen Gebäudes nach außen drangen. Soweit ich sehen konnte, gab es weder bewaffnete Wachen noch sonstige Sicherheitsleute.

»Was denken Sie? Könnte es das sein?«, schrieb mir Jack im Chat.

»Na ja, wenn ich auf der Flucht wäre, würde ich mich genau dort aufhal-ten – mitten im Nirgendwo«, antwortete ich.

PC hielt an und stieg aus dem Wagen. Aber dann tat er etwas, das uns plötzlich alle in Unruhe versetzte. Statt sofort in die Anlage zu gehen, ging er 100 bis 150 Meter in die Wüste und sah nach oben. Wir konnten sehen, dass er angestrengt in den dunklen Nachthimmel blickte. Als hätte er etwas gehört. Suchte er nach uns?

PC ging nach diesem Wüstenspaziergang in die Hütte. Nach etwa drei-ßig Minuten war klar, dass er über Nacht dort bleiben würde. Jason gab den Befehl fortzufahren und sagte den Operators, dass sie sich bereit machen sollten. »Macht euch fertig, wir brechen noch in dieser Stunde auf.«

Als die Drohne die Hütte scannte, konnten wir nicht genau wissen, wie viele Personen sich darin aufhielten, aber wenn das der Aufenthaltsort von Manhattan und Brooklyn war, dann würden zumindest einige von ihnen schwer bewaffnet sein und sich nicht lebend gefangen nehmen lassen.

Brian machte sich sofort an die Arbeit, erstellte einen Lageplan der Hüt-te und ergänzte die vorhandenen Karten der Gegend. Jeder arbeitete hochkonzentriert, als hinge unser aller Leben davon ab, dass dieser eine Moment perfekt ablief. Funkgespräche unterbrachen viele Sekunden des betriebsamen Schweigens.

Der Kommandant, der die Operation kontrollierte, hatte endgültig entschieden, den Ort nicht zu bombardieren. Es würde einen Angriff geben. Es war unmöglich zu wissen, was in der Hütte war, und wir wollten kein Haus in Schutt und Asche legen, das voller Frauen und Kinder war. Wir konnten nicht bestätigen, ob Manhattan und Brooklyn sich darin befanden.

Aber ein Angriff bedeutete auch, dass auf unserer Seite Menschenleben auf dem Spiel standen. Immer wenn das Angriffsteam losgeschickt wurde, war klar, dass das Ziel wichtig genug war, um das Risiko zu rechtfertigen. Die Operators verließen sich dabei auf mein Team, so wie ich mich auf sie verließ, um die Mission am Boden zu einem erfolgreichen Ende zu bringen. Wir alle hingen gemeinsam in der Sache. Ich erinnerte mich an den Operator, der nach einer Mission blutverschmiert in die Box gekommen war und mich gefragt hatte, wen er soeben getötet hätte.

Als die Teammitglieder ihre Waffen vorbereiteten und die Hubschrauberrouten planten, untersuchten sie mithilfe der Drohnenübertragung auch den Lageplan der Hütte: zwei oder drei Räume, ein Carport an der Seite, in dem der Kleintransporter stand, und das ganze Grundstück, das von einer ein Meter achtzig hohen Lehmmauer umgeben war.

Es wurden die üblichen Target Cards mit den Fotos der anderen Schurken ausgeteilt, die sie vielleicht an den verschiedenen Orten vorfanden. Außerdem ging ich ans Telefon, um mit Jason noch mal die Informationen durchzugehen, die wir über Manhattan und Brooklyn bereits gewonnen hatten.

»Diese Typen tragen Selbstmord-Westen so wie wir Socken«, erzählte ich ihm. »Wenn sie da drin sind, ist es ziemlich wahrscheinlich, dass sie nicht lebend herauskommen werden.« Auf PCs Route gab es sieben Häuser, die er auf seiner Fahrt durch die Wüste besucht hatte. Alle sollten fast gleichzeitig angegriffen werden. Die Anführer konnten in jedem dieser Häuser sein.

Weil es zu viele Zielorte gab, die noch dazu zu weit auseinander lagen, brauchte unsere Gruppe etwas Unterstützung, weshalb Jason beschlossen hatte, das Haupthaus der Kuriere anzugreifen und die Army Rangers auf die anderen sechs Orte anzusetzen.

Jasons erster Angriffsplan war einfach. Sie wollten die Hubschrauber direkt über den Hauptzielort bringen, wo sich die Jungs abseilen und die Anlage stürmen sollten.

»Ihr seid startklar«, sagte ich. »Viel Glück.«

»Bis nachher.«

Das Wetter schlug wieder um. Es zogen wieder mehr Sturmwolken am Himmel auf, starke Winde wirbelten Sand auf und erschwerten jedem die Sicht.

Als die Hubschrauber um 2 Uhr nachts abhoben, hatten wir drei Preds über der Anlage, die die leere Wüste nach Anzeichen für einen Hinterhalt absuchten. Die extrem starken Winde sorgten in Kombination mit dem Sand dafür, dass Jasons Team praktisch gar nichts sah – gefährliche Bedingungen, um einen Hubschrauber zu fliegen, selbst für die besten Piloten der Welt. Aber das Team kämpfte sich trotzdem eisern durch. Es gab jetzt kein Zurück mehr. Das war eine Gelegenheit, die wir nicht ungenutzt verstreichen lassen konnten.

Und dann erreichte uns eine Hiobsbotschaft. Als unsere Hubschrauber in den Landeanflug auf den Hauptort gingen, kam ein dringender Funkspruch: »Adler unten, Adler unten.« Ein Hubschrauber mit einem Team der Rangers war auf dem Weg zu einer der Kurierstationen abgestürzt. Ein Windstoß hatte ihn erfasst und seine Rotoren fingen an zu trudeln.

Wir hatten keinen Sichtkontakt, deswegen wurde sofort ein Anruf getätigt, um eine der Drohnen vom Haupthaus zur Absturzstelle zu steuern.

Schon bald war der schreckliche Anblick des Wracks in Schwarz-Weiß auf unseren Fernsehern zu sehen. Der Hubschrauber lag auf der Seite und brannte, während die Hälfte der Rangers ihr Bestes tat, um den Bereich zu sichern und die Verletzten zu bergen.

Es trafen weitere schlechte Nachrichten über Funk ein.

»Ein Mann ist gefallen.« Ein Ranger hatte den Absturz nicht überlebt.

»Verstanden, bereit machen zur Evakuierung«, lautete der Befehl des Kommandanten, der einen weiteren Hubschrauber zur Absturzstelle gesandt hatte.

Jason, der jetzt der Kommandant am Boden war, traf die Entscheidung, die Mission fortzusetzen. Der Tod des Rangers ließ sich nicht mehr ändern, und uns lief die Zeit davon. Es ist schwer zuzugeben, aber die Mission hatte immer Vorrang, um jeden Preis. In dem Augenblick, in dem wir uns der Einheit anschlossen, wurde uns diese Botschaft eingeimpft – das Ziel oder die wertvolle Fracht gehen über alles, auch wenn die eigenen Leute tot sind. Wir alle lernten, Abstand zu bestimmten Dingen zu nehmen und sie auszublenden, und das war etwas, das mich später noch verfolgen sollte.

Zurück am Hauptschauplatz beobachtete ich, wie unser Black-Hawk-Team auf die Lehmhütte zurannte. Die Drohne markierte nun per Infrarotlaser das Zielhaus, damit die Operators mit ihren Nachtsichtgeräten den genauen Standort sahen.

Ich sah, wie sie ins Haus gingen. Wir alle erwarteten Schüsse, Explosionen. Doch erstaunlicherweise gab es überhaupt keinen Konflikt. Sie marschierten herein und durchkämmten das ganze Haus.

»Wir haben PC, aber keine Spur der Anführer«, funkte Jason. Sie hatten zwei Kinder und eine Frau gefunden. »Trockenes Loch.«

Das sollte wohl ein Witz sein. Wo zum Teufel waren Manhattan und Brooklyn?

Die Jungs am Boden setzten PC unter Druck, aber er hielt ihnen stand. Er würde lieber sterben, als ihnen etwas zu sagen.

Nach dem ersten Sturm kletterten Jason und einige seiner Teammitglieder in die Hubschrauber zurück und wollten die zusätzlichen Orte sichern helfen, die von den Rangers gestürmt worden waren.

Jetzt blieben nur noch vier Teammitglieder bei PC, den beiden Kindern und der Frau vor dem Haus.

Mit der Frau jedoch schien etwas nicht zu stimmen.

Sie kam einem der Operators am Boden bekannt vor, als hätte er sie schon einmal gesehen. Das Team machte ein Foto von ihr und schickte es zur Box. Wir glichen sie mit unserer Datenbank ab.

Die beteiligten Nachrichtendienst-Leute tippten auf ihren Computern herum und gingen Familienfotos durch, die wir im Laufe der Jahre von den beiden Männern gesammelt hatten. Dutzende von Schnappschüssen von verschiedenen Zielorten, die im Laufe des letzten Jahrzehnts gemacht worden waren, erschienen auf unseren Fernsehern, die ihre Informationen aus unseren Datenbanken bezogen, in denen Tausende von Angriffen und Fotos von verschiedenen Behörden gespeichert waren.

Diese Frau – sie sah aus wie die Ehefrau von Manhattan.

Jason und sein Team eilten zur Hauptanlage zurück. Er befahl ihnen, den Kurier Charlie mitzunehmen und ebenfalls herzufliegen. Vielleicht hätte dieser einige Antworten auf Lager.

Als der Kurier eintraf, erkannte er das Haus eindeutig wieder. Als er aus dem Hubschrauber stieg, wurde er sofort nervös, zitterte sichtlich und schob sich sein Kaffiyeh zurecht, damit sein Gesicht nicht erkennbar war. Die fünf Operators nahmen ihn in die Mangel, und Charlie rückte kurze Zeit später damit heraus, dass er glaubte, es gäbe ein geheimes Loch, in dem sich Manhattan manchmal versteckte, und dass PC ihm einmal erzählt habe, dass er eine besondere Toilette für das Bad gekauft hätte, die nur dazu diente, dieses Loch abzudecken.

Jason ging zur Tür und brachte die Frau heraus, von der wir annahmen, dass sie mit Manhattan verheiratet war. Er fragte Charlie, ob er sie erkannte. Er erkannte sie, konnte sie aber nicht eindeutig identifizieren, zumindest behauptete er das.

Die Operators begannen an, die Frau unter Druck zu setzen. Sie stellten ihr Fragen zu ihrem Mann und sagten ihr, dass sie annahmen, er verstecke sich in einem Erdloch. »Sie wissen doch über das Loch Bescheid, oder?«, fragten sie. »Wenn er nicht herauskommt, wird er sterben.«

Sie zuckte mit den Schultern, als würden wir über das Wetter reden. Sie sagte, dass ihr Mann in Bagdad war und dass sie – falls es ein Loch gäbe – nichts darüber wisse. Das Team hakte immer weiter nach, bis sie schließlich lapidar sagte: »Wenn er dort ist, werden Sie ihn wohl töten müssen.« Jason funkte zum Stützpunkt zurück. »Whisky Null Eins, hier ist Bravo Null Vier.«

»Verstanden.«

»Sie sagte, dass er niemals lebend herauskommt. Wir denken, dass er sich dort versteckt.«

Ohne Verstärkung wollte er nicht wieder ins Haus zurückgehen. Er brauchte auf allen vier Seiten Waffen; sonst riskierten sie eine Flucht, und man konnte nicht wissen, wie groß das Loch war und wie viele Personen sich darin befanden. »Schicken Sie das Team zurück«, gab er ungeduldig durch. »Over.«

Der Ort war jetzt eine tickende Zeitbombe. Die Operators umstellten das Haus, richteten die Waffen darauf und wussten nicht, was sie zu erwarten hatten. Ich beobachtete das Haus, das so reglos war wie die umliegende Wüste. Andere Aufständische konnten jederzeit auftauchen. Wer konnte schon sagen, ob die Leute in dem Erdloch eine Art Notruf abgesetzt hatten.

Es vergingen dreißig lange Minuten, bevor der Rest des Teams auftauchte. Während die Kinder und die Mutter weggebracht wurden, führten die Operators den Kurier Charlie ins Haus. Dort war es so still wie in der Wüste. Aber im Badezimmer wurde Charlie ganz unruhig, als ob die ganze Sache nun Sinn ergab. Er deutete auf das Klosett – das Versteck. »Das ist es«, sagte er.

Wir fanden das ziemlich lustig, weil die Toilette voll funktionsfähig war – einer unserer Männer hatte sie nach der ersten Durchsuchung vor einigen Stunden ausführlich getestet.

Das Team stand jetzt in dem Haus und besprach zahlreiche Handlungsmöglichkeiten, auch die Idee, eine große Sprengladung an der Toilette anzubringen oder eine thermobarische Granate hineinzuwerfen.

Schließlich einigten sie sich auf eine M67-Granate, weil diese sicher in das Loch passte und den größtmöglichen Schaden bei jedem anrichtete, der sich darin befand, ohne das gesamte Haus in Schutt und Asche zu legen.

Es dauerte nicht lange.

Einer der Operators warf eine Granate in das Loch und rief »Frohe Weihnachten, ihr Wichser!«

Nach der Detonation konnte man aus der Richtung der Toilette gedämpfte Schüsse hören. Jeder ging in Deckung. Sie waren da drinnen.

Die Operators zogen sich langsam zurück, während sie das Haus beschossen, und ich achtete auf eventuelle Flitzer.

In jenem Augenblick riss sich Manhattans Frau von den Soldaten los und versuchte, ins Haus zu laufen – sie wollte sich im Kreuzfeuer töten lassen. Aber ein anderer Soldat packte sie rechtzeitig und zerrte sie zu Boden.

Von unseren Vögeln sah der Schusswechsel mit seinen schwarzen Lichtblitzen aus, als würden Schwärme von Zikaden in der dunklen Wüste hin und her schwirren. Vielleicht klingt es seltsam, aber selbst nach Jahren fand ich diesen Anblick aus einer Höhe von knapp 5000 Metern Höhe wunderschön – die aufzuckenden schwarzen Lichter, die sich in der noch schwärzeren Wüstennacht abzeichneten.

Als sich der Granatenrauch lichtete, stieg die Schussfrequenz weiter an. Die Operators wichen weiter zurück und richteten ihr Feuer auf die Tür, aber mindestens eine Person war aus dem Erdloch herausgekrochen und versuchte nun, ins Nebenzimmer zu gelangen. Es kamen noch zwei weitere Männer heraus, die Salven abfeuerten, als sie sich durch das Haus bewegten.

Ich machte mir zwar Sorgen um die Operators am Boden, aber andererseits war ich auch erleichtert, dass diese Situation eingetreten war – denn der Schusswechsel bedeutete, dass wir am richtigen Ort waren.

Der Budenzauber war schnell vorbei. Einer unserer Männer warf eine weitere Granate ins Haus, in dem sich der Feind verschanzt hatte. Etwa drei Sekunden nach der Explosion gingen zwei weitere massive Explosionen hoch. Sprengstoffwesten. Über die Drohne konnte ich sehen, dass die ganze Hütte beinahe sofort in sich zusammenfiel.

Die Schüsse verstummten, und es passierte etwa fünfzehn Minuten lang nichts. Das Angriffsteam bewegte sich langsam in die Hütte zurück, die Waffen nach vorne gerichtet. Aus dem Toilettenloch war ein Stöhnen zu hören.

Ein Operator richtete seinen Laser auf das Loch und rief, erhielt als Antwort aber nur weiteres Stöhnen. Einige Augenblicke später herrschte wieder Stille: Der Stöhner war tot.

Als die Schlacht ihr Ende fand, blieb es still, und die Geräusche der Wüstennacht kehrten zurück. Der Schutt wurde aus dem Loch entfernt, und eine der größten Überraschungen der Mission kam ans Licht.

Es wurden dort vier Tote aufgefunden: Unter ihnen waren sowohl Manhattan als auch Brooklyn. Sie hatten sich gemeinsam in der Hütte versteckt. Die falsche Nacht für ein geselliges Beisammensein. Beide hatten ihre Westen gezündet. Brooklyn hatte seinen zwölfjährigen Sohn bei sich gehabt, der ebenfalls ums Leben gekommen war, als sein Vater detonierte. Ein anderer hochrangiger ISI-Terrorist war durch die in das Loch geworfene Granate gestorben.

Als der Leichnam dieses Terroristen später zum Stützpunkt gebracht werden sollte, fanden die Ärzte eine noch scharfe Handgranate unter seiner Achsel. Sie mussten Kampfmittelräumer kommen lassen, um sie zu beseitigen.

Der offizielle Anruf, der die Nacht besiegelte, kam schließlich per Funk von Jason, der meilenweit entfernt war: »Jackpot, Manhattan und Brooklyn im Gefecht getötet.«

Ich wusste zuerst nicht, was ich sagen sollte, war sprachlos. Ich wandte mich von den Bildschirmen ab und sah Mark an. Er war einer der ersten Männer, die mir in diesem Job begegnet waren, und er, Bill und Jack hatten mich von Anfang an ausgebildet. Er nickte mir zu.

Lisa, ein Mädchen der Pink Mafia, sprang mir auf den Rücken und umarmte mich. Es war eines der ersten Male, in denen der Raum aus seiner kühlen Professionalität gerissen wurde und sich heitere Ausgelassenheit breitmachte.

Es war schwer, in jenem Augenblick nicht in Feierlaune zu sein. Uns war soeben der zweifellos größte Schlag gegen das Netzwerk gelungen, der seit Kriegsbeginn stattgefunden hatte, und sobald die Nachricht am nächsten Tag in den Medien war, würde es jeder auf der Welt wissen. Vor allem Brooklyn galt gemeinhin als ursprünglicher Gründer des ISIS und wird bis heute als erster Anführer gefeiert, dessen Foto regelmäßig zu Propagandazwecken veröffentlicht wird. Wir hatten ihn soeben getötet. Als wir Dark Horse später das Foto seines Leichnams zeigten, brach er auf dem kalten Betonboden in seiner Zelle zusammen, bat um einen Koran, den er fest umklammert hielt, während er auf dem Boden vor und zurück wippte. Es war vorbei, und er wusste es.

Aber so wie die meisten Feiern war auch diese nur von kurzer Dauer. Das hier war nicht die World Series. Das hier war der Krieg. Wir hatten uns schleunigst der nächsten Zielperson zu widmen – da blieb nicht viel Zeit, das Ende der gerade ausgeschalteten ausgiebig zu zelebrieren.

Es dauerte noch einige Tage, bis das Angriffsteam zum Stützpunkt zurückkehrte. Die Operators verbrachten Tage damit, den Schutt zu sichten und alles zu sammeln, was übrig geblieben war: Unterlagen, Laptops, DNA und identifizierbare Körperteile. Sobald sie alles erfasst hatten, wurde das Beweismaterial an einen geheimen Ort gebracht und von anderen Leuten analysiert. Und dann folgten Wochen und manchmal Monate, in denen Abschlussuntersuchungen vorgenommen wurden, in denen alle neuen Informationen dargelegt – bis dato unbekannte Verbündete, Zufluchtsorte, Geldwege – und in unseren Akten eingearbeitet wurden. Ich schickte die Drohnen nach Hause.

Müde war ich nicht, also nahm ich eine kurze Dusche. Weil ich das vermutlich schon seit Wochen nicht mehr getan hatte, verströmte ich mittlerweile einen unangenehmen Geruch. Es gab einen speziellen Waschcontainer mit zehn Kabinen, Waschbecken und Spiegeln für die Rasur.

Es war etwa 4 Uhr nachts, und ich war alleine dort, deshalb drehte ich das warme Wasser auf, stand lange unter dem dampfenden Strahl, und genoss die momentane Ruhe. Es war vermutlich die beste Dusche, die ich je gehabt hatte. Es war, als würde das Wasser all die Jahre der inneren Anspannung, Erschöpfung und aufwühlenden Emotionen wegspülen, die bei der Jagd auf diese Kerle aufgekommen waren.

Ich schlief in jener Nacht besser als in all den Monaten zuvor. Das war auch dringend nötig. Natürlich war es nie lang genug. Mein Pager surrte schon vor Sonnenaufgang. Die Meldung kam aus dem Hauptquartier.

21

HUNDE DES KRIEGES

Das Hauptquartier berief einige Stunden nach dem Ende von Manhattan und Brooklyn eine dringende Lagebesprechung ein, und alle Stationen nahmen an einer Telekonferenz teil. Man könnte annehmen, dass wir eine Auszeit dafür bekämen, die meistgesuchten Männer getötet zu haben. Aber wir hatten keine Zeit für eine Pause. Als das Video der anderen auf dem Bildschirm erschien, drängten sich mein Team und ich um den langen Tisch. Es musste wichtig sein, wenn wir alle zusammengerufen wurden.

Die Nacht zuvor hatte es viele Hochs und Tiefs gegeben – die Euphorie, Manhattan und Brooklyn ausgeschaltet zu haben, strömte noch durch meine Adern, zugleich war ich aber auch niedergeschlagen, weil wir einen Mann bei dem Hubschrauberabsturz verloren hatten. Der frühe Morgen war schleppend verlaufen, als würde ich ein schweres Gewicht hinter mir herziehen. Jetzt saß ich hier und war todmüde. Meine Knochen taten weh. Mein Nacken fühlte sich an, als würden zwanzig Kilogramm daran hängen.

Um gegen die Erschöpfung anzukämpfen, kippte ich einen Energydrink nach dem anderen in mich hinein, als der Oberkommandeur online ging. Es gab weder eine Begrüßung noch ein Lob für das, was wir in der Nacht zuvor erreicht hatten. Er kam gleich zur Sache. »Wir müssen dafür sorgen, dass das Netzwerk weiterhin nicht zur Ruhe kommt«, sagte er.

»Ich möchte, dass Sie alle Zielpersonen ausschalten, die Sie bereits verfolgen, jede Zielperson, die Sie noch in der Hinterhand haben, alle tief hängenden Früchte, auch wenn sie nicht viel über sie wissen.« Zu diesem Zeitpunkt hatten wir zwölf der zwanzig Anführer unserer ursprünglichen Liste ausgeschaltet. Ich sah zu Mark. Wir wussten beide, was das bedeutete. Meine Brust zog sich zusammen.

Es war vergleichbar damit, eine gewaltige Hellfire-Rakete auf unsere Feinde regnen zu lassen. Der Kommandant hatte uns gerade von der Leine gelassen und uns gewissermaßen die Waffen in die Hand gedrückt. Jetzt, da Brooklyn und Manhattan tot waren, war das gefährlichste Terroristennetzwerk der Welt kopflos und kurz vor dem Zusammenbruch – und so musste es auch bleiben. Wir erhielten den Befehl, sie an den Rand der Vernichtung zu bringen.

Ich rückte näher an den Tisch und umklammerte meine Dose. Der Ventilator, der sich hinter uns drehte, schien nicht zu funktionieren, und die Luft wirkte heißer als je zuvor, geschwängert vom Gestank zu vieler Körper.

»Sagen Sie mir, was Sie haben«, sagte der Kommandant.

Die Nachrichtendienst-Leute, die im ganzen Land verteilt und zugeschaltet waren, äußerten sich, und wir besprachen, wer noch übrig war, wer ausgeschaltet werden konnte.

Jack war zuerst an der Reihe. »Sir, ich habe zwei, denen wir uns sofort widmen könnten.«

»Noch heute Nacht?«

»Jawohl.«

»Wir haben auch einige, gegen die wir an unserem Standort sofort vorgehen können«, sagte Travis, ein anderer Teamführer im Norden.

»Sir, ich habe eine wichtige Zielperson und eine Reihe von Männern aus der zweiten Reihe, denen wir im Nacken sitzen«, fügte ich hinzu.

Das Treffen war schnell und effizient. Ich konnte spüren, wie die Erwartung auf bevorstehende Ereignisse stieg, als wäre gerade der Stift einer Handgranate gezogen worden. Es gab jetzt keine Zeit zum Grübeln. Unsere Entsendung neigte sich langsam ihrem Ende zu, und die Vereinigten Staaten zogen aus dem Irak ab. Es war an der Zeit, die Sache zu erledigen. Der Kommandant rückte näher an den Bildschirm heran. Sein Gesicht zeichnete sich überdimensional groß vor uns ab, als wäre er zu nah an der Kamera.

»Zerschlagen Sie alle Zellen«, sagte er unmittelbar vor dem Auflegen. »Wir legen los.«

Noch am selben Nachmittag startete unsere »Crush«-Mission an. Ich schickte drei Drohnen los, und unsere Operators führten ihre Einsätze durch.

In der Innenstadt von Bagdad zerrten wir zur großen Überraschung der anderen Fahrgäste einen Typen aus einem Taxi, als er auf dem Weg zur Arbeit war. Wir schnappten uns einen anderen Kerl, als er gerade einen Markt verlassen wollte, auf dem er Propagandavideos verteilte. Ein weiterer versteckte sich zu Hause. Unsere Schläge waren unverblümter; wir schickten ihnen manchmal am helllichten Tag eine Botschaft. Wir wollten, dass das Netzwerk wusste, dass wir jetzt entfesselt waren.

Es gab über ein Dutzend Missionen, die auf verschiedenen Bildschirmen gleichzeitig abliefen – manche Drohnen beobachteten Ziele, andere beobachteten Gefangennahmen und Kills. Die Kommandozentrale war voll besetzt, jeder tat sein Bestes und wollte helfen.

Es war so, als wären die Hunde des Krieges von der Leine gelassen worden. Jede Station führte ihre eigenen Missionen durch. Nacht für Nacht. Manchmal zwei oder drei gleichzeitig. Kein Abwarten oder Zaudern mehr von oben. Je mehr Missionen es gab, umso mehr wurde das Netzwerk erschüttert. Wir gingen unsere Liste durch, konzentrierten uns auf jeden, von dem wir eine Spur hatten. An jenem ersten Tag töteten unsere Teams acht Zielpersonen. Am Ende der Woche hatten wir doppelt so viele gefasst.

Wir baten die Air Force sogar darum, die Hellfire-Raketen von unseren Drohnen abzumontieren, um ihr Gewicht zu reduzieren. So konnte jeder Vogel einige Stunden länger in der Luft bleiben und jagen. Es wurden mehr Drohnen von anderen Schlachtfeldern abgezogen, um unsere Teams zu unterstützen. Wir ließen sie übereinander fliegen, damit sie überall im Land wichtige Städte großflächig abdeckten.

Dieses Vorgehen führte zu unserem letzten größeren Schlag, aber zugleich zu unserem größten Fehler: dem Tod eines Unschuldigen.

Eines Nachts verfolgten wir eine Zielperson, die in einem alten weißen Toyota Corolla durch Stadt fuhr, und ich beschloss, dass es an der Zeit war, ihn auszuschalten.

Wir hatten keine Zeit, ihn zu verfolgen, weil wir uns mit größeren Missionen beschäftigen mussten. Der Typ war in dem Netzwerk ein kleiner Fisch – er stand ganz unten in der Terrorhierarchie – und versteckte sich in einem Vorort südlich von Bagdad. Ich hatte kein Foto der Person und wusste auch nicht genau, wie sie aussah. Stattdessen hatte ich nur eine Quelle, die uns zu dem weißen Corolla geführt hatte, der schließlich an einem Lehmhaus anhielt.

Als die Drohne über ihm kreiste, hatte ich ein ungutes Gefühl, das ich aber ignorierte. Ich sah, wie der Mann aus dem Wagen stieg und in die Hütte ging. Das Dorf lag ein gutes Stück von Bagdad entfernt und bestand aus einer Ansammlung von Hütten, die in völliger Dunkelheit lagen.

Kurze Zeit später beobachtete ich, wie ein SEAL-Team auf der Bildfläche erschien. Die Operators unseres Teams waren für eine andere Mission abgezogen worden. Wir dachten, dass der Einsatz schnell und umkompliziert ablaufen würde – in nur wenigen Minuten hätten sie das Haus gestürmt und wieder verlassen – und sahen ihnen zu, wie sie sich an die Arbeit machten.

Sie trugen Nachtsichtgeräte, als sie aus ihren Fahrzeugen stiegen und sich auffächerten, um das Dorf abzuriegeln. Dann ging alles schief.

Als sie den Kreis zuzogen, trat ein Mann aus einer der anderen Hütten und eröffnete das Feuer in ihre Richtung. Die SEALS töteten ihn praktisch sofort. »Kontakt!«, rief der Gruppenführer des Angriffsteams über Funk, um mitzuteilen, dass sie unter Beschuss standen.

Sie stürmten blitzschnell in die Hütte des eigentlichen Ziels. Wir erwarteten weitere Gegenwehr, aber der SEAL-Gruppenführer gab innerhalb weniger Sekunden die verstörende Nachricht durch: »Trockenes Loch.« Sie hatten den Getöteten identifiziert, alle Informationen von seinem Handy extrahiert und mit anderen Dorfbewohnern gesprochen. Der Mann, den wir verfolgt hatten, war einfach ein ganz normaler Typ. Er hatte keinerlei Verbindungen zum Netzwerk.

Mir blieb das Herz stehen. Das war der schlimmste Satz, den jemand in meiner Position hören konnte. Es war prinzipiell eine andere Formulierung für: »Du hast Scheiße gebaut, Intel.«

Die Sache wurde noch dadurch verschlimmert, dass es sich bei dem Mann, der schießend aus seinem Haus gekommen war, um einen Zivilisten handelte. Er hatte eine Familie und wollte einfach nur sein Haus beschützen, weil er befürchtete, dass die Männer seine Frau und Kinder entführen wollten. Jetzt war er tot.

Wir hätten mehr Zeit in die Bestätigung des Ziels investieren müssen. Diese Zeit hatten wir aber nicht. Das Netzwerk veränderte sich schnell, es traten ständig neue, unbekannte Gesichter auf den Plan, die die Typen ersetzten, die wir getötet hatten. Es gab viele Dinge, die wir anders hätten machen sollten. Aber wir waren immer in Eile und stets darauf bedacht, die Schlinge zuzuziehen.

In jenem Augenblick dachte ich aber nicht allzu sehr über seinen Tod nach. Fehler passieren nun einmal, und wir hakten ihn als Kollateralschaden ab. Die Sache bei einem drohnenbedingten Kill ist, dass viele Personen an der Operation beteiligt sind und die Versuchung groß ist, sich von eventuellen Fehlern zu distanzieren. Der SEAL, der den Zivilisten erschoss, konnte sagen: »Der Intel-Typ hat uns dort hingeschickt, deshalb ist es seine Schuld.« Und ich konnte sagen: »Na ja, ich habe aber nicht abgedrückt.« Genau dieselben Argumente konnten bei einem Hellfire-Schlag vorgebracht werden. Das sind die neuen Realitäten netzwerkgesteuerter Kriege. Erfolg hat Tausende von Vätern, aber Misserfolg ist ein Waisenkind.

Aber die Wahrheit, der ich damals nicht entfliehen konnte und die mich auch heute noch verfolgt, lautet: Sein Tod hätte nicht passieren dürfen. Und ich bin verantwortlich dafür.

22

DER, DER DAVONKAM

Es gab in jeder Auslandsverwendung immer ein Ziel, das uns durch die Lappen ging. Einen Kerl, den wir jagten und verfolgten, der uns aber immer wieder durch die Finger glitt. Jedes Team hatte einen Erzrivalen. Meiner war im Sommer 2010 ein Mann, den wir Abu Dua nannten.

Wir jagten Abu Dua monatelang, setzten Quellen und Gefangene unter Druck, schickten mehr Drohnen in den Himmel, damit wir zusätzliche Augen in der Luft hatten. Vielleicht war es Glück. Er hätte es vermutlich göttliche Intervention genannt. Ein Geschenk Allahs als Ausdruck seiner Dankbarkeit für die vielen Morde, die der Terrorist für heilig hielt.

Im Frühjahr 2010 war Abu Dua einer der meistgesuchten Männer in der Welt der Nachrichten- und Geheimdienste – er stand zwar ganz oben auf unserer Zielliste, war der Öffentlichkeit aber weitgehend unbekannt.

Abu Dua war mit jedem verbunden, der in der ISI-Hierarchie eine Führungsposition bekleidete, und er hatte seinen eigenen Machtbereich. Unter den Tausenden von verblendeten Anhängern, war er als Wali der Walis bekannt, ein Titel, der normalerweise nur den drei höchsten Positionen in der übergeordneten Hierarchie des Netzwerks vorbehalten war. Nachdem wir im Monat zuvor Manhattan und Brooklyn getötet hatten, hörten wir immer wieder, dass er dabei war, das Kommando zu übernehmen. Und das tat er dann auch bald.

Er übernahm nicht nur das ISI-Netzwerk, sondern trug letztlich auch dazu bei, es zu ISIS zu machen, einer noch mörderischeren und verkommeneren Terrororganisation, die 2014 Teile von Syrien und Irak verschlang. Er war vermutlich der klügste Terrorist, den ich jemals jagte. Die meisten Menschen kennen ihn heutzutage als meistgesuchten Terroristen der Welt: Abu Bakr al-Baghdadi, den Anführer von ISIS.

Die US-Regierung hatte ein Kopfgeld von 10 Millionen Dollar auf ihn ausgesetzt.

Er kannte mich nicht, aber er kannte mit Sicherheit meine Arbeit. Während meiner Auslandsentsendung hatte unser Team über zweiunddreißig Angriffe durchgeführt, die speziell dem Zweck dienten, ihn aufzuspüren. Bei den meisten Einsätzen ging es darum, Hinweise über seinen Aufenthaltsort zu erhalten oder Leute aus seinem inneren Kreis gefangen zu nehmen, um die Schlinge um seinen Hals enger zu ziehen. Er musste zusehen, wie einige seiner engsten Vertrauten, Leute, die er jeden Tag traf, nach und nach ausgeschaltet wurden. Uns kam zu Ohren, dass er im Rahmen seines Terroristenalltags mit einer unserer Zielpersonen unterwegs war, sie an einer Tankstelle oder in einem Safehaus traf, und dann – *boom!* – war der andere Typ, der bei ihm war, plötzlich weg, entweder von uns gefasst oder tot. Stellen Sie sich vor, dass alle Ihre Freunde oder Familienangehörigen, mit denen Sie sich jede Woche zur selben Zeit treffen, über einen Zeitraum von mehreren Monaten nacheinander verschwinden. Seine eingeschworene Gruppe, die aus den brutalsten Tieren des Netzwerks bestand, wurde langsam dezimiert. Ich zwang ihn dazu abzutauchen und war näher daran als jeder andere, seiner Herrschaft ein Ende zu setzen. Aber er war uns immer einen Schritt voraus.

Es gab eine Menge Gründe dafür, dass er unserem Team immer wieder entglitt. Er verstand es mit Sicherheit besser als jeder andere Mann auf unserer Liste, sich zu verstecken. Seine operative Sicherheit – OPSEC – war die beste der Branche. Er war paranoid und völlig davon überzeugt, dass wir ihn fast hatten. Er wurde irgendwo gesichtet und verschwand dann spurlos, wie ein plötzlich aufziehendes Unwetter. Er wusste, dass ein Fehler genügte, und wir hätten ihn. Unser Team machte ihn zweifellos zu dem Sicherheitsfanatiker, der er heute ist. Seine Paranoia hielt ihn am Leben.

Normalerweise fassten wir die Männer, die wir jagten. Vielleicht nicht bei jener ersten Entsendung, aber wir drangen zu ihnen vor – und wenn ich es nicht schaffte, dann ein anderes Team. Mein Team wurde immer durch ein Folgeteam ersetzt, das durch ein Folgeteam ersetzt wurde, und wir alle jagten rund um die Uhr. Aber diesmal war es anders. Weil US-Soldaten aus dem Irak abgezogen wurden und wir weniger Leute hatten, die nach ihm suchen konnten, war ich mir nicht so sicher, ob wir eine andere Chance bekämen, Abu Dua zu erwischen.

Als wir mit unserer Jagd auf ihn anfingen, war er eher ein Mittel zum Zweck. Wir suchten einen Zugang zu Manhattan und Brooklyn und befürchteten, dass Dark Horse tot war und uns nicht helfen konnte. Abu Dua war einer der wenigen anderen Kommandanten, der ihren Aufenthaltsort kannte. Deshalb jagten wir beide.

Abu Dua hatte eine Schwäche für eine bestimmte Eisdiele, die in der Innenstadt von Bagdad lag und einen Außenbereich hatte, in dem sich viele Einheimische tagsüber aufhielten. Unsere Quellen sagten uns, dass er seine Kämpfer donnerstags dort traf und die Eisdiele als Treffpunkt für Kuriere benutzte, die dort ihre Briefe deponierten. Er schien damals keine Angst davor zu haben, von Einheimischen erkannt zu werden, was aber nur daran lag, weil er ihnen damals noch kein Begriff war.

An einem Sommertag erhielten wir den Hinweis, dass er wegen eines Briefs die Eisdiele besuchen wollte, und wir ließen einen Vogel steigen, um die Lage im Blick zu behalten. Wir beobachteten das Geschäft tagelang.

»So ein kranker Mist«, sagte Megan, als die Monitore Bilder von Familien zeigten, die Eiswaffeln aßen. »Ein Terrorist, der gerne Eiskrem schleckt.« Ich stellte mir vor, wie er mit seinen Schergen das nächste Massaker plante, dabei einen Erdbeershake trank und sich seinen Bart mit Eis voll kleckerte.

Unsere lokalen Informanten – die Cobras – waren beiläufig auf den Straßen unterwegs und versuchten, Fotos zu knipsen. Aber es passierte nichts Besonderes. Nur Familien, die etwas Süßes essen wollten. Sie mussten wohl Tausende von Fotos geknipst haben, die wir in der Box durchgingen. Aber auf keinem der Bilder war er zu sehen. Er kam nicht. Vielleicht war er aber auch gekommen und wir hatten ihn nicht gesehen.

So lief es meistens, wenn wir Abu Dua verfolgten.

Ich verstand nie, wie er so schnell an die Spitze hatte kommen können. Normalerweise ist es schwer, sich in den Reihen von al-Qaida und ISI hochzuarbeiten, weil ihre Netzwerke auf bestimmte Weise strukturiert sind und treue, langjährige Anhänger bevorzugt werden. Ich vermute, dass es etwas mit seinem Gefängnisaufenthalt zu tun hatte (für seine Angriffe gegen US-Soldaten im zweiten Krieg von Fallujah 2004), mit den Dschihadisten, die er dort kennenlernte, und mit der Tatsache, dass wir das größere Netzwerk so schnell zerstörten, dass leere Führungspositionen möglichst schnell wieder aufgefüllt werden mussten. Er schien auch diese seltsam enge Verbindung zu ehemaligen Militäroffizieren von Saddams Baath-Partei zu haben. Viele Männer, die mit ihm zusammengearbeitet hatten, besaßen einen ähnlichen Hintergrund und besetzten die höheren Offiziersposten mit Leuten, die früher für den irakischen Geheimdienst tätig waren.

Normalerweise war der ISI bei frisch entlassenen Gefangenen argwöhnisch, weil man sie für Spione hielt. Sie wurden monatelang auf Eis gelegt, bevor sie ihre Loyalität unter Beweis stellen konnten. Aber Abu Dua war anders. Er kam direkt aus dem Gefängnis und war bald einer der wichtigsten Kommandanten.

Damals kannten nur wenige diese Geschichte. Vor dem Frühjahr 2010 wusste niemand außerhalb unseres Teams viel über ihn oder seine Herkunft. Selbst die irakische Regierung tappte im Dunkeln.

Zu Beginn unserer Jagd hatten wir nichts anderes als seinen Spitznamen, Abu Dua. Das änderte sich eines Nachts, als sich Megan einige alte Akten genauer ansah und sich seine geheime Vergangenheit plötzlich wie ein Buch öffnete.

»Schau dir das an«, sagte sie. Megan hatte auf ihrem Desktop mehrere Dateien offen. Wir hatten zwei Drohnen über einem anderen Ziel, das wir gerade ausschalten wollten.

Sie entdeckte Abu Duas echten Namen in einer alten Gefängnisakte: Dr. Ibrahim Awwad Ibrahim 'Ali al-Badri al-Samarrai.

»Das ist Gold wert«, sagte ich begeistert. »Du hast es gefunden.«

Der Name war für uns ein Schlüssel zu seiner Vergangenheit. Aus seinem Namen erfuhr ich, dass sein Vater Awwad Ibrahim hieß, er ursprünglich aus Samarra kam und sein Unterstamm al-Badri war. Er hatte eine Tochter namens Dua.

Die Box schritt zur Tat. Wir gaben die Namen in unsere Datenbanken ein und waren sofort in der Lage, seine Herkunft zum Dorf al-Jabriyah al-Thaniah in der irakischen Stadt Samarra zu verfolgen. Er war vermutlich um die vierzig Jahre alt, hatte drei Brüder und fünf Geschwister. Als wir weiterforschten, kamen mehr Details zutage, und es entstand ein größeres Bild.

Abu Dua hatte an der Universität Bagdad in Islamwissenschaften promoviert und in zahlreichen Moscheen gepredigt, unter anderem in al-Anbar und Samarra. Er hatte mehrere Frauen, Asma, seine aktuelle Frau im Norden, und Sumayah, die Frau, die er während seines Studiums in Bagdad kennengelernt hatte. Seine Mutter hieß Ali Husayn. Zuerst suchte ich nach seinen Frauen und schickte Vögel los, um das Elternhaus seiner ersten Frau Asma in Falluja zu überwachen. Aber auch nach Tagen gab es dort kein Anzeichen von ihr, und so nahm ich an, dass sie wahrscheinlich mit Abu Dua verschwunden war, bevor wir sie finden konnten.

Er bewegte sich schnell und wusste genau, dass wir früher oder später auch seine Familie ins Visier nehmen würden. Gleichzeitig hatte er keine Angst davor, sich aktiv an Gefechten zu beteiligen und sich seinen Kämpfern zu zeigen. Aus diesem Grund stand er bei den anderen Kämpfern in hohem Ansehen. Er kämpfte in beiden Schlachten von Fallujah 2004, die für die amerikanischen Streitkräfte vermutlich die blutigsten Schlachten des Irakkriegs waren. In der zweiten Schlacht wurde er von US-Soldaten gefasst, die ihn nach Camp Bucca brachten, dem größten Gefängnis, das vom Militär geleitet wurde.

Er saß drei Jahre in Haft. Dieses Gefängnis war ein Hexenkessel des Hasses. Viele aktuelle Anführer des ISIS saßen dort mit Abu Dua ein. Als er entlassen wurde, schien er abzutauchen, landesweite Angriffe zu planen und Rekruten anzuwerben. Er war immer auf der Flucht, und wir hörten über unsere Gefangenen nur gelegentlich von ihm.

Abgesehen von seiner Lieblingseisdiele hielt er sich oft in einem Haus in einem wohlhabenden Stadtteil auf und besaß ein kleines islamisches Buchgeschäft in der Innenstadt von Bagdad, wo er unseren Informationen zufolge angefangen hatte, Treffen abzuhalten. Aber obwohl unsere Drohnen tagein, tagaus über diese Orte flogen, sahen wir ihn dort nie. Es war, als würde er uns erahnen, als würde er unser Spiel kennen. Er musste wissen, dass unsere Angriffe gegen ihn gerichtet waren.

Abu Dua trieb mich zur Weißglut. Keine andere Zielperson ärgerte mich so maßlos, nagte so sehr an mir, als wir in jenen Tagen und Wochen unsere Drohnen aufsteigen ließen.

Die Drohnenbilder der Orte, an denen wir ihn suchten, brannten sich tief in mein Gedächtnis ein: ein halb verfallener Turm in einer irakischen Innenstadt; eine Lehmhütte im Norden; ein Apartmentgebäude im Süden; ein mit Sprengstoff beladener, weißer Laster, der durch die Wüste ruckelte. Die Übertragung von Abu Dua lief unablässig in meinem Kopf – wie ein Ohrwurm, den ich einfach nicht loswurde.

Er war klug und gerissen – tief in mir hatte ich wahrscheinlich so etwas wie eine bittere Hochachtung vor Abu Dua, obwohl er mit Abstand zu den übelsten Verbrechern der Welt gehörte. Das Katz-und-Maus-Spiel, das ich mir mit diesem Mann lieferte, war das, was mich antrieb.

Es gab Nächte, in denen ich in meinem staubbedeckten Feldbett lag, auf die mit Astlöchern übersäte Sperrholzdecke starrte und vor innerer Anspannung nicht schlafen konnte. Ich bekam Schweißausbrüche. *Funktionierte die Klimaanlage überhaupt?* Es überrasche mich, dass mir der Geruch von Holz und Schweiß, der den kleinen Raum durchdrang, erst jetzt auffiel.

Ich fing an, von der intensiven schleichenden Angst heimgesucht zu werden, dass ich allmählich die Nerven verlor. Dass mich die Jagd langsam tötete. Warum war ich von diesem Krieg so besessen?

Ich erinnerte mich an den 11. September und wie dieses Ereignis meinen Lebensweg geprägt hatte, wie ich dachte, dass ich meinen Beitrag zum Kampf leisten konnte. Mich damit als Mann bewähren konnte. Als Amerikaner. Als Krieger. Damals war nichts anderes wichtig. Im Laufe der Jahre war viel passiert. Ich hatte alles getan, was in meiner Macht stand. Und das machte mich stolz, trieb mich an.

Aber in jenen flüchtigen Augenblicken dachte ich zunehmend über meine Zukunft nach – etwas, das ich schon sehr lange nicht mehr getan hatte. Ich fragte mich, ob ich in zehn Jahren zurückblicken und mich fragen würde, wo zum Teufel mein Leben geblieben war? Es kamen viele Fragen hoch. Wo sind meine Freunde? Wo ist meine Familie? Gibt es überhaupt noch jemanden, der an mich denkt? Ich hatte viele Menschen zurückgelassen. Würde sich überhaupt noch jemand an mich erinnern? Dieser Krieg dauerte schon viel zu lange.

Die Box war wie eine Zeitkapsel – während sich die Welt weiterdrehte und alle anderen Menschen Beziehungen knüpften, heirateten, Kinder bekamen, andere Abenteuer erlebten, ein anderes Leben führten, hatte ich nur die Box. Alles, was ich hatte, waren meine Feinde, wie Abu Dua. Ich liebte die Box und das, was ich dort tun konnte. Aber es war trotzdem nur eine Box.

Diese Fragen fingen an, mich zu beschäftigen, sie kamen urplötzlich auf und fraßen sich wie ein bohrender Kopfschmerz in meinen Schädel. Es fiel mir leichter, sie zu ignorieren und mich wieder der Jagd zu widmen, als mich mit ihnen auseinanderzusetzen.

Eines Nachts sprang unser Team mit unseren Computern und Waffen in die Black Hawks und machte eine ungewöhnliche Reise zu einem kleinen Außenposten in Samarra. Ich hatte ein Haus entdeckt, dass Abu Duas Bruder Jawwad gehörte. Normalerweise hätten wir die Operation aus der Box heraus durchgeführt, aber Jason wollte diese Mission mit den örtlichen Sicherheitskräften koordinieren – eine Entscheidung, die wir noch bereuen sollten.

Abu Dua hatte drei Brüder, die alle an Terroraktivitäten beteiligt waren. Wie ein Mafiaboss besetzte er Schlüsselpositionen gern mit Familienangehörigen. Neben Jawwad gab es noch Ahmed und Lafi.

Der Außenposten war ein kleiner irakischer Stützpunkt mit einigen Wohncontainern, der von alten irakischen Militärfahrzeugen umgeben war. Es gab außerdem Betonsperren und große Erdhügel. Die Anlage sah wie ein großer Sandkasten aus, in dem Leute wohnten.

Wir richteten uns in den Containern ein und brachten den Vogel gleich in die Luft. Die Bilder erschienen binnen kürzester Zeit in Schwarz-Weiß auf dem Bildschirm. Das Haus des Bruders lag im südlichen Teil der Stadt, es war zwei Stockwerke hoch und hatte einen kleinen umzäunten Innenhof, der an einen Feldweg angrenzte.

Die Bilder, die wir im Laufe der Tage sahen, zeigten ein Haus, in dem es vor Leuten wimmelte. Es lebten etwa zwanzig Personen dort. Wir konnten nicht sagen, ob Abu Dua unter ihnen war, aber wir konnten Jawwad und Ahmed identifizieren. Das war alles, was wir brauchten, um einen Einsatz zu starten.

Doch gerade als das Angriffsteam in jener Nacht loszog, geschah etwas Unerwartetes. Ich beobachtete, wie ein Mann das Haus verließ und in einem Auto wegfuhr. Wohin ging er?

Wir hatten nur eine Drohne in der Luft und mussten eine Entscheidung treffen, deshalb behielten wir den Vogel über dem Haus.

Es sollte sich als die falsche Entscheidung herausstellen.

Als unsere Männer am Haus eintrafen, war Jawwad weg. Wir fanden dort viele Mitglieder von Abu Duas erweiterter Familie vor: seine Tochter, Onkel, Tanten, Cousins und seinen kranken Großvater. Aber keinen Abu Dua.

Wir erfuhren später, dass die örtlichen Polizeikräfte, mit denen wir zusammenarbeiteten, der Familie einen Hinweis gegeben hatten, wodurch Jawwad einige Minuten zuvor hatte fliehen können. Sie hatten stammesbedingte Bindungen, die in der nördlichen Hälfe des Landes gängig sind, und jene Bindungen waren immer wichtiger als übergeordnete Rechtsvorstellungen; Deswegen konnten die Iraker als Land auch nicht zusammenfinden. Unsere einzige Option war es, die Sicherheitskräfte nicht über unsere nächsten Schritte zu informieren. Ich konnte sie genauso wenig leiden wie den Feind. Der Gedanke, dass sie ihre eigenen Leute nicht schützen wollten, stieß mir übel auf. Früher oder später würden sie ihr Land in die Hand nehmen müssen. Wir konnten nicht alles für sie tun. Die Sicherheitskräfte gaben regelmäßig den Terroristen in ihren Gebieten den Vorzug vor uns; es war sicherer für sie.

Obwohl uns Abu Dua beim Angriff auf das Haus seiner erweiterten Familie nicht ins Netz ging, verhafteten wir in jener Nacht seinen Bruder Ahmed und hielten ihn monatelang in einem Gefängnis in Bagdad – in der Hoffnung, dass er uns etwas über Abu Dua erzählte, das wir benutzen konnten. Aber er gab uns nichts.

Abu Dua war eigentlich einer der Gründe dafür, dass wir die ursprünglichen Anführer des Islamischen Staates verfolgen und töten konnten – er persönlich hatte das Kuriernetzwerk errichtet, das wir benutzten, um Manhattan und Brooklyn aufzuspüren.

Er hatte jeden Kurier persönlich ausgesucht und wechselte sie vierteljährlich. Ich sprach persönlich mit einigen dieser Kuriere, nachdem wir sie gefangen hatten, und sie wussten wirklich nichts über die anderen Kuriere im Netzwerk – die einzige Verbindung zwischen ihnen allen war der Mann selbst.

Wir erfuhren später, dass uns Abu Dua damals beim Sturm auf das Haus des Onkels beinahe ins Netz gegangen wäre. Er hatte sich drei Stunden dort aufgehalten und einen Brief geschrieben, der im Blumentopf zu Manhattan und Brooklyn hätte gelangen sollen, aber kurz vor unserer Ankunft verschwand er.

Der Onkel sagte uns, dass wir ihn um nur zehn Minuten verpasst hätten. Das Wissen, dass sich Abu Dua nur einige Minuten vor dem Angriff noch im selben Haus aufgehalten hatte, sollte mich für immer verfolgen.

Ich verbrachte die letzten Wochen meiner Auslandsverwendung damit, Akten durchzuarbeiten, mit Quellen zu reden und alles zu durchleuchten, was uns auf seine Fährte setzen konnte.

Ein Teil meiner heutigen Abu-Dua-Besessenheit ist auf die Tatsache zurückzuführen, dass wir ihn niemals finden konnten. Er kam davon. Erst einige Jahre später erkannten wir, wie wichtig er war.

Nach dem Tod von Manhattan und Brooklyn tauchte Abu Dua lange Zeit unter. Es kursierten Gerüchte, dass er tot sei. Aber wir wussten es besser. Ich bin mir ziemlich sicher, dass er in jener Zeit nach Syrien ging, um sich dem Druck zu entziehen, immer in der Schusslinie unserer Teams zu stehen, und Soldaten für einen neuen Krieg anzuwerben.

Wir wussten, dass er seine Kämpfer dazu anhielt, »unauffällig zu bleiben und darauf zu warten, dass die Amerikaner abziehen«. Und das taten sie.

Er kehrte Anfang 2011 in den Irak zurück, als die US-Kräfte abrückten und unser Einfluss, ihn zu jagen, schwand.

Damals hatte Abu Dua die Rolle des ISIS-Anführers übernommen und angefangen, Gebiete im Irak und in Syrien miteinander zu verbinden. Bin Laden war getötet worden, und Zehntausende Kämpfer schlossen sich ihm an.

Mein Mentor Jack und sein Team hatten ihn 2011 in einem Haus in Bagdad lokalisiert. Während die meisten Soldaten in Transportflugzeugen gerade das Land verließen, blieben sie zurück, teilweise um einen letzten Versuch zu unternehmen, Abu Dua auszuschalten.

Ihnen lagen Informationen vor, dass Abu Dua für ein wichtiges Treffen in einem Haus, das wir bereits aufgesucht hatten, in der Stadt war. Jack wollte ihn in jener Nacht ausschalten, aber das Außenministerium hatte die Einsatzregeln geändert, und so wurde ein geplanter Angriff auf das Ziel verschoben.

Jacks Team musste sich jetzt mit anderen Justizorganen koordinieren als noch ein Jahr zuvor, weil der Krieg offiziell zu Ende war. Bevor ein Angriff stattfinden konnte, mussten in Washington verschiedene Anzugträger ihr Einverständnis geben. Es vergingen Tage, oft Wochen, bis ein

Angriff in die Tat umgesetzt werden konnte. Anwälte leiteten nun den inoffiziellen Krieg.

Jack brachte eine Drohne über das Haus und beobachtete, wie ein Mann, der genau der Beschreibung entsprach, die wir immer für Abu Dua hatten, in einem Fahrzeug eintraf und hineinging. Als sie ihn heranzoomten, war die Sache für Jack klar. Es war Abu Dua.

Jack erzählte mir einige Monate später davon, nachdem ich die Einheit verlassen hatte. »Die Anzugträger haben uns einen Strich durch die Rechnung gemacht«, sagte er. »Ich hatte den Typen in jener Nacht in der Tasche, und ich habe immer noch die alte Drohnenaufzeichnung, um das zu beweisen.«

Nur wenige Menschen kennen diese Geschichte. Sie wurde nie öffentlich gemacht. Niemand wollte darüber reden. Der meistgesuchte Terrorist der Welt hätte in jener Nacht vor seinen Schöpfer treten können, bevor er ein Jahr später die Zügel von ISIS in die Hand nahm.

Aber es gab ein Problem. Diesmal fehlte Jack sein Angriffsteam. Die Operators waren nämlich auch nach Hause gegangen. Er musste auf eine örtliche Eingreiftruppe zurückgreifen – eine Gruppe von Irakern, die von einer speziellen Abteilung der Behörde ausgebildet worden war. Was aber nicht viel aussagte.

Jacks Drohnenteam war nun den Anzugträgern der Behörde und des Außenministeriums statt dem Verteidigungsministerium unterstellt. Deshalb musste er sie davon überzeugen, einen Einsatz zu bewilligen, um das Ziel zu fassen. Aber seine Anforderung eines Schlags wurde von einem hohlen Anzug zum nächsten geschoben, während er zusehen musste, wie Abu Dua sich in dem Haus aufhielt.

Er rief seine Vorgesetzten mehrmals an und drängte sie zu einem Angriff, weil er wusste, dass sich Abu Dua in jenem Augenblick in dem Haus befand. Aber es dauerte noch eine Woche, bis die Mission bewilligt wurde. Dann spielte sie auch keine Rolle mehr.

Auf wen stießen die irakischen Sicherheitskräfte, als sie schließlich hineingingen? Sie nahmen einige ISIS-Mitglieder gefangen. Und raten sie einmal, was jene Kämpfer bestätigten? Genau: dass Abu Dua dort gewesen war – vor sieben Tagen.

Die Jungs aus unserem Team redeten noch monatelang darüber. Wie konnten die Anzugträger nur einen solchen Fehler begehen?

Nach jener Nacht 2011 verschwand Abu Dua erst monate- und dann jahrelang – als er zurückkam, leitete er den Angriff auf ein zerrissenes Irak – und ISIS war al-Qaida 2.0. Er hatte einen islamischen Terrorstaat gegründet, und die USA versuchten immer noch, ihn zu verfolgen.

»Wir waren so nah dran, Mann, ich kann nicht glauben, dass ausgerechnet er uns durch die Lappen gegangen ist«, sagte Jack eines Abends nach einigen Drinks.

»Es ist eine neue Art von Krieg«, klagte er. »Die Regeln haben sich geändert. Uns sind wegen der verdammten Anzugträger immer stärker die Hände gebunden.«

TEIL III

23

UND WEG

Ich verließ den Irak Ende Juli 2010. Als das nächste Team eintraf, um uns abzulösen, war es ein fliegender Wechsel, so wie immer. »Habt ihr etwas für uns dagelassen?«, scherzte einer von ihnen, als wir unsere Sachen zusammensuchten. Zu Hause in den Staaten hatten wir uns mit unserer hohen Erfolgsquote einen Namen gemacht.

In jenen vier Monaten hatten unsere Teams im ganzen Land 14 der 20 Ziele auf der Todesliste ausgeschaltet. Wir hatten über 160 Angriffe durchgeführt, über 400 feindliche Anführer gefasst und über 20 von ihnen getötet. Unsere Drohnen waren insgesamt über Zehntausend Stunden in der Luft gewesen. Das Team, das uns ersetzte, tötete vier weitere Terroristen, die auf der Liste standen, und die letzten beiden Männer, darunter Abu Dua, verschwanden daraufhin. Der ISI war auf der Flucht – zumindest vorläufig.

Das fühlte sich ziemlich gut an. Der Irak erholte sich. Die Zahl der Zivilisten und Soldaten, die durch Anschläge ums Leben kamen, hatte nach Jahren der Gewalt einen Tiefststand erreicht. Die Drohnenteams hatten ihren Beitrag dazu geleistet. Aber es war auch ein Zeugnis für den aufopferungsvollen Einsatz und die Hartnäckigkeit der konventionellen Streitkräfte.

Ich machte mir immer noch Sorgen, dass wichtige Zielpersonen auf freiem Fuß waren. Der Feind konnte sich leicht neu formieren und mit doppelter Härte zurückschlagen.

Ich hatte nie die große Vision, dass wir alle höchsten Terrorführer ausschalten, schlagartig alle Probleme der Welt lösen und den Krieg gewinnen würden. Im Grunde halfen uns die Drohnen nur dabei, den Feind zu deklassieren und unseren Alliierten – allen voran den Irakern – Zeit und Raum zu geben, die Oberhand zu gewinnen.

Die US-Streitkräfte überreichten Malikis Regierung den Irak auf einem Silbertablett. Und die Obama-Administration tat, was sie konnte, um eine rudimentäre Streitkraft im Land zu erhalten, die das Netzwerk weiter nicht zur Ruhe kommen ließ. Premierminister Maliki dachte, dass seine Sicherheitskräfte die Situation alleine in den Griff bekämen. Lachhaft.

Als sich mein Team darauf vorbereitete, das Land zu verlassen, leistete sich Maliki schon einige grobe Fehler. Es kursierte das Gerücht, dass er eine große Anzahl von Häftlingen entlassen wollte – darunter viele Leute, die wir gefangen genommen hatten – als Zeichen des guten Willens gegenüber der anderen religiösen Gruppierung. Das waren nicht einfach nur Leute, die eine Packung Kaugummi gestohlen hatten. Es waren einige der verkommensten Menschen, die es auf der Welt gab.

Seine Entscheidung stieß auf Kritik. Aber Maliki war dazu entschlossen, und einige Tage bevor wir das Land verließen, bat er uns darum, ihm eine Liste mit den Namen der fünfzig wichtigsten Terroristen vorzulegen, die in Haft waren. Er wollte sie unbedingt hinter Gittern lassen. Aber fünfzig war eine lächerliche Zahl. Es gab Tausende von Mördern, Vergewaltigern, Bombenbauern, Dieben und gescheiterten Selbstmordattentätern, die unser Team in den letzten zehn Jahren gefasst hatte.

Gute Soldaten waren im Lauf der Jahre gestorben, um diese Typen hinter Schloss und Riegel zu bringen, und jetzt sollten jene Fanatiker einfach wieder auf freien Fuß gesetzt werden? Mir wurde schlecht, wenn ich daran dachte, dass all die tapferen Männer und Frauen, die gekämpft hatten, um dieses Land wieder sicher zu machen, nun zusehen mussten, wie aus politischem Kalkül ihr Werk zunichtegemacht wurde. Viele der Fanatiker traten anschließend wieder als ISIS-Kämpfer in Erscheinung. Ich dachte mir damals, dass wir sie alle hätten töten sollen, statt sie auf freien Fuß zu setzen. Aber es spielte keine Rolle mehr, wir hatten es nicht mehr in unserer Hand.

An unserem letzten Tag lief ich geduckt auf den Hubschrauber mit den sich drehenden Rotorblättern zu und stieg ein. Fast rannte ich. Es war gegen Mitternacht, und die irakische Luft war immer noch siedend heiß. Es fühlte sich an wie hundert Grad. Der Sommer war unerträglich, und ich freute mich darauf, der Box zu entfliehen, ihrem Geruch von Schweiß, Holz und Kaffee, den Frühstücksflocken, Energiedrinks und was sonst noch dazu gehörte.

Das einzige Erinnerungsstück, das ich von diesem Auslandseinsatz mitnahm, war das Foto der entführten Frau. Ich dachte immer noch an sie. Ich hatte gehört, dass sie nach Hause zurückgekehrt und auf dem Weg der Besserung war. Solche Dinge gaben mir das Gefühl, dass wir wirklich etwas ausrichten konnten. Es nahm den offenen Rechnungen, die wir nicht beglichen hatten, ein wenig die Schärfe.

Als der Hubschrauber abhob und in den irakischen Nachthimmel aufstieg, war weniger klar, wie es mit mir weitergehen sollte. Gedanken über meine ungewisse Zukunft hatten in der Nacht zuvor angefangen, mich wie ein regelmäßiger, nicht verstummender Trommelschlag zu verfolgen. Ich grübelte darüber, was am anderen Ende der Welt lag. Was war zu Hause los? Ich hatte seit gefühlten Monaten nicht mehr mit meiner Mutter gesprochen. Ich kannte meine Freundin Sarah nicht einmal mehr richtig. Wir hatten mehr oder weniger aufgehört, miteinander zu telefonieren. Wir lebten auf verschiedenen Planeten, waren verschiedene Menschen geworden.

Ich machte mir Sorgen und fragte mich, was ich sagen würde. Wen sahen sie überhaupt noch, wenn sie mich anblickten? War überhaupt noch etwas von meinem alten Ich übrig geblieben? Von dem Typen aus Katy, Texas, der die Welt retten wollte? Es gab bereits Gerüchte über andere Auslandsentsendungen. Vielleicht Afghanistan oder Jemen, wo sich eine neue Kriegsfront auftat, wegen der die Vögel aus dem Irak abgezogen werden mussten. Ein Teil von mir wollte sofort los. Diesen Sandkasten verlassen und an einem anderen Ort mein Lager aufschlagen. Ein neues Abenteuer. Der andere Teil von mir war sich nicht sicher, was er wollte. Dieser Teil von mir fühlte sich so an, als würde er an einem Abgrund stehen.

Der Hubschrauber landete an einem vorgeschobenen Stützpunkt, und unser C-17-Frachtflugzeug wartete dort auf der Landebahn auf uns. Jack, Travis und ihre Teams trafen etwa zeitgleich mit ihren Hubschraubern ein. Wir würden alle denselben Flug nach Hause nehmen.

Es war toll, alle wieder zu sehen. Wir gaben uns die Hand und klopften uns gegenseitig auf die Schulter, ohne die letzten Monate allzu ausführlich aufleben zu lassen. Vor allem Jack freute sich. Ich hatte noch nie erlebt, dass er Lob verteilte. Er hatte in seiner Dienstzeit alles gesehen, deswegen kostete es ihn enorme Überwindung, seine Gefühle zu zeigen.

»Das war der beste Irakeinsatz, den wir je hatten«, sagte er.

So gut sich seine Bestätigung auch anfühlte – ich hatte gleichzeitig den Eindruck, als würde damit etwas zu Ende gehen.

24

DAS LEBEN AUSSERHALB DER BOX

Als sich die Heckrampe senkte, traten wir alle mit unserer Ausrüstung in die Nacht. Es war 3 Uhr nachts. Verschiedene Lichter auf dem riesigen Flugplatz zeigten, dass andere Militärflugzeuge bis zum Morgen abgeschlossen worden waren, es waren nicht viele Leute anwesend. Als ich meinen Blick über das offene Gelände schweifen ließ, überkam mich ein Gefühl der Einsamkeit.

Ich verabschiedete mich auf der stillen, kaum beleuchteten Landebahn in North Carolina von dem Team, nahm meine Sachen und ging zum Parkplatz. Weil mein Auto in den letzten Monaten dort gestanden hatte, war es von einer dicken Staubschicht bedeckt. Ich startete den Motor und fuhr durch die nächtlichen Straßen; ich hatte große Mühe, wach zu bleiben, weil die Schlaftabletten noch wirkten.

Als ich zu Hause eintraf, stolperte ich in meine Wohnung und ließ meine zwei großen schwarzen Taschen auf dem Parkettboden fallen. Ich konnte weder in dieser Nacht noch in den folgenden still liegen. Alles drehte sich in meinem Kopf, als wäre ich immer noch in der Box. In Gedanken ging ich Hunderte von Fährten und mögliche Jagdstrategien durch.

Ich brauchte Stunden, um einzuschlafen. In den nächsten Nächten schlief ich immer wieder ein – und wachte wieder auf. Ich verlor jedes Zeitgefühl. Als ich eines frühen Morgens verschlafen zum Kühlschrank torkelte, sah ich im Vorbeigehen mein Spiegelbild im Bad. Es war furchtbar. Ich hatte viel abgenommen, mein Gesicht war blasser als sonst. In der Zwischenzeit zeichneten sich einige graue Haare in meinem Bart ab. Ich hatte die blutunterlaufenen Augen eines Drogenabhängigen. Ich sah übel aus, als hätte ich in einer Gruft gelebt.

Ich stolperte mit einem Eimer Golfbälle durch die Hintertür, ging zum dreizehnten Loch des Golfplatzes, der an meinen Garten angrenzte, und verbrachte die nächste Stunde damit, einige Bälle über den Rasen zu schlagen. Ich hatte kaum mit Sarah gesprochen, die in meiner Wohnung ein und aus ging und schon damit gerechnet hatte, dass ich nach dem Auslandseinsatz wortkarg sein würde. Ich konnte nicht die Energie aufbringen, mich für sie oder jemand anderen zu Hause zu interessieren. Ich versuchte, essen zu gehen und all die Dinge zu essen, auf die ich damals in der Box Appetit hatte. Aber diesmal hatte alles einen faden Geschmack.

»Geht's dir gut?«, fragte mich Sarah eines Abends, als wir Burger essen waren. »Bin müde«, sagte ich und merkte, dass es mir schwerfiel, sie anzusehen. Kurze Zeit später zerbrach unsere Beziehung.

In der folgenden Woche kehrte ich ins Büro zurück, weil ich etwas mit dem Krieg zu tun haben wollte, und fing sofort an, Drohnenübertragungen anzusehen und Berichte durchzugehen. Was konnten wir tun, um den Feind weiterhin unter Druck zu setzen? Ich ging die Fotos einiger toter Terroristen durch, die bei den letzten Missionen unseres Nachfolgeteams entstanden, und das motivierte mich. Es war, als hätte ich wieder Nahrung, mein Blut floss wieder.

Aber ganz gleich, wie sehr ich es zu ignorieren versuchte, der leise Gedanke, der in den letzten Monaten schon öfter aufgekommen war, wurde immer lauter – dass dieser Job mich langsam verschlang, dass er mich in eine fremde Person verwandelte, die ich überhaupt nicht erkannte. Tage- und nächtelang auf Monitore zu starren, die Belastung der Missionen auszuhalten, die Ziele, die wir ausschalteten – alles das hatte mir schwer zugesetzt, meine Gefühle gelöscht. Wenn es um Kriegstraumata geht, denken die meisten Menschen an die Operators. Ich sah durch sie viel, und alles, was ich sah, schob ich in ein tiefes Loch, wo es schlummerte – bis jetzt.

Das Entscheidende an einem Job wie meinem war es, das Leben in zwei feinsäuberlich getrennte Welten aufzuteilen: die Welt in der Box und die Welt zu Hause. Jetzt aber stellte ich fest, dass ich diese beiden Welten nicht mehr voneinander trennen konnte. Die eine hatte angefangen, in die andere hineinzusickern und sie zu fluten.

Meine Familie hatte keine Ahnung, was ich die Jahre zuvor getan hatte. Und sie wissen es auch jetzt, Jahre später, nicht wirklich. Ich versuchte einige Male, meine Mutter anzurufen, entschied mich aber dagegen, und dann erwiderte ich ihre Anrufe nicht. Ich wusste, dass meine Familie nicht in der Lage sein würde, die Entscheidungen zu verstehen, die ich im Ausland treffen musste. Wie konnten sie Dark Horse verstehen? Oder Manhattan? Überhaupt irgendeinen von diesen Schurken?

Eines Nachmittags besuchte ich die Beerdigung eines Kameraden auf dem Nationalfriedhof in Arlington. Er war in Afghanistan im Kampf gefallen. Es war ein warmer Tag, der Wind blies über die offene Fläche. Es war eine große Trauergesellschaft, mit vielen Soldaten, die ich von verschiedenen Auslandseinsätzen kannte. Er war jung gewesen, so wie ich. Als ich mich umsah, erkannte ich, dass die meisten Trauergäste ihre Köpfe gesenkt hielten und sich die Tränen wegwischten. Jets flogen über uns hinweg und Soldaten gaben Salutschüsse ab. Als ich auf den Sarg blickte, der mit der US-Flagge bedeckt war, fragte ich mich, *warum spüre ich nichts? Was zum Teufel stimmt nicht mit mir?* So sehr ich mich auch bemühte, ich konnte nicht weinen. Ich presste meine Augen zusammen, aber da war nichts. Es war, als würde ich vor der Toilettenschüssel knien und erbrechen wollen – ich wollte, dass etwas aus mir herauskam, mir Linderung verschaffen, aber stattdessen spürte ich nur, wie es mich innerlich zerriss.

Als die anderen Trauergäste an jenem Tag längst gegangen waren und ich in meinem Auto saß, erkannte ich, dass der Tod mir nichts mehr bedeutete, und es spielte keine Rolle, um wessen Tod es sich handelte, selbst mein eigener war mir egal. Es war eine Sache, den Tod eines Terroristen gleichgültig hinzunehmen, der Tausende von Menschen getötet hatte, aber es war etwas ganz anderes, nicht um einen Kameraden oder ein Familienmitglied zu trauern. All die Tode, die ich im Laufe von Hunderten von Missionen auf den Flachbildmonitoren mitverfolgt hatte, hatten meine Gefühle ausgehöhlt. Durch die Pixel war ich gegen den Tod abgestumpft und damit auch gegen alles andere, was zu Hause auf mich wartete. Ich hatte im Laufe der Zeit mein Herz verloren. War gefühlskalt geworden.

Auf den Bildschirmen leuchteten die Zielpersonen rot. Ich wusste genau, wer sie waren. Durch meine Ausbildung wusste ich, was der Feind jeden Tag dachte und tat, nicht was er fühlte. Gefühle waren für die Drohnenjagd irrelevant. Mein Leben, das daraus bestand, an einem Monitor zu sitzen und Menschen beim Sterben zuzusehen, hatte meine Sicht auf die Welt verändert. Ich hätte genauso gut tot sein können.

Es ist schwer, all die inneren Monologe zu erklären oder in Erinnerung zu rufen, die sich in meinem Kopf abspielten. Es war überhaupt nicht klar oder einfach, die Einheit zu verlassen. Meine Dienstzeit war abgelaufen, und ich musste mich entscheiden, ob ich für drei Jahre verlängerte oder nicht. Am einen Tag wollte ich bleiben, am nächsten nicht. Das waren für mich einige der schwersten Wochen meines Lebens.

Ich erinnerte mich damals an einen Kumpel, der die Einheit ungefähr zu jener Zeit verließ, als ich ihr beitrat. »Ich will einen Hund. Ich will eine Frau«, sagte er mir an seinem letzten Tag. »Ich will etwas, das nichts mit diesem Ort zu tun hat.« Ich verstand ihn damals nicht und ignorierte seine Äußerung. Warum würde er eine dermaßen angesehene Rolle aufgeben wollen? Wer würde diesen Job jemals aufgeben wollen?

Jetzt verstand ich ihn. Er sehnte sich nach dem, was ich vergessen hatte – wie es sich anfühlte, ein normaler Mensch zu sein. Er wollte nichts mehr von den Schrecken der Welt wissen oder sie erleben, den Tod und all das Böse, das in den düsteren Schatten lauerte. Er sehnte sich nach einem einfachen, anständigen Leben, einem Zuhause.

Obwohl mein Beruf gleichzeitig meine Berufung war, fing ich an, den langfristigen Nutzen meiner Arbeit zu hinterfragen. Wenn ich eines Tages ging, würde die Einheit mich und alle Erfolge vergessen. Sie würde weitermachen – und auch ohne mich gut zurechtkommen. Als hätte es mich nie gegeben. Wenn eine neue Generation von Soldaten eine neue Generation von Terroristen jagen würde, was hätte ich dann? Keine Frau, keine Kinder. Familie und Freunde, die ohne mich im Leben weitergekommen sind. War es wirklich das, was im Leben am wichtigsten war?

Als mein Cousin starb, ging ich nicht zu seiner Beerdigung. Er gehörte zu meiner Familie. Aber er war auch mein Freund. Und ich verabschiedete mich nicht einmal von ihm. Ich unterhielt mich früher oft mit meiner Mutter. Jetzt konnte ich sie nicht einmal anrufen. Ich konnte mich nicht einmal daran erinnern, wann wir das letzte Mal miteinander gesprochen hatten. Ich hatte Beziehungen zerstört und diejenigen gemieden, denen ich etwas bedeutete, weil ich egoistisch war, weil dieser Krieg kein Ende nahm. Letztendlich waren es diese Leute, die für mich da sein würden.

Eines Nachts träumte ich von meiner eigenen Beerdigung, sah von oben, wie ich in einem glänzenden schwarzen Sarg lag. Die Stühle waren leer und es gab keinen Priester. Die Kirche war still und ich war ganz alleine. Solange ich in dieser Welt lebte, würde es immer ein nächstes Ziel geben, eine nächste Terroristengruppe, die Amerika aus irgendwelchen Gründen hasste und mit diesem Hass ihre Gräueltaten rechtfertigte. Der Krieg würde niemals enden.

Ich wusste, dass es Zeit war zu gehen.

Als ich mit Jack und Bill darüber sprach, wirkten sie überrascht. »Was denken Sie sich bloß? Das ist jetzt Ihr Zuhause«, sagten sie.

Ich versuchte, ihnen zu erklären, dass es mir reichte, dass ich etwas anderes brauchte. Es tat weh, mit ihnen darüber zu reden. Es schnitt mir tief ins Herz. Wir waren Freunde und Brüder. Ich erinnerte mich noch genau daran, wie ich bei ihnen meine Ausbildung machte. All die Jahre in der Box. Ich hatte das Gefühl, als würde ich mein Team hintergehen und jeden einzelnen von ihnen verraten.

Jack und Bill versuchten, mich zum Bleiben zu bewegen und boten sogar einige Boni an, unter anderem eine Freistellung, um mein College-

Studium zu beenden. Sie redeten darüber, dass es das einzige Wahre sei, es nichts Besseres gäbe. Jack sagte mir, wie langweilig das Zivilleben war, als er es einige Jahre ausprobiert hatte. Und ein Teil von mir wusste, dass es stimmte. Der Krieg war, wohin er auch führte, ein Leben. Ein gutes und ehrenhaftes Leben, das die meisten Männer führten, bis sie in Rente gingen. Es gab keinen besseren Ort, an dem man in der Army arbeiten konnte. Jack war so. Bill auch. Die Einheit war einer der wenigen Orte in der Army, wo wirklich etwas los war.

Aber ich verlängerte meine Dienstzeit nicht. Ich ging. Das war im Winter 2010. Ich war sechsundzwanzig Jahre alt und dachte an jenem Tag zweierlei: dass sich eine große Welt für immer geschlossen hatte, dafür aber eine andere Welt plötzlich sperrangelweit offen war.

Als ich an meinem letzten Arbeitstag das Büro verließ, stieg ich in mein Auto und fuhr die übliche Route nach Hause, durch den Hintereingang und den geheimen Weg durch den Wald. Ich wollte niemanden sehen. Ich ging in meine Wohnung und setzte mich aufs Sofa. Der Fernseher war ausgeschaltet und das Wohnzimmer war stiller als je zuvor. Und dann traf es mich schlagartig: Das war echt. Ich war raus. Es schossen mir viele Fragen durch den Kopf. *Was fange ich mit dem Rest meines Lebens an?* Ich hatte die Army immer als meinen Lebenszweck gesehen. Sie definierte mich. *Was nun?*

Das Zivilleben kann für jeden Soldaten eine schwere Umstellung sein. Es kann eine ziemlich beängstigende Situation sein. Als würde man an einem Abgrund spazieren und sich fragen, was sich wohl unten im Tal befindet und ob sich der Fallschirm öffnet. Viele Männer vermeiden die Ungewissheit der Veränderung und verlängern ihre Dienstzeit so lange, bis sie schließlich in den Ruhestand gehen. Manchen Soldaten gibt der tägliche feste Ablauf Halt. Andere Soldaten verlassen die Army, erkennen, dass sie in der echten Welt nichts verloren haben, und nehmen den Militärdienst wieder auf. Dann gibt es jene, die gegen die harte Realität einer Welt ankämpfen, die sie nicht versteht. Sie tragen innerlich einen neuen Kampf aus, um ihren Platz und Zweck im Leben zu finden – bis es ihnen gelingt. Es ist für die Öffentlichkeit nicht möglich, die Realitäten des Krieges zu verstehen, geschweige denn die Einsamkeit, mit der sich die Soldaten im Ausland abfinden müssen, ob sie nun im täglichen Kampfeinsatz sind oder nicht.

Nach meiner Rückkehr aus dem Krieg und dem Verlassen der Einheit gab es keine klare Linie, die mich geradewegs zu meinem nächsten Lebensabschnitt führte. Es war eine chaotische Zeit, und ich erlebte keine große Offenbarung oder irgendeinen Aha-Moment, in dem ich mich schlagartig veränderte oder in den Spiegel sah und genau wusste, was ich tun wollte. Ich brauchte viel Zeit, um in mich zu gehen, und so kam es, dass das nächste Jahr hauptsächlich von Zukunftsängsten geprägt war.

Als Übergang zog ich nach Washington, D.C., wo ich über die Einheit einen Job in einer Organisation für Spezialoperationen bekommen hatte, die mit verschiedenen Geheimdiensten im Kampf gegen den Terror zusammenarbeitete. Ich trug jeden Tag Anzug und Krawatte und bekam ein ansehnliches, sechsstelliges Gehalt. Ich saß an einem großen runden Schreibtisch in einem gesicherten Raum und leitete ein Team von Leuten im Beltway. Wir leisteten vor allem strategische Arbeit und erklärten beispielsweise Geheimdienst- und Strafverfolgungsbehörden, wie die Spezialeinheiten vorgingen, oder wir überzeugten einflussreiche Beamte in wichtigen Regierungspositionen, die nichts über den Terrorismus wussten, dass der Krieg noch lange nicht zu Ende war. Es gab viel Händeschütteln und Bauchpinseln für eine tolle Videokonferenz oder ein Treffen mit der Bundesbehörde X, aber bei diesen Besprechungen wurde nie wirklich etwas erreicht. Ich musste mich meist mit der Bürokratie auseinandersetzen, die in D.C. nun einmal unvermeidlich ist.

Wenn ich nicht an Besprechungen teilnahm, saß ich an meinem Schreibtisch und beobachtete, wie sich mein E-Mail-Postfach füllte. Was mich erstaunte, war, wie viele Nachrichten absolut nichtssagend waren oder nur daraus bestanden, weitere Besprechungen zu vereinbaren.

Das war für mich eine große Umstellung. In der Box gab es keine Zeit. Sie spielte keine Rolle, weil immer etwas los war und mich mal in die eine, mal in die andere Richtung zog. Wir redeten nicht nur, *wir taten etwas*. Jetzt spürte ich jede einzelne Minute, die am Tag verstrich. Als ob es einen Sekundenzeiger in meinem Kopf gab, eine Uhr, die laut tickte und mich daran erinnerte, wie langsam die Zeit verging. Ich hatte das Gefühl, dass ich etwas finden musste, das mein Blut wieder in Wallung brachte.

In jenen ersten Wochen schlief ich nicht viel. Ich kam nach Hause, legte mich ins Bett und starrte an die Decke. In meinem neuen Apartment gab es kaum etwas, nur ein Bett, einige Möbel, einen Computer und Taschen mit Kleidung. Nichts an den Wänden. Jeder hätte dort leben können, wie in einem Hotel, der Ort war für jemanden auf der Durchreise, der nicht die Absicht hatte zu bleiben.

In einer Woche kam einmal meine Mutter in die Stadt, um zu sehen, wie es mir ging. Ich hatte seit meiner Rückkehr und dem Verlassen der Einheit, um in D.C. ein neues Leben zu beginnen, nicht viel mit ihr gesprochen. Sie wollte sich mit mir unterhalten, und ich freute mich plötzlich auf das Wiedersehen. Aber als ich an jenem Abend in meine Wohnung kam, fand ich sie dort völlig aufgelöst vor.

Als sie auf dem Sofa saß, strömten die Tränen über ihr Gesicht.

»Warum hast du mir nichts gesagt?«, fragte sie.

»Was meinst du? Was ist los?«

»Die vielen Orden und Auszeichnungen.«

Sie deutete auf einen Karton, der auf dem Boden stand. Darin befanden sich einige militärische Auszeichnungen, die ich im Laufe der Jahre erhalten hatte. Normalerweise versteckte ich den Karton in meinem Kleiderschrank, außer wenn ich mich an Dinge aus jenen Tagen erinnern wollte. In letzter Zeit hatte ich den Karton oft hervorgeholt.

»Du hast einen Bronze Star bekommen«, sagte sie und hob eine Plakette hoch.

»Ja, und?«, fragte ich.

Sie drehte und wendete sie in ihren Händen und starrte sie dann nur an.
»Hier steht, dass du die direkte Verantwortung für den schwersten Schlag
gegen den Feind seit Beginn des Aufstands 2003 hattest.«
Ich nickte.
Hinter den Tränen, die weiter flossen, wirkte sie stolz. Es war so, als hätte
sie in all jenen Jahren tief in ihrem Innersten gewusst, dass ich etwas
Wichtiges tat, es aber erst jetzt mit Gewissheit sagen konnte.
Es bestätigte den Stolz, den sie schon immer hatte. Das war für sie der
Beweis nach all den Jahren, in denen sie sich gefragt hatte, wo ich war.
»Warum hast du mir nichts davon erzählt?«
»Ich dachte nicht, dass es eine große Sache ist.«
Sie schüttelte den Kopf und wischte sich eine Träne am Ärmel weg.
»Es ist nur ein Blatt Papier«, sagte ich. »Die Erinnerungen sind mir wich-
tiger.«
»Es ist viel mehr als das«, sagte sie. »Siehst du das denn nicht?«
Ich sah es nicht.
»Das ist dein Leben«, sagte sie.
Genau das machte mich so fertig.

Ich versuchte, nicht an den Karton zu denken. Ich versuchte, die Dämonen zum Schweigen zu bringen, die von den Bildschirmen zu mir
zu sprechen schienen: »Geh zurück, du wirst noch gebraucht«. Ich zog
abends los, um etwas zu finden, egal was, das mir das Gefühl gab, am
Leben zu sein. Zuerst stieg ich in meinen Wagen und bretterte über die
495 Interstate, die sich wie ein Ring um die Stadt wand. Ich fuhr nachts
gern alleine über den Freeway, zog an Autos vorbei, ohne ein bestimmtes
Ziel vor Augen.
Später fing ich mit Internet-Glücksspielen an, oft verspielte ich in einer
Nacht Tausende von Dollar. Das Risiko gab mir ansatzweise das Gefühl,
wieder in der Kriegszone zu sein. Mein Computer zu Hause war an zwei
Monitore angeschlossen, und ich spielte oft an acht Pokertischen gleichzeitig, die vielen offenen Anwendungsfenster erinnerten mich an die

Bildschirme in der Box. Diesmal waren meine Ziele die anderen Spieler. Ich recherchierte sogar ihre Namen und benutzte Poker-Analysesoftware, um den Feind besser zu verstehen und meine Gewinnchancen zu verbessern.

Ich hatte gelernt zu kämpfen, keine Schwäche zu zeigen. Das US-Militär hatte Millionen von Dollar ausgegeben, um mir beizubringen, wie man die innere Anspannung des Kämpfens erträgt. Wie man sich in einer Mission nur auf den gegenwärtigen Augenblick konzentriert und gelassen bleibt. Ich hatte aber nicht gelernt, wie man nach seinem Weggang gelassen bleibt. Das fiel vielen ehemaligen Militärangehörigen schwer. Es fiel mir schwer. Ich hatte keine Ahnung.

Es vergingen Wochen, und ich fing an, mich wie der Hauptdarsteller im Film *Crank* zu fühlen, der ständig einen neuen Adrenalinschub benötigt, um am Leben zu bleiben. Obwohl ich niemandem etwas über mein Nachtleben erzählte, fing ich an, mich zu fragen, ob man es mir ansah. Ich hatte nach meiner Rückkehr aus dem Irak wieder etwas zugenommen und eine gesündere Hautfarbe. Aber jetzt nahm ich wieder ab und wurde blass. Casper, das Gespenst, schlich sich langsam wieder an.

Eines Tages fuhr ich nach der Arbeit aufs Land. Ich fuhr auf dem Freeway in Richtung West Virginia, das ein gutes Stück außerhalb von D.C. liegt. Mir waren die Geschwindigkeitsbegrenzung oder die Polizei egal, die vielleicht auf einen Raser wie mich warteten, der mit 160, 180, 225 Sachen fuhr. Mir war alles egal, ich hatte das Gefühl, als könne mir nichts etwas anhaben, als würde ich keinen Unfall bauen können, selbst wenn ich es wollte. Ich wäre vielleicht stundenlang unterwegs gewesen, wenn ich nicht das Schild gesehen hätte, das mich gedanklich in die Box versetzte, die sich mitten im Nirgendwo in West Virginia befand: »Geschwindigkeitsbegrenzung durch Flugzeuge überwacht«.

Ich musste am Straßenrand halten. Weite Felder erstreckten sich links und rechts von meinem Wagen bis in den Horizont. Ich stellte mir vor, wie eine Predator-Drohne diese Geschwindigkeitsbegrenzung mit einer Hellfire-Rakete durchsetzen würde.

In den letzten Wochen, als ich bei der Arbeit auf meinen Bildschirm starrte, rief ich Jack und Bill an, aber sie waren immer zu beschäftigt. Sie riefen mich oft erst Tage später an, auch nachdem ich ihnen eine SMS geschickt hatte. Ich vermisste sie.

Als ich in meinem Auto am Straßenrand saß, hatte ich plötzlich dieses schreckliche Gefühl, das mich wie ein Sattelschlepper traf, der aus entgegengesetzter Richtung in Höchstgeschwindigkeit gegen mich prallte – dass das Leben, das ich außerhalb der Einheit leben wollte, vielleicht doch nicht so verlockend war, wie ich es mir vorgestellt hatte. Ich stellte fest, dass ich mit der Zeit immer apathischer geworden war. Das war mein absoluter Tiefpunkt. Was hatte ich nur getan? Wo war ich?

Der einzige Lichtblick, der mich damals traf, war Joyce.

Ich lernte sie an der wirtschaftswissenschaftlichen Fakultät der Duke University kennen, an der ich mich nach meinem Bachelor beworben hatte – den ich zwischen meinen Auslandseinsätzen im Laufe der Jahre online gemacht hatte. Das MBA-Programm war international ausgerichtet und umfasste auch Auslandsaufenthalte an den wichtigsten Finanzmetropolen der Welt. Also waren wir in einem Monat in China, im nächsten in Russland.

Die Business School war das erste Mal seit meinem Beitritt in die Einheit, dass ich mit jemandem interagierte, der nichts mit Drohnen und Geheimdiensten zu tun hatte. In meiner Ausbildung hatte ich gelernt, niemandem zu vertrauen. Ich hatte gesehen, zu welchen Gräueltaten Menschen fähig sind, wie sich Menschen verhalten, die sich unbemerkt wähnen, und hatte den Bezug zur Realität verloren. Ich hatte mein Vertrauen in die Menschheit verloren.

Meine ersten Unterhaltungen mit Klassenkameraden waren kurz und floskelhaft. Bei Seminarbesprechungen fühlte ich mich unwohl, als wäre ich auf einem anderen Planeten gelandet und als würde sich jeder fragen, wer ich war und was ich hier zu suchen hatte. Ich fiel sofort in meine alte Denkweise zurück und behielt meine Vergangenheit für mich. Die meisten anderen Seminarteilnehmer waren bei großen Unternehmen wie Google, GE oder Goldman tätig. Ein Teil von mir dachte, dass sie mich sowieso nicht verstehen würden. Als ich einen Kurskollegen traf, der Moslem war, musste ich gegen den alten Instinkt ankämpfen, dass er möglicherweise ein Feind sein konnte. Meine Welt war sehr abgeschottet gewesen, und ich machte mir in den ersten Wochen Sorgen, dass ich mit den anderen Teilnehmern nicht zurechtkäme, die so anders aufgewachsen waren und nicht die Dinge erlebt hatten, die ich erlebt hatte. In gewisser Weise hatte ich das Gefühl, als hätte ich meine Identität im Laufe der letzten Jahre verloren. Ich besaß keine Identität mehr und war mir nicht sicher, wie ich zu anderen eine Beziehung herstellen konnte.

Joyce änderte alles das ein wenig. Mitte 2012 saßen wir in einer Einführungsveranstaltung in Shanghai, China, in einem großen Konferenzraum nicht weit voneinander entfernt, weil unsere Nachnamen im Alphabet nahe beieinander waren. Ich erinnere mich daran, dass ich ihr während der Vorträge verstohlene Blicke zuwarf. Sie war hübsch, und es fiel mir trotz des lebhaften Referenten schwer, mich zu konzentrieren.

Als sie in einer Pause mit einigen anderen in einer Gruppe zusammenstand, trat ich an sie heran. Es war ein großer Hotel-Ballsaal mit über 150 anderen Studenten unterschiedlichster Nationalitäten. Es wurden Tabletts mit Häppchen und Getränken gereicht. Obwohl sie ein großes Namensschild um den Hals hängen hatte, auf dem Joyce stand, sagte ich, »Hey, Julie.« Sie lächelte beim ersten Mal über den Fehler. Und stauchte mich ordentlich zusammen, als ich am selben Abend den Fehler ein zweites und drittes Mal machte.

Ich erfuhr, dass sie aus Lexington, Kentucky, stammte, einer Gegend, die für Pferde und Bourbon bekannt ist. Sie war klug, humorvoll und hatte einen leichten Südstaatenakzent, der mich gleich faszinierte. Sie machte mich auch ein wenig nervös – ein Gefühl, das ich zuletzt in der Box gespürt hatte, wenn ich Drohnen über ein bewegtes Ziel steuerte. An jenem Abend wusste ich manchmal nicht, was ich ihr sagen sollte, und ertappte mich dabei, wie ich nach den richtigen Worten rang. Mir gefiel die Spannung, die Elektrizität, die wieder durch mich fuhr. Ich wollte mehr davon. Ich lud sie am nächsten Abend ein. Wir waren bis Mitternacht aus – und danach so ziemlich jede Nacht für den Rest der Woche. Shanghai war nur der Anfang. Wir reisten gemeinsam durch die Welt. Im Laufe des Studienjahrs, als wir nach und nach die unterschiedlichsten Länder bereisten, ließ ich meine Fassade fallen. Ich erzählte ihr Dinge, die ich normalerweise für mich behalten hätte. Nach einigen Monaten verriet ich ihr mein Geheimnis: das Leben, das ich zuvor geführt hatte. Es war das erste Mal, dass ich offen mit jemandem darüber redete, der nicht zu meiner eingeschworenen Gemeinschaft gehörte.

Ich erzählte ihr meine Geschichte, nicht alles auf einmal, sondern nach und nach. Sie sagte jedes Mal, dass sie mehr hören wolle. Sie stammte nicht aus einer Familie mit militärischem Hintergrund, meine Geschichten hätten für sie genauso gut aus einem Film stammen können. Ich erzählte ihr von dem Raketenangriff, in dem ich beinahe ums Leben gekommen wäre. Ich erzählte ihr von Camp Pizza Hut in Bagdad.

Die sechzehn Monate an der Universität, die ich mit ihr verbrachte, waren, als befände ich mich in einer Oase, die aus dem Nichts erschienen war. Je mehr Zeit ich mit ihr verbrachte, umso weniger fühlte ich mich von der Realität entfremdet. Es gab sogar Zeiten, in denen meine Vergangenheit wie ein riesiger Ballon in den Himmel aufstieg, der – so hoffte ich – niemals wieder zurückkäme.

»Wir warten auf unsere Freigabe«, chattete die Frau über den Computer. Meine Krawatte schnitt mir die Luft ab. Ich lockerte sie und öffnete den obersten Hemdknopf, starrte aber weiter auf die Drohnenübertragung in meinem Büro in D.C. Ich spürte, wie mein Herz einige Takte schneller schlug, als die Kamera des Reapers plötzlich an ein Motorrad heranzoomte und uns damit die Perspektive gab, als würden wir es begleiten. Wenn ein Ziel in der Wüste in Bewegung war, machte ein Angriff manchmal am meisten Sinn. Er bedeutete weniger Kollateralschäden, weil diese unbefestigten Straßen meilenweit vom Stadtzentrum entfernt waren und das Ziel exponiert.

Jetzt, da der Reaper über dem Ziel kreiste wie ein Falke, der seine Beute schlagen will, ging er in den Angriffsflug über. Es war soweit. Er flog auf die beiden Männer auf dem Motorrad zu.

»Zehn Sekunden bis zum Ziel.«

Diese Sekunden zwischen dem Abschuss einer Hellfire-Rakete und ihrem Einschlag liefen immer in Zeitlupe ab. Die Männer auf dem Motorrad hatten keine Ahnung, dass sie gleich sterben würden.

Doch kurz bevor die Hellfire ihr Ziel traf, tat das Motorrad etwas Unerwartetes. Die Männer folgten einer kleinen Kurve, die sich um ein vierstöckiges Gebäude wand, das aus dem Nichts aufzutauchen schien.

Boom!

Ich konnte nicht abschätzen, um welches Gebäude es sich handelte, vielleicht war es ein Wohnhaus, vielleicht stand es leer. Es wurde zusammen mit dem Motorrad getroffen. Bald erschienen Zivilisten auf der Straße, die zuerst zögerlich waren und in den Himmel sahen, bevor schließlich einige Männer die Leichen wegschleppten.

Ich schaltete meinen Bildschirm an jenem Morgen aus und saß gefühlte Stunden an meinem Schreibtisch, während der Tag an mir vorbeizog. Mein Postfach füllte sich wie gewohnt mit E-Mails. Es fanden Besprechungen statt. Ich bewegte mich nicht und verließ das Büro frühzeitig, beinahe in einem Trancezustand.

Am Nachmittag erhielt ich einen Anruf von meinem guten Freund Mike Stock, dem das Sicherheitsunternehmen Bancroft gehörte. Er half afrikanischen Soldaten dabei, die mit der al-Qaida in Verbindung stehende Terroristengruppe al-Shabaab zu bekämpfen. Nach seiner Rückkehr in die Staaten hatte er mir von seiner Arbeit in Mogadischu, Somalia, erzählt. Seine Geschichten über ihre Fortschritte, Kämpfer des al-Shabaab aus der Stadt zu drängen, und über den in jener Region tobenden Krieg zogen langsam meine Aufmerksamkeit auf sich.

»Es ist ein Niemandsland da draußen, gerade gefährlich genug, um wieder seinen Puls zu spüren. Du solltest bei Gelegenheit mal kommen und dir selbst ein Bild machen.«

Ich redete beim Abendessen mit Joyce darüber. Ich sagte ihr nichts über den Drohnenschlag, der einige Tage zuvor stattgefunden hatte. Darum ging es auch nicht. Es ging um die Arbeit, die zu diesem Punkt hinführte. Der Schlag verdeutlichte mir nur: Ich konnte mir ein Leben außerhalb der Box nicht vorstellen. Ich dachte ernsthaft darüber nach, wieder zurückzukehren. *Welchen Sinn hat es, hier herumzusitzen, wenn es da draußen so viel Böses gibt? Es ist so, als hätten die Menschen hier vergessen, dass es ein großes Privileg ist, so zu leben, wie wir es tun.* Für eine größere Sache zu kämpfen, das war meine Welt. Ich hatte die Nase voll und mich selbst bereits davon überzeugt, dass ich dort hingehen musste.

»Ich muss zurück«, sagte ich. »Sie brauchen meine Hilfe«. Wir saßen am Küchentisch. Wir waren uns in den letzten Monaten immer nähergekommen, ich vertraute ihr. Sie hatte mir zuvor gesagt, dass sie auf keinen Fall wollte, dass ich in den Krieg zurückkehrte. Aber ich konnte nicht anders.

»Wovon sprichst du?«

»Ich gehe nach Somalia«, sagte ich und traf die Entscheidung in jenem Augenblick.

Es war, als hätte sie in etwas Radioaktives gebissen. Sie verzog ihr Gesicht.

»Es ist keine große Sache. Es ist ein sicherer Stützpunkt.«

Joyce stand auf, ging umher und sah mich an. »Liebst du mich überhaupt?«

»Natürlich tue ich das.«

»Dann sag es.«

»Natürlich liebe ich dich.«

»Würdest du weinen, wenn ich tot wäre?«

»Was?« Ich tat diese Frage lachend ab. Sie hatte sie mir schon einmal gestellt, und ich hatte damals genauso darauf reagiert.

»Du verheimlichst mir Dinge«, sagte sie. Sie kam aus einer großen, emotionalen Familie, die über alles sprach. »Du umarmst mich nicht. Du sagst mir nicht, dass du mich liebst. Es ist so, als wären wir voneinander abgeschnitten.«

Ich versuchte, sie davon zu überzeugen, dass das nicht der Fall war, aber sie nahm es nicht hin.

»Würdest du weinen, wenn ich tot wäre?«, fragte sie wieder.

»Ach, Baby, klar würde ich weinen.«

»Ich weiß es nicht«, sagte sie. »Manchmal frage ich mich, ob du überhaupt etwas fühlst.«

Sie bemerkte meine alte schwarze Tasche, die in der Ecke stand – die, die ich schon auf früheren Einsätzen dabei gehabt hatte. Auf ihr lag meine schusssichere Weste.

»Und die brauchst du für einen sicheren Stützpunkt?«

Sie nahm es mir übel, dass ich einem Krieg ihr gegenüber den Vorzug gab. Ich versuchte zu erklären, dass ich nun einmal so war. Dass ich es brauchte. Ich hatte einen Hunger, der auf keine andere Weise gestillt werden konnte. »Das verstehst du nicht«, sagte ich.

Tatsächlich war ich es, der nicht verstand. Diese Erkenntnis traf mich allerdings erst viel später.

Einige Tage später, im Frühjahr 2013, saß ich in einem Flugzeug nach Nairobi, Kenia. Dort stieg ich in eine gecharterte Cessna und flog nach Mogadischu, der von Einschusslöchern durchsiebten und von Sprengfallen zerbombten Hauptstadt Somalias – einer weiteren Front im Krieg gegen den Terror.

Eines der ersten Dinge, die ich tat, war es, einen Spaziergang zu machen. Ich fand mich schließlich am Strand am Rande des Flughafens wieder und sah von einer Klippe auf das blaue tosende Wasser herab. In der Ferne zeichnete sich die chaotische Skyline Mogadischus ab, eine der gefährlichsten Städte der Welt. Das Einzige, was uns von all den Truppen trennte, die al-Shabaab bekämpften, war ein Maschendrahtzaun.

Ich stand dort und blickte aufs Meer, als mich ein Flugzeug im Landeanflug passierte und auf dem Asphalt aufsetzte – eine Drogenlieferung, die einmal am Tag gebracht wurde. Es war ein großes Frachtflugzeug, das von unten bis oben mit Khat gefüllt war – der Droge, die die Einheimischen kauten, um sich zu berauschen und ihren Sorgen eine Weile zu entfliehen. Was beängstigend war, wenn man sah, dass beinahe jeder Mann, der in Mogadischu herumlief, eine Kalaschnikow mit sich führte. Es war eine Stadt, in der alles passieren konnte, in der in jedem Augenblick die Gewalt ausbrechen konnte. Und dennoch stand ich seelenruhig da und hatte das Gefühl, alles unter Kontrolle zu haben. Irgendetwas an der ganzen Situation war einfach wunderschön.

In Mogadischu schlief ich in einem modifizierten Trailer im stark befestigten Flughafen der Stadt und verbrachte die nächsten Wochen damit, der Afrikanischen Union zu erklären, was ich über Informationsbeschaffung und das Fliegen kleiner Drohnen wie Ravens wusste, um Ziele zu lokalisieren. Es war so wie in den guten alten Tagen. An einem Tag lokalisierten wir einen Selbstmordattentäter, der einen Anschlag auf den zentralen Militärstützpunkt in der Hauptstadt verüben wollte, an einem anderen Tag fassten wir einen Mann, der Bomben baute, mit denen er Konvois in die Luft jagte. Dann stürzte eine unserer Drohnen ab.

Ich arbeitete mit einer Gruppe, die ins Land gekommen war, um der ugandischen Armee im Kampf gegen al-Shabaab vor Ort Unterstützung zu bieten. Die Drohne war während eines nächtlichen Aufklärungsflugs heruntergekommen. Wir machten uns Sorgen, dass die Drohne verloren war und bald auf dem Schwarzmarkt auftauchen würde – um später gegen uns eingesetzt zu werden.

Es war eine jener tragbaren Puma-Drohnen, die etwa 100 000 Dollar pro Stück kosteten. Zuerst gab das GPS die Lage an, aber wir verloren das Signal bald. Die Drohne hätte überall sein können. Die Gruppe, die sie flog, durfte den Flughafen nicht verlassen, deshalb schnappten wir uns ein Team ugandischer Soldaten, die mit uns kooperierten, legten die Ausrüstung an und zogen los, um zum letzten Aufenthaltsort zu fahren, den die Drohne übertragen hatte.

Wir schlichen uns auf der Rückseite des Flughafens nach draußen. Die Straßen waren totenstill, nur der Sand und die Erde knirschten unter unseren Füßen. Wir hatten unseren vollständigen Kampfanzug an, die

MP-5-Maschinenpistolen mit unseren Taschenlampen im Anschlag, und achteten auf jede mögliche Bewegung im Schatten. Die Straßen waren eine Mischung aus halb verfallenen Hütten und Gebäuden, die durch den Krieg beschossen oder zerbombt worden waren. Solche Situationen konnten schnell kippen.

Als wir den letzten per GPS festgehaltenen Standort der Drohne erreichten, etwa einen halben Kilometer vom Flughafen entfernt, war nichts zu sehen: Die Drohne war verschwunden.

Aber binnen weniger Minuten fanden die Ugander drei Einheimische, die noch wach waren und beobachtet hatten, was geschehen war. Sie deuteten auf den Himmel, machten mit ihren Armen flatternde Bewegungen und deuteten auf die Straße, die zum Meer führte. »Die Polizei hat sie mitgenommen«, sagte der Ältere. Jetzt konnte sie überall sein.

Wir kehrten zum Stützpunkt zurück, erhielten aber über eine andere Quelle einen Hinweis – die Drohne war einem somalischen General des Geheimdienstes übergeben worden. Man könnte meinen, dass das eine gute Nachricht für uns war, aber das war nicht der Fall.

Als wir am nächsten Tag während des Tages in seine Anlage gingen, die sich mitten in Mogadischu befand, herrschte eindeutig eine Atmosphäre, die uns anzeigte, dass wir hier nichts zu suchen hatten. Somalische Soldaten starrten uns von den Balustraden an, als ich und ein anderer Typ vom Flughafen kamen. Sie sahen hier selten Amerikaner herumlaufen.

Der General begrüßte uns am Ende eines langen Innenhofs und führte uns in sein Büro. Er war ein korpulenter Mann mit einem grauen Schnurrbart und einem kleinen Kinnbart. Er trug eine Brille und eine auffällige Golduhr.

»Sie sind also hier, um ... worüber genau zu sprechen – etwas, das vom Himmel fiel?«, fragte er und lehnte sich in seinem Holzstuhl zurück, während ein Ventilator ihm eine kühle Briese ins Gesicht blies. »Ich bin mir nicht sicher, was Sie meinen.«

Höflichkeitsfloskeln waren hier fehl am Platz.

»Die Drohne, die abgestürzt ist und von Ihren Leuten geborgen wurde, … wir wissen, dass Sie sie haben«, antwortete ich und wollte keine Zeit verschwenden. In Mogadischu war es keine gute Idee, sich zu lange an einem Ort aufzuhalten. Die Anwesenheit von Amerikanern sprach sich schnell herum, und ehe man es sich versah, wurde man in die Wüste verschleppt, um an den Höchstbietenden verkauft zu werden.

»Ach ja, das«, sagte er, als wisse er nicht genau, warum wir da waren. »Ich habe verschiedene Anrufe von verschiedenen Gruppen erhalten, die alle behaupten, dass ihnen das Ding gehört.«

»Verschiedene Gruppen?«

Er log wie gedruckt. Er lehnte sich zurück und beobachtete, wie wir uns unruhig in unseren Stühlen wanden. »Woher soll ich wissen, dass es Ihnen gehört?«

Ich zeichnete ein Diagramm der Drohne auf ein Stück Papier auf seinem Schreibtisch. »Es ist im Moment wahrscheinlich an einigen Stellen gebrochen, richtig? Sie können es nicht anschalten, oder?«

Der General sah seinen Stellvertreter an, der in einer Ecke im Zimmer stand, bevor er wieder zu uns sah und lächelte. »Ich weiß immer noch nicht, ob ich glauben kann, dass es Ihnen gehört. Und selbst wenn, es ist nicht hier.«

Die Somalis spielten dieses Spiel hervorragend. Aber ich hatte ein As im Ärmel.

»General, können Sie einen Augenblick mit mir vor die Tür gehen?«

Er und sein Stellvertreter sahen mich skeptisch an, standen dann aber auf und gingen mit mir in den Innenhof.

Als wir dort waren, war kein Übersetzer nötig. Ich richtete seine Aufmerksamkeit auf den Himmel.

»Glauben Sie mir jetzt?«, fragte ich und deutete auf eine identische Puma-Drohne, die über unseren Köpfen hinweg surrte. Ich hatte die Gruppe am Flughafen darum gebeten, ihre Ersatzdrohne herüberzufliegen.

Ich werde niemals den Gesichtsausdruck des Generals vergessen. Er hätte an Ort und Stelle tot umfallen können, seine Augen fielen ihm vor

Schreck beinahe aus dem Kopf. Es war herrlich, ihn und seinen Stellvertreter dabei zu beobachten, wie sie mit ihren Blicken der Drohne folgten, die etwa 150 Meter über uns schwebte. Er war beeindruckt, als hätte ein Zaubertrick gerade sein Weltbild grundlegend verändert.

Ich funkte die Gruppe an und teilte ihr mit, dass sie ihre Reserve-Drohne zum Flughafen zurückfliegen konnten. Als sie verschwunden war, bat uns der General wieder herein. Wir hatten gewonnen. Er sagte uns, dass er die abgestürzte Drohne hatte. Sie war in einem anderen Büro, alle Einzelteile waren vollständig erhalten.

Aber der General wollte noch eine Karte ausspielen.

Er lehnte sich nach vorne und sah mir in die Augen.

»Ich finde, wir sollten den anständigen somalischen Findern eine Belohnung geben«, sagte er.

»Unbedingt«, sagen wir und lachten innerlich über diesen Vorschlag. Natürlich dachte er dabei an sich. »Wie viel scheint Ihnen denn angemessen, Herr General?«

Ich konnte sehen, wie der General seine Lippen schürzte, in seinen Augen waren fast Dollarzeichen sichtbar – wie bei einer Zeichentrickfigur, die an einen Goldschatz denkt.

»Fünftausend US-Dollar«, kam seine Antwort wie aus der Pistole geschossen.

»Wir können Ihnen heute nur Eintausend geben«, antworteten wir.

»Auch gut«, sagte er, ohne mit der Wimper zu zucken.

Wir brachten vom Stützpunkt 1000 Dollar in Hundert-Dollar-Scheinen und gaben sie ihm in einer braunen Papiertüte – Peanuts im Vergleich zu dem, was die Drohne wirklich wert war.

Nicht alles war so aufregend wie dieses Erlebnis. Das meiste war sogar ziemlich langweilig.

Ich blieb drei Monate in Somalia und dachte die ganze Zeit, dass dieser Aufenthalt meinen Drang steigern würde, wieder an Einsätzen teilzunehmen, dass mein Puls schneller schlagen würde. Aber das war nicht der Fall.

Als ich früher im Ausland war, dachte ich nicht viel darüber nach, was zu Hause los war. Es ging rund um die Uhr nur um die Mission. Doch in Somalia war es anders. Ich redete damals immer häufiger mit Joyce. Oft saß ich stundenlang auf meinem Bett und hatte auf meinem Computer Skype laufen, sah ihr unscharfes Bild in Großaufnahme.

Es war immer nach Mitternacht, die Klimaanlage polterte im Fenster des Frachtcontainers. Wir redeten meist darüber, was sie gerade tat, und vermieden es, den Krieg zu erwähnen und was nur hundert Meter entfernt hinter dem Zaun vor sich ging. Und sie drängte mich auch nicht besonders – was sich aber eines Nachts änderte.

»Ich verstehe das nicht«, sagte sie.

Sie rückte näher an den Bildschirm heran, sodass ich ihre braunen Augen deutlich sehen konnte. Sie sahen ein wenig glasig aus. Ich sah, dass sie verärgert war.

»Was?«

»Mach das nicht!«

»Was?«

»Warum macht es dich glücklich«, sagte sie, »an einem so gefährlichen Ort zu sein?«

Ich versuchte, es so gut wie möglich zu erklären, aber alles, was ich vorbrachte, war: »Ich musste gehen. Es war wichtig.«

Sie ließ die Aussage auf sich wirken, und für einen Moment dachte ich, sie würde das Thema fallen lassen, aber dann sagte sie: »Darauf habe ich mich nicht eingelassen, auf dein altes Leben. Weißt du das? So werde ich den Rest meines Lebens nicht verbringen.« Dann wandte sie sich von dem Bildschirm ab.

Es dauerte eine Sekunde, bis ich begriff, und für einen Augenblick fuhr mir ein schrecklicher Schmerz durch den Bauch. Als hätte man mir einen Schlag in die Magengrube verpasst. Dieses Gefühl war mir völlig neu.

»Das wird es auch nicht –«, setzte ich an, bevor sie mir das Wort abschnitt.

»Ich weiß, dass andere damit klarkommen.« Ihre Stimme zitterte ein wenig.

»Sie kommen damit klar, dass ihr Partner immer wieder geht und eine Zeit lang weg ist – ich aber nicht.«

Sie machte eine Pause, als ob sie dieses Gespräch lange vorbereitet hatte. »Ich will dieses Leben nicht.«

Ich ließ sie ausreden und wartete darauf, dass sie sich wieder zu mir drehte. Am Ende des Gesprächs waren wir beide sehr schweigsam und bedrückt – jeder von uns hatte ein Problem mit der Situation, ging aber unterschiedlich damit um.

In den Wochen seit meinem Weggang hatte ich angefangen zu begreifen, dass mir der Nervenkitzel des Kriegseinsatzes nicht mehr reichte, Somalia war nicht genug, keine Kriegszone würde je genug sein.

Einige Tage später hatte ich etwas Zeit, um unser Gespräch zu verarbeiten. Als ich dasaß und Joyce im Skype-Chat sah, konnte ich sehen, wie ihr die Situation zu schaffen machte. Es ging jetzt um mehr als nur um mich. Mehr als je zuvor hatte ich das Gefühl, dass ich sie brauchte, dass ich etwas Greifbares brauchte, etwas, woran ich mich klammern konnte. Deswegen hatte ich ursprünglich die Army verlassen; ich wollte ein normales Leben, und jetzt war ich dabei, mir meine eigenen Hindernisse zu bauen, die mich genau davon abhielten. Zu Hause zu sein, das Fundament für eine Familie und einen Freundeskreis zu legen – und nicht an einem entlegenen Ort zu sein, um gegen Feinde zu kämpfen, die uns ohnehin immer hassen würden.

Ich versuchte in jener Nacht, ihr per Skype davon zu erzählen.

»Ich habe verstanden, was du neulich gesagt hast, und es tut mir leid, dass ich dir dieses Gefühl gegeben habe. Du hast Recht … es ist nicht fair.«

Sie schwieg und ließ mich weiterreden. Vermutlich, weil ich Gefühle zeigte und weil sie wusste, wie schwer es mir fiel, mich zu öffnen.

»Ich hätte nicht gedacht, dass ich das jemals sagen würde, aber ich mag es nicht, hier zu sein – weil ich dich vermisse. Es ist für mich echt seltsam. Aber ich denke, ich bin bereit, nach Hause zu kommen.«

Ihre Miene hellte sich auf, als sie hörte, dass ich sie vermisste und dass ihre Worte bei mir angekommen waren.

»Du bist bereit, nach Hause zu kommen?«, fragte sie mit einem verwirrten Gesichtsausdruck. »Bist du mit allem fertig, woran du gearbeitet hast?«

»Ich werde meinen Auftrag hier zu Ende bringen. Aber dann bin ich durch.«

Wir hatten endlich einen gemeinsamen Nenner gefunden. Es war, als hätten wir durch das Gespräch eine neue Verbindung zueinander hergestellt. Obwohl das Gespräch kurz war, war es genau das, was wir beide in diesem Augenblick brauchten.

Kurz danach brach die Verbindung ab und ließ sich nicht mehr herstellen. Das Internet in Somalia nervte. Doch als ich in meinem Frachtcontainer saß und der Klimaanlage dabei zuhörte, wie sie die vom Meer kommende Luftfeuchtigkeit von mir fernzuhalten versuchte, wusste ich eins: Das war die Frau, die mir etwas bedeutete. Das war die Frau, die ich heiraten wollte, und ich wollte sie nicht verlieren. Ich brauchte sie.

Damit hätte ich einen Schlussstrich unter meine Vergangenheit ziehen können. Ich hätte Drohnen und dem Krieg ein für allemal den Rücken kehren können, und die Geschichte hätte vielleicht damit geendet, dass Joyce und ich unser gemeinsames Glück finden würden. Aber so akkurat läuft es nun mal nicht im Leben.

Eines Morgens trank ich meinen Kaffee, als Brad, ein Nachrichtendienst-Typ von der Air Force, an meinen Schreibtisch kam und fragte, ob ich einen Augenblick Zeit für ein Gespräch hätte. »Unter vier Augen, wenn's geht«, sagte er.

Es war etwa ein Jahr nach meiner Rückkehr aus Somalia – im Frühjahr 2014. In den letzten Monaten hatte ich als Berater für die am Silicon Valley ansässige Softwarefirma Palantir gearbeitet. Sie hatten mich nach Stuttgart in Deutschland geschickt, um eine neue Software im zentralen US-Militärstützpunkt einzurichten, der für Afrika zuständig war.

Die Monate verstrichen, und ich führte ein zurückgezogenes Leben. Niemand im Büro mit Ausnahme von Brad wusste, was ich zuvor getan hatte. (Wir hatten bereits während meiner Army-Zeit im Rahmen einiger Drohneneinsätze miteinander zu tun gehabt.) Meine Arbeit hatte nichts mit meiner vorigen Tätigkeit zu tun – als wäre ich auf der anderen Seite des Mondes gelandet. Und ich fand das auch gut so. Ich hatte mich von meinem alten Leben und dem ständigen Adrenalinrausch entwöhnt. Die Beziehung zwischen Joyce und mir war noch enger geworden. Es hatte in den Monaten nach Somalia Momente gegeben, in denen ich mir sicher gewesen war, meiner Vergangenheit endlich entflohen zu sein. Joyce war mit mir nach Stuttgart gekommen, und wir bewohnten ein Zwei-Zimmer-Apartment im obersten Stockwerk eines neuen Apartmentgebäudes mit Blick auf die Innenstadt. An den Wochenenden unternahmen wir Ausflüge durch ganz Europa, wir stiegen ins Auto und ließen uns treiben, wir genossen einfach die Auszeit und unser Zusammensein. An einem Wochenende fuhren wir nach Prag, am nächsten nach Mailand oder Zürich. Es fühlte sich wie ein großer Urlaub an, der – das wünschte ich mir zumindest – niemals zu Ende ging.

Das sollte sich nun schlagartig ändern.

»Haben Sie von den Mädchen gehört, die in Nigeria entführt worden sind?«, fragte Brad.

Natürlich hatte ich davon gehört. Im Mai wurde in den Nachrichten viel darüber berichtet. Mehr als zweihundert Mädchen waren aus einer Schule in Chibok im Bundesstaat Borno in Nigeria von der Terroristengruppe Boko Haram entführt worden. #BringBackOurGirls war die Schlagzeile auf allen Nachrichtensendern. Es wurde eine Suchaktion gestartet, aber die Gruppe und die Mädchen schienen, im dichten Dschungel spurlos verschwunden zu sein. Ich hatte dem Ganzen nicht zu viel Aufmerksamkeit geschenkt. Es war nicht mehr meine Aufgabe, mich um solche Dinge zu kümmern.

Brad war ein kräftiger Kerl, groß, mit schwarzen Haaren und einem charismatischen Auftreten. Er konnte sehr überzeugend sein. Er setzte sich auf einen Plastikstuhl gegenüber von mir und sah mich an. »Wir haben soeben den Auftrag erhalten, die Mädchen zu finden«, sagte er. »Wir könnten Ihre Hilfe gebrauchen.«

Boko Haram kämpfte schon seit Jahren gegen die nigerianische Regierung, und das Militär hatte die Gruppe weitgehend an den östlichen Teil des Landes gedrängt. Die USA betrachteten sie als Terroristen – sie hatten mit al-Qaida zu tun und würden später dem ISIS die Treue schwören. Die USA hatten ein Kopfgeld von sieben Millionen Dollar auf den Anführer der Gruppe ausgesetzt, einen Wahnsinnigen namens Abubakar Shekau.

Shekau stellte oft Videos ins Internet, in denen er in dunkler Tarnkleidung zu sehen war, als wäre er eine Art militärischer Anführer, und er hielt oft demonstrativ ein Sturmgewehr in die Kamera, drohte mit Angriffen auf die USA und rief zum heiligen Krieg gegen das Christentum auf. Es gab Geschichten, dass er fiktive Koranverse zitierte, um seine Gräueltaten zu rechtfertigen.

Seine Männer fielen in nigerianischen Dörfern ein und erschlugen mit Macheten alle Männer, Frauen und Kinder, die sich weigerten, sich ihnen anzuschließen. Brad zufolge würde Shekau die entführten Mädchen zum Islam konvertieren und mit seinen Kämpfern verheiraten. Wir machten uns Sorgen, dass manche von ihnen zu Selbstmordattentäterinnen ausgebildet werden würden, so wie er es bereits mit Mädchen getan hatte, die er einer Gehirnwäsche unterzogen hatte.

Brad muss die Zweifel in meinem Gesicht gesehen haben. »Ich weiß, dass Sie nicht mehr dabei sind«, sagte er. »Aber das ist wirklich wichtig.«

Meine Tage bei Palantir liefen meist gleich ab, ich musste nur Probleme mit der neuen Software beheben und eine Lösung finden, wenn neue Programmierfehler auftraten. Es war ein leichter Bürojob mit geregelten Arbeitszeiten, ein Sonntagsspaziergang im Vergleich zu dem, was ich gewohnt war, und ich schlief auch endlich wieder.

Zuerst wollte ich Nein sagen. Sie würden die Terroristen schon selbst finden. Das war nicht mein Kampf, und Joyce hatte mich nach Somalia gebeten, mich niemals wieder in die Person zu verwandeln, die ich vorher gewesen war. Ich wusste: Wenn ich den Schalter wieder umlegte, würde ihr mein altes Ich vermutlich nicht gefallen, und dann würde ich sie verlieren.

Doch als ich an jenem Abend nach Hause kam, gingen mir die Mädchen nicht aus dem Kopf. Es war auch nicht hilfreich, dass CNN ständig darüber berichtete, und Joyce hatte auf den Sender geschaltet, als wir zu Abend aßen.

»Du schaust mich genauso an wie damals, als du mir sagen wolltest, dass du nach Somalia gehst«, sagte sie und legte die Gabel ab. »Was ist los?« Ich wartete eine Sekunde, bevor ich antwortete.

»Ich kann jetzt nichts sagen, aber diese Leute bitten mich bei einer Mission um Hilfe.«

»Du hast doch *Nein* gesagt, oder?«, fragte sie. »Du bist damit durch!« Ich dachte in jener Nacht länger darüber nach. Aber meine andere Seite gewann schließlich. Ich wäre nur einen Monat weg. Ich konnte diesen Typen das richtige Vorgehen zeigen, sie an meinen Erfahrungen teilhaben lassen, und wäre weg, sobald sie die Pred abgeben mussten. Vielleicht war es dumm von mir. Aber ich dachte mir: *Was soll's.* Mir ging es besser als je zuvor. Ich konnte nicht widerstehen. Ich war dabei.

Niemand von uns schlief in den ersten vierundzwanzig Stunden. Wir waren eine Gruppe, die aus weniger als zehn Personen bestand, alle waren über ihre Laptops gebeugt und starrten auf TV-Bildschirme, so wie damals, als ich die Box im Irak leitete.

Alle, die die Mission unterstützten, waren in einen kleinen fensterlosen Raum im obersten Stockwerk einer sicheren Militäreinrichtung gepfercht. Er fühlte sich wie ein Tresor an. Der Raum war kaum groß genug, mit den Computern, Bildschirmen und Schreibtischen, die beinahe übereinandergestapelt waren. Eine schwere Stahltür, die mit einem elektronischen Schloss verriegelt war, trennte uns vom Rest der Einrichtung.

Wir hatten die offizielle Freigabe erhalten, in den nigerianischen Luftraum einzudringen. Sie waren bis jetzt dagegen gewesen, hatten aber angesichts der medialen Aufmerksamkeit schließlich eingelenkt.

Wir arbeiteten schnell: Wir gingen die Informationen über die Gruppe durch, wühlten uns in nationalen und internationalen Datenbanken durch Karten und alte Akten und analysierten die Videos der Mädchen, die auf YouTube und den sozialen Medien zu sehen waren.

Der nordöstliche Teil Nigerias, in den Boko Haram die Mädchen verschleppt hatte, war etwa so groß wie der Bundesstaat New York und grenzte an die Länder Tschad und Kamerun. Doch Boko Haram erkannte die Grenzen nicht an.

Wir gingen allen Spuren nach und fanden bald etwa vierzig verschiedene Startpunkte – hauptsächlich Orte, an denen die Gruppe gesichtet wurde oder die sie als Verstecke nutzten. Mein Bauchgefühl sagte mir, dass die Mädchen in drei Gruppen aufgeteilt worden waren – das hatten sie in der Vergangenheit bereits getan – wobei eine Gruppe vermutlich im Sambisa-Wald war, in der Nähe von Maidiguri, eine andere Gruppe war vermutlich in der Nähe des Tschadbeckens, jenseits der Grenze, und eine andere Gruppe befand sich vermutlich im Südosten in der Nähe der Nationalparks auf der nigerianischen Seite nahe der Grenze zu Kamerun.

Showtime für die Drohne. In gewisser Weise kartografierten wir die Erde an einem Ort, der von Amerikanern zuvor kaum betreten worden war. Zuerst mussten wir viel verarbeiten. Der Boden bestand überwiegend aus vereinzelten Bäumen und offenem Grasland. Unten war alles so grün – von den unbefestigten hellbraunen Straßen einmal abgesehen, die das Land durchzogen wie lose Fäden. Viele Einheimische lebten nicht in Häusern, sondern unter Bäumen, weil es dort kühler war. Andere lebten auf dem offenen Land, ganze Familien richteten sich auf Feldern direkt neben den Straßen ein.

Überall waren Menschen. Sie waren entweder zu Fuß oder auf Geländemotorrädern unterwegs. Und die Fußsoldaten von Boko Haram versteckten sich nicht einmal. Es war offensichtlich, dass sich die Gruppe dort für unantastbar hielt und in Sicherheit wähnte.

In den ersten beiden Tagen der Jagd bemerkten wir, dass sich einer unserer ersten Startpunkte, die wir auf unsere Liste gesetzt hatten, bezahlt machte – er lag im Sambisa-Wald.

Zuerst war schwer zu sagen, ob wir die Mädchen verloren hatten. Der Baum war größer als alles andere im Umkreis von Meilen, mit einem dicken Stamm und gewaltigen Ästen, die sich wie ein großer Schirm über alles darunter ausbreitete. Wir nannten ihn den »Baum des Lebens«.

Außer einigen kleinen Dörfern, etwas dichtem Gestrüpp und einer Straße, die sich wie eine Schleife um den Baum des Lebens wand, gab es meilenweit nicht viel.

Es war dort früher Morgen, späte Nacht bei uns. Als sich die Szene abspielte, herrschte zunächst viel Verwirrung, und im Raum brachen hektische Diskussionen aus.

»Wow, da sind eine Menge Leute unter dem Baum«, sagte jemand.

»Ja, der Baum ist riesig.«

»Können wir herausfinden, ob das Frauen sind?«

»Der Sensor-Operator denkt, dass das gut möglich ist.«

Als die Gebetszeit zu Ende ging, wurden die Menschen schnell in das Zelt zurückgebracht. Wir brauchten einen ganzen Tag mit diesen Gebetszeiten, um uns Gewissheit zu verschaffen. Andere in dem Raum, darunter einige Offiziere des Militärs, waren sich unschlüssig über das, was sie sahen. Sie versuchten, sich aus allem einen Reim zu machen und wussten nicht, ob ihr Rang ausreichte, um ihren Vorgesetzten mitzuteilen, was wir soeben entdeckt hatten, für den Fall, dass jemand etwas falsch gedeutet hatte. Aber ich wusste es besser. Ich war mir zu 100 Prozent sicher. Wir hatten sie gefunden.

Wir mussten jeden Quadratzentimeter des Sambisa-Waldes kennen, bevor jemand hineingehen konnte. Eines Tages sahen wir, wie eines der Mädchen offenbar versuchte, während der Gebetszeit der Gruppe zu entfliehen, sie wurde jedoch von zwei Männern mit Kalaschnikows verfolgt und von ihnen zurückgezerrt.

Als einer der zuständigen Offiziere, der persönlich die US-Botschaft in Nigeria aufgesucht hatte, den nigerianischen Sicherheitskräften die Bilder vom Baum des Lebens zeigte, waren sie überrascht, dass wir sie so schnell gefunden hatten. Sie sagten, dass sie hineingehen würden. Die Nigerianer versuchten immer noch, ihre eigenen Informationen über den Aufenthaltsort der Mädchen zu sammeln, aber zu jenem Zeitpunkt hatten sie nichts wirklich Überzeugendes. Sie verstanden es allerdings hervorragend, den Anschein zu erwecken, alles im Griff zu haben – davon konnten wir uns überzeugen, als wir Nachrichtensendungen sahen, in denen Journalisten Interviews mit nigerianischen Beamten führten, die behaupteten, viel mehr zu wissen, als tatsächlich der Fall war.

Aber nach einem großen Hin und Her mit ihren Sicherheitskräften geschah etwas Seltsames. Sie taten nichts.

Es vergingen Wochen, wir warteten auf einen Rettungseinsatz und beobachteten weiter den Baum des Lebens auf unseren Monitoren. Es war nicht so wie damals in der Box, als ich einfach ein Team mit Operators losschicken konnte.

Die Nigerianer schickten niemals Soldaten. Es schien fast, als hätten sie Angst, in den Wald vorzudringen, weil sie in keine Gefechte verwickelt werden wollten. Wochen später ließen sie als Machtdemonstration an die Kämpfer von Boko Haram einen Kampfjet aufsteigen, der dicht über den Baum des Lebens hinweg flog. Das war die idiotischste Entscheidung, die sie hätten treffen können. Sie zeigten der Öffentlichkeit damit, dass ihnen der Aufenthaltsort der Mädchen bekannt war, dass die Kameras ihn einfingen, aber so waren die Entführer natürlich auch gewarnt.

Ein oder zwei Tage nach dem Jetflug war es vorbei. Schlechtes Wetter zog auf, und wir mussten die Predator landen. Als wir ihn wieder in die Luft und über die Stelle im Wald brachten, waren die Mädchen verschwunden.

Als wir über dem Baum des Lebens kreisten, gab es kein Lebenszeichen von ihnen. Es war jetzt nur noch der Baum zu sehen, der von nichts umgeben war. Sie waren wegen der Jets vermutlich an einen anderen Ort verschleppt worden.

Das setzte uns schwer zu.

Das war ein perfektes Beispiel dafür, warum Drohnen nur dann etwas Wert sind, wenn man die Fähigkeit besitzt, konsequent zu bleiben und die Mission bis zum Ende zu verfolgen. Ob es nun eine Hellfire-Rakete oder ein Angriffsteam war, jemand am Boden musste in der Lage sein, die Bilder der Drohnen zu interpretieren und angemessen darauf zu reagieren. Soweit wir es sehen konnten, wollten die nigerianischen Anführer die Mädchen überhaupt nicht finden. Mit den Informationen, die wir ihnen zur Verfügung stellten, hätten sie etwas anfangen können. Die Entführung war ein politisches Werkzeug, das sie wie Politiker benutzten, die plötzlich aus den falschen Gründen eine Agenda unterstützten, um Stimmen zu gewinnen. Alles, was sie herausfinden wollten, war, wie sie von anderen Ländern Zuschüsse bekommen konnten, wie Amerika ihnen Drohnen geben konnte. Die Nigerianer nutzten die Entführung der Mädchen als Anlass, um bei der US-Regierung Predators und Reapers anzufordern. Als hätten sie Ahnung, wie man sie benutzt, als würden sie nur die Drohnen brauchen und nicht die Infrastruktur dahinter. Sie wollten die teuren Vögel, die man mit Hellfires bestücken konnte, und sie wollten, dass die US-Regierung sie kaufte.

Wir hatten die Pred noch zwei weitere Wochen, bevor er zurück in seine Verpackung wanderte und nach Hause geschickt wurde. Damals entdeckten wir einige andere Orte, in denen sich Boko Haram nachweislich aufhielt, aber die vermissten Mädchen sahen wir nie wieder.

Es vergingen einige Monate, und die Nachrichten über die Entführungen verschwanden langsam in den Mainstream-Medien, so wie das Interesse der US-Regierung, weitere Luftunterstützung zu bieten. Das passiert, wenn man nicht mehr in den Schlagzeilen steht: Man gerät in Vergessenheit.

Boko Haram war und ist eine der größten Bedrohungen für die Region. Der Gedanke, dass wir die Mädchen verloren hatten, dass die Nigerianer Mist gebaut hatten, nachdem wir sie gefunden hatten, war einfach bedrückend – und dass viele Mädchen heute noch als vermisst gelten. Nach wochenlangem Schlafentzug verließ ich den Raum, niedergeschlagen und müde, so wie damals in der Box. Aber ich konnte klarer sehen als je zuvor.

Ich hatte gegen die Anziehung der Drohnen gekämpft und versucht, einen anderen Weg zu finden, um in der Welt voranzukommen. Ich rang mit diesem Gefühl. Ich glaubte, dass ich mich von ihnen distanzieren musste, um ein neues Kapitel in meinem Leben aufzuschlagen. Aber das änderte sich für mich, als ich in jener Nacht die Operationszentrale verließ und zu Hause eine Auszeit nahm. Es hatte lange gedauert, und es war nicht leicht, aber ich erkannte schließlich, dass Drohnen nicht nur eingesetzt werden können, um den Terror zu bekämpfen und Verbrecher zu töten. Ich hatte die Macht, Drohnen für wichtigere Dinge einzusetzen als den Krieg. Vorher hatte ich diese Möglichkeit nicht einmal in Betracht gezogen. Früher hatte mich das Militär völlig in seinen Bann geschlagen. Jetzt sah ich etwas völlig anderes.

25

EIN NEUANFANG

Als eine Elefantenfamilie in der Savanne des Großen Afrikanischen Grabenbruchs in Nordkenia friedlich graste, zoomte ich mit der Drohnenkamera heraus, um wieder einen größeren Ausschnitt des Naturreservats zu sehen – bis ich bemerkte, wie drei Männer in der Dunkelheit durch das Dickicht langsam auf sie zukrochen.

Wir hatten von der örtlichen Tierschutzorganisation die Information erhalten, dass einen Tag zuvor in einer nahegelegenen Höhle ein kleines Lager gesichtet worden war. Die Asche glimmte noch, und ich wusste, dass jedes Tier in der Nähe in Gefahr sein konnte.

Ich schaltete die Thermalkamera der Drohne an, um einen genaueren Eindruck zu erhalten. Die Männer hatten Kalaschnikows und Macheten. Sie waren wegen des Elfenbeins gekommen, eine Trophäe, die ihnen auf dem Schwarzmarkt Zehntausende einbringen würde.

»Wir verfolgen von oben Wilderer am Ostzaun, schicken Sie sofort die Rangers dorthin.«

»Verstanden«, antwortete eine Stimme per Funk.

Es war früher Abend, die Sonne war gerade untergegangen. Die Drohnenübertragungen leuchteten weiß und erhellten die kleine Operationszentrale, die wir mitten in dem Reservat eingerichtet hatten. Es war nicht die Box. Es war jetzt anders.

Wir waren von Abertausenden Hektar umgeben: Berge, Täler und Seen.

Verrückte Tiere, die mir das Gefühl gaben, als wäre ich im *Dschungelbuch* gelandet: Elefanten, Rhinozerosse, Leoparden und Hyänen. Geschöpfe aus einer Zeit, als es die Menschen noch nicht gab.

»Wir können nicht mehr warten«, rief ich. »Wenn sie diese Distanz überwinden, sind die Elefanten so gut wie tot. Ich bewege eine andere Drohne, um die Familie zu schützen, und halte diese Drohne auf den Umkreis, bis ihr ihn gesichert habt.«

Die Hubschrauber hoben gerade vor meinem Zelt ab, die Rangers waren bereit, sie auszuschalten. »Wir sind auf dem Weg zum Zugriff«, sagte die Stimme.

Ich hatte die Strategie nun seit Monaten akribisch ausgearbeitet – wie eine Drohnenoperation aussehen könnte, wenn sie in Kenia stattfinden würde, die Heimat einer der berühmtesten Naturschutzgebiete und Tierreservate.

Es fing alles damit an, als zwei Silicon-Valley-Unternehmer mit mir Kontakt aufnahmen und sagten, dass sie eine Idee hätten, die mein Leben für immer verändern würde. Bevor wir uns trafen, dachte ich: *Wer könnte das wohl schaffen?*

Sie gaben mir im Frühjahr 2014 ein Erste-Klasse-Ticket für ein Wochenende in Paris, und wir trafen uns in einer vornehmen, mondänen Hotelbar. Reza war Mitte 40 und von einer geheimnisvollen, faszinierenden Aura umgeben. Seine Familie stammte aus dem Iran, aber er war überwiegend in den USA und Frankreich aufgewachsen. Er hatte in den USA mit einer Handvoll Internetfirmen ein Vermögen verdient. Aber in den letzten Jahren war er viel auf Reisen gewesen und auf der Suche nach einer höheren Berufung.

Jory, sein Partner, kam ursprünglich aus der Telekommunikationsbranche. Er war etwas älter und strahlte Ruhe und Souveränität aus. Nach einer erfolgreichen Laufbahn bei verschiedenen multinationalen US-Konzernen hatte er Reza kennengelernt, als sie beide nach dem Erdbeben auf Haiti helfen wollten. Sie hatten sich über die Möglichkeit ausgetauscht, gemeinsame humanitäre Projekte durchzuführen, und sich im Lauf der Zeit angefreundet.

»Was diese Tierschutzorganisationen machen, funktioniert nicht«, sagte Reza an jenem Abend zu mir, während im Hintergrund Technomusik wummerte. »Sie brauchen einen neuen Impuls.«

Wir verstanden uns auf Anhieb.

Ihre Idee war klar und eindeutig. In einigen Teilen Afrikas starben Tiere in beängstigend hoher Zahl, und es war neue Technologie nötig, um etwas dagegen zu unternehmen. Sie hatten das Gefühl, als könnten Drohnen in diesem Krieg eine entscheidende Rolle spielen – und den Sieg herbeiführen.

Das Ziel war einfach, aber ehrgeizig. Es ging darum, ein Programm zu starten, das in Zusammenarbeit mit der Regierung und Naturschutzorganisationen, die einen Großteil des Landes überwachten, Drohnen Patrouille fliegen zu lassen und die Rangers als Angriffsteam einzusetzen. Im Grunde eine Operation durchzuführen, wie ich es damals im Irak getan hatte.

Wir redeten in jener Bar stundenlang über verschiedene Technologien, die von US-Unternehmen entwickelt worden waren.

»Glauben Sie, dass Drohnen helfen können, dieses Problem zu lösen?«, fragte Reza.

»Schon möglich«, antwortete ich. »Ich müsste mir das Gelände allerdings einmal ansehen, um mir sicher zu sein.«

»Nun, deswegen sind Sie ja hier. Wir wollen, dass Sie die Expedition leiten. Hätten Sie Lust dazu?«

Ich lächelte und wartete einige Sekunden, um dieses Angebot auf mich wirken zu lassen. Wir waren von elegant gekleideten Menschen umgeben, die Drinks in ihren Händen hielten, und ich kam mir mit diesen Typen und dieser neuen Idee wie eine Insel vor. Sie wirkten sehr gelassen, und trotzdem brannte in ihnen ein Feuer, das mir das Gefühl gab, etwas tun zu können, für eine Sache zu brennen und mich lebendig zu fühlen.

»Natürlich habe ich Lust dazu«, sagte ich.
Eine Woche später flogen wir nach Kenia.

Unsere winzige Cessna verließ den kleinen Wilson-Flughafen in Nairobi und näherte sich der im Süden gelegenen Grenze zu Tansania. Die Sitze waren eng, aber das spielte keine Rolle. Ich flog auf das Masai Mara zu, eines der größten Naturschutzgebiete Afrikas. Der Mara-Fluss durchschneidet die kenianische Grenze im Südwesten und reicht bis nach Tansania, wo er durch den Serengeti-Nationalpark fließt. Das gewaltige Reservat war die Heimat der legendären Masai-Krieger, einer Volksgruppe, die einer traditionellen Lebensweise folgt. Sie leben in Symbiose mit den heimischen Tieren, und das ist schon seit Jahrhunderten so.
Einige Stunden nach dem Abflug von Nairobi landeten wir mit der Cessna polternd auf einer kleinen Landebahn. Dort, in der offenen Savanne, die mich umgab, bekam ich einen ersten Eindruck des entlegenen Gebiets. Überall waren Wildtiere: Antilopen, Gnus, Hyänen, Nilpferde, Elefanten und Zebras.
Ich fühlte mich beinahe in ein prähistorisches Zeitalter versetzt, als ich dort eintraf – wie ein Entdecker, der zum ersten Mal eine neue Welt betritt. Die offene Savanne wechselte sich mit Hügeln ab, und das Land erstreckte sich über Hunderte von Meilen.
Das Gelände eignete sich perfekt für den Drohneneinsatz, es bestand aus Hunderten von Meilen offenem Grasland mit vereinzelten Bäumen. Mit den Kameras würde es leicht sein, aus einer Höhe von 900 bis 1200 Metern Mensch und Tier zu erkennen.
An jenem Tag sah ich zum ersten Mal einen Elefanten in freier Wildbahn. Wir stiegen mit einem kenianischen Ranger, der auf uns drei wartete, in mehrere Geländewagen und fuhren los. Kurze Zeit später spazierte eine Elefantenfamilie an uns vorbei. Zwei große und drei kleinere Tiere. Sie waren einige Hundert Meter entfernt und grasten. Sie waren einige der friedlichsten, majestätischsten Tiere, die ich je gesehen hatte – doch sie waren im Aussterben begriffen.

Ich war immer noch dabei, mich an das Zivilleben zu gewöhnen, aber es wurde einfacher. Ich hatte viel nachgedacht. Joyce blieb bei mir. Obwohl ich immer noch nicht wusste, wie sich die Dinge entwickeln würden, nahm ich das ganze Geld, das ich auf der Bank hatte, und kaufte ihr einen Diamantring. Wir verlobten uns und zogen in ein anderes Apartment in Downtown D.C. Es fing langsam an, sich wie ein echtes Zuhause anzufühlen – etwas, das ich schon lange nicht mehr gekannt hatte.

Wir redeten viel über die Vergangenheit. Es war so, als würde ich mir viele Dinge von der Seele reden. Manchmal sage Joyce, dass ich, wenn ich über die Terroristen sprach, die ich gejagt hatte, immer noch so tat, als wären sie keine echten Menschen, als wären sie seelenlose Ungeheuer. Ich betrachtete einen Kill oder eine Gefangennahme als Arbeit. Es war mein Job, und es war wie eine Transaktion. Und weil dadurch, wie ich damals glaubte – und auch heute noch glaube – gute Dinge erreicht werden konnten, fraß es mich auf und ließ mich kalt werden. Ich versuchte eine Zeit lang, ihr das zu erklären. Aber ich begriff, dass meine Sicht für einen normalen Menschen einfach keinen Sinn machte. Damals verzichtete ich weitgehend auf Erklärungen. Sie waren nicht mehr nötig. Langsam aber sicher legte ich die Kälte ab.

Und dann überraschte ich mich selbst – und Joyce. Es war eines frühen Abends, als in den Fernsehnachrichten ein Ehepaar gezeigt wurde, dass seit über fünfzig Jahren verheiratet war. Ich weiß nicht, was der Beitrag in mir auslöste, aber es berührte mich sehr, ihnen dabei zuzusehen, wie sie über ihre tiefe Verbindung zueinander sprachen, die sie über die vielen Jahrzehnte gepflegt hatten. Joyce versuchte, mir etwas zu sagen, aber ich hörte sie nicht, und deshalb kam sie herüber. »Brett, du weinst ja«, sagte sie.

Ich fasste mir an die Wange, und sie war nass. Ich hatte es nicht einmal bemerkt. »Das ist schön«, sagte ich.

Joyce lachte. »Nach allem, was du durchgemacht hast, weinst du ausgerechnet deswegen?«

Ich hatte meinen Cousin nicht beweint. Ich konnte auch nicht bei der Beerdigung des gefallenen Soldaten weinen. Seit mein Leben in der Box anfing, hatte ich nicht eine Träne vergossen. Aber das war ein Anfang.

Je länger meine Dienstzeit beim Militär zurücklag, umso mehr erkannte ich, dass Drohnen jetzt ein Teil von mir waren und in meinem Leben weiterhin eine Rolle spielen konnten. Ich konnte sie immer noch benutzen – nur anders: um der Menschheit zu helfen. Mit diesem Ziel vor Augen gründete ich ein Unternehmen.

Ich erkannte, dass ich ein völlig anderes Wissen besaß als andere Personen, die mit Drohnen zu tun hatten. Ich konnte dieses Wissen für größere Zwecke nutzen als Antiterror-Schutz. Ich konnte Drohnen benutzen, um Gutes zu tun. Als ich mich umsah, stellte ich fest, dass es niemanden gab, der Unternehmen und Einzelpersonen half zu verstehen, wie effektiv sie in der Luft eingesetzt werden können, was man mit ihnen machen kann, wenn man sie richtig anwendet.

Dass man sie benutzen konnte, um die Ernte zu überwachen oder Rettungseinsätze zu unterstützten, beispielsweise nach Katastrophen oder sogar auf der Suche nach vermissten Kindern. Die kommerzielle Drohnentechnologie nahm langsam Gestalt an. Ein Teil derselben Ausrüstung, die mir früher von der Regierung gestellt wurde, drang langsam in den Privatsektor ein. Etwa zur selben Zeit, als ich den Anruf wegen des Einsatzes in Kenia erhielt, bekam ich auch eine Anfrage zur Verwendung von Drohnen, um Fischzuchtbetriebe vor der Küste Somalias zu überwachen. Drohnen konnten die Region stabilisieren, die durch Armut und Piraterie schwer geschädigt war. Die Welt veränderte sich schnell, und Jory und Reza zeigten mir, wie marktwirtschaftliches Denken mit größeren Zielen in Einklang gebracht werden konnte. Wir teilten unsere Überzeugung. Mich inspirierte diese Philosophie, und so gründete ich mein eigenes Unternehmen: Dronepire Inc.

Die neue Firma bedeutete, dass ich manchmal einen Anzug tragen und in ein Büro gehen musste. Ich musste mich mit Tabellen und anderem

Papierkram herumschlagen. Dinge, die ich damals in der Box nur ungern tat und die mir auch heute noch zuwider sind. Aber das war mein erster Schritt. Ich brauchte kein Glücksspiel mehr. Ich brauchte keinen künstlichen Adrenalinrausch mehr. Drohnen zu benutzen, um Gutes zu tun – was genauso wichtig ist, wie Böses zu verhindern – war jetzt das, was mich jeden Morgen motivierte und mir Energie verlieh.

Ich bedaure nichts an meinem Leben in der Box und wie wir unsere Drohnen benutzten, um einen brutalen Feind zu bekämpfen. Sehr wenige Menschen verstehen, wie krank unsere Feinde sein können – und wir haben noch nicht einmal ihre schlimmsten Seiten gesehen. Die Dinge, die jeden zweiten Tag auf CNN über ISIS gebracht werden, kratzen nur an der Oberfläche.

Die Terroristenjagd war ein hartes Brot. Die Arbeit war sehr anstrengend, und ich musste viel aufgeben, um sie richtig zu machen. Sie lehrte mich, wie wichtig es ist, Geduld zu haben und dem Feind gegenüber hartnäckig zu sein. Der Stress, mit dem ich es heute zu tun habe, ist nichts dagegen. Ich lernte, meinem Bauchgefühl zu vertrauen, das ich über viele Jahre hinweg entwickelt hatte, als ich Terroristen in verschiedenen Umgebungen bekämpfte.

Ich sah, wie effektiv Teams sein können, wenn sie sich gemeinsam einer Sache verschrieben haben, ihre Arbeit gern tun und die richtigen Hilfsmittel und die Freiheit erhalten, ihr Potenzial zu entfalten. Nur wenige wissen, wie es ist, über ein Arsenal an Drohnen zu verfügen, die Rückendeckung geben, und Vorgesetzte zu haben, die einem den Spielraum geben, den man braucht, um den Feind wirklich in die Enge zu drängen.

Als Mr White mich rekrutierte und in die Einheit brachte, hatte ich keine Ahnung, wie das Leben dort sein würde. Ich fragte mich manchmal, ob mich Mr White die ganze Zeit über stets im Auge behielt, ob er mich jemals im Hintergrund beobachtete. Das werde ich natürlich niemals erfahren.

Ich staune über die Hingabe an unser Land, die meine alten Freunde von der Einheit immer noch besitzen. Jack und Bill brachten mir mehr über das Leben bei, als sie jemals erahnen können. Wenn man mir Fragen zu meiner Dienstzeit stellt, halte ich mich immer noch bedeckt. Die meisten Menschen, mit denen ich heute zu tun habe, haben immer noch keine Ahnung. Sie verstehen nicht, dass mich die letzten Jahre wirklich zu dem gemacht haben, der ich jetzt bin. Sie sind vermutlich genauso überrascht wie Sie, wenn sie das Buch lesen. Manche der Jungs sagten, dass wir bösen Menschen böse Dinge antaten, aber um sie zu bekämpfen, hatten wir keine andere Wahl. Das Einzige, was ich mit Gewissheit sagen kann, ist: Ich würde es wieder tun.

EPILOG

»Wo sind die Tiere hin?«, fragte ich Kuki Gallmann, als wir eines Nachmittags von einem Gipfel auf ihrem Grundstück über den Großen Afrikanischen Grabenbruch starrten.

Meilenweit waren Wälder, Berge und Täler zu sehen, die sich über Westkenia in das Gallmann-Naturreservat erstreckten. Die Schönheit der Landschaft schien beinahe surreal; es war wie in einem IMAX-Kino. Aber es gab kaum Bewegung, nur sehr wenige Lebenszeichen, als wären wir die letzten Menschen auf der Erde.

»Was Sie jetzt sehen, ist die Gier der Menschen«, sagte Kuki. »Das Werk von Wilderern.«

Viele halten den Großen Afrikanischen Grabenbruch für die Wiege der Menschheit, weil so viele urzeitliche menschliche Skelette dort gefunden worden sind.

Nach unserer Ankunft in Kenia flogen wir quer durch das Land, trafen Leute und Firmen, um über Wilderei zu sprechen und zu erklären, wie man unsere Vorstellung von Drohnen in die Welt tragen könnte.

Kuki Gallmann ist eine bekannte Naturschützerin, eine Legende in der Szene, es gibt sogar einen Spielfilm mit dem Titel *Ich träumte von Afrika*, der davon handelt, wie sie Anfang der 1970er-Jahre mit ihrer Familie Italien verließ und nach Kenia auswanderte.

Kuki war jetzt bereits über 70 Jahre alt, sah aber nicht so aus. Sie hatte blondes, vom Wind zerzaustes Haar und war fit. Sie hatte bunte Armbänder an ihren Handgelenken und immer noch einen leichten italienischen Akzent. Ihre Schwester Sveva, die uns hergebracht hatte, sah wie eine jüngere Version von Kuki aus.

Die über 40 000 Hektar Naturschutzgebiet gehörten ihrer Familie seit Jahrzehnten – es war eines der größten, in Privatbesitz befindlichen Reservate der Welt. Aber seit jener Zeit hatte sich viel verändert.

»Es ist nicht allzu lange her, dass wir eine der größten Populationen an schwarzen Rhinozerossen hatten«, sagte sie.

»Was geschah mit ihnen?«, fragte ich.

Es war Spätnachmittag und die Januarsonne brannte auf unseren Gesichtern.

Sie sah zuerst auf ihre Füße, dann zu mir hoch.

»Ich flog erst vor Kurzem unser letztes Rhinozeros mit dem Hubschrauber aus«, sagte sie.

»Es hätte nicht viel länger überlebt. Sie hätten ihn getötet.«

Die Wildererbanden jagten die Tiere mit vergifteten Speerspitzen und Pfeilen. Es war die Geschichte Kenias, die wir überall auf unseren Reisen gehört hatten. Die Banden kamen in Geländewägen über die Grenze, versteckten sich in den Bergen, wo sie einen guten Ausblick auf das Gebiet hatten, und warteten auf die Elefantenfamilien. Sie richteten regelmäßig ein Blutbad an.

Die Wiege der Menschheit war nun die Wiege des Todes.

Das Gallmann-Reservat war neben den berühmten regierungsgeführten Naturschutzgebieten wie dem Nairobi-Nationalpark und dem Tsavo East und West einer von vielen privaten Parks, die es in Kenia gab. Aber diese riesigen Areale konnten unmöglich von der Polizei kontrolliert werden. Es war ein entlegenes, unwegsames Gebiet. Manche Dörfer hatten den Kampf gegen die Wilderer mit bewaffneten Milizen aufgenommen. An anderen Orten jagten lose Rangerverbände, die von westlichen Förderern finanziert wurden, die Banden. Aber deswegen starben immer noch zu viele Tiere.

Es wurden in Afrika täglich mehr Elefanten getötet als geboren. Hunderte von ihnen starben jedes Jahr. Über 100 000 afrikanische Elefanten waren allein in den letzten drei Jahren getötet worden. In dem gegenwärtigen Tempo stand diese Spezies kurz vor ihrer Ausrottung. Das Elfenbein ihrer Stoßzähne gelangte auf asiatische Schwarzmärkte. Kostenpunkt für einen Stoßzahn: 1500 Dollar pro Kilogramm. Rhinozerossen ging es noch schlechter, weil sie noch seltener waren. Ein Rhinozeroshorn konnte auf den Straßen Pekings bis zu 60 000 Dollar einbringen – jedes Horn kostete mehr als sein Gewicht in Gold. Wohlhabende Käufer trieben die Preise in die Höhe. Das gemahlene Horn wurde teuren Anti-Aging-Cremes beigemischt. Manche dachten, dass feine Hornspäne ein Heilmittel gegen Krebs sind. Asiatische Millionäre streuten sie in ihre Martinis.

Das war es, womit wir es nun zu tun hatten – eine andere Form von Terror. Aber trotzdem noch Terror.

Illegaler Handel ist ein großes Geschäft – manche sagen, er bringt jährlich über 20 Milliarden Dollar ein. Die Profite verteilen sich wie ein verzweigter Stammbaum über die ganze Welt – manche wandern in die Taschen korrupter Regierungsbeamter, aber ein Großteil des Geldes landet bei internationalen Verbrechenssyndikaten und Terrorgruppen wie al-Shabaab in Somalia in Ostafrika.

Tierhandel fällt unter dieselbe Kategorie wie Drogen-, Menschen und Waffenhandel: Er ist eine weltweite Epidemie mit einer Fülle gefährlicher Wirkungen. Kein Wunder, dass die USA ihn vor Kurzem als nationale Bedrohung bezeichnet haben. Jene Dollar könnten schließlich investiert werden, um Anschläge auf unser Land zu verüben.

Als ich an jenem Tag mit Kuki sprach, beschrieb sie alles genau so, wie man einen Krieg beschreiben würde. Sieger und Verlierer. Wenn die Wilderer gefasst wurden, wurden sie trotz hoher Kautionen freigekauft. Die Regierung hatte erst vor Kurzem ein Gesetz verabschiedet, das Bürgern erlaubte, bewaffnete Wilderer zu erschießen, aber das hielt das Problem nicht auf. Die Wilderer gingen immer noch mit derselben Unverfrorenheit ans Werk. Die Tiere waren immer noch die Leidtragenden, die Verlierer.

Kuki hatte keine Hubschrauber oder Flugzeuge. Nur wenige Reservate verfügten über solche Ressourcen. Sie hatte nur die Rangers.

Die Rangers kämpften, indem sie sich im Dickicht versteckten, um den Wilderern aufzulauern, wenn diese sich in Position brachten. Als wir an jenem Nachmittag in einem alten Land Cruiser über die Feldwege ihres Reservats holperten, erschienen ihre Rangers aus dem Nichts. Meist verließen sie sich auf ihr Glück, darauf, zur rechten Zeit am rechten Ort zu sein. Sie waren den Wilderern kein ebenbürtiger Gegner.

»Die Elefanten haben sich früher nicht um die Menschen gekümmert, die durch mein Reservat fuhren«, erzählte uns Kuki, als wir an jenem Tag tiefer in den Großen Afrikanischen Grabenbruch fuhren, als wollte sie erklären, warum wir kaum Tiere sahen. Damals kümmerten sie sich nicht um die Menschen. »Jetzt bleiben sie auf Abstand. Sie wissen, dass wir ihnen schaden.«

»Wir können das Problem nicht mehr alleine stemmen. Es geht darum, die ganze Spezies zu retten.«

»Können Ihre Drohnen das verändern?«, fragte sie.

Das hier war die Zukunft der Drohnen.

Die Missionen liefen genauso ab wie damals in der Box: Wir sammelten Informationen über die Netzwerke der Wilderer und das Weideverhalten der Elefanten, wann und wo eine Elefantenfamilie zum Beispiel in der Vergangenheit getötet worden war. Wir wollten diesmal in die Offensive gehen und die Wilderer stoppen, bevor sie den Tieren zu nahe kommen konnten.

Drohnen konnten so viel leisten wie einhundert Rangers und die gewaltigen Distanzen des entlegenen Gebiets nach den Jägern absuchen. Auf ihren Flügen würden sie außerdem das Land kartografieren und die Herden zählen.

Wir identifizierten mit den Drohnen unserer Sicherheitskräfte vor Ort die Hotspots, und dann begann unsere Zielsuche. Solange man die Wilderer einige Meilen zuvor sichtete, hatte man genügend Zeit, Hubschrauber loszuschicken und ihnen den Weg abzuschneiden. Boom. Sie waren dann erledigt.

Epilog

Aber alles das stand und fiel mit einem wichtigen Punkt. Die Drohnen mussten militärischen Standards entsprechen. Nichts, was man im Einzelhandel kaufen und unter den Weihnachtsbaum legen würde.

Als wir am Anfang der Woche in dem Masai-Mara-Reservat gewesen waren, hatten wir den Leiter des dortigen Elefantenprojekts getroffen, Marc Goss, der sich seit Jahren den Kopf darüber zerbrach, wie er im Kampf gegen die Wilderer besser bestehen könnte.

Marcs Gruppe arbeitete in einer kleinen Anlage, die weit von touristisch erschlossenen Orten entfernt war. Er lebte dort mit über fünfzig Rangers, die das Gebiet mit alten Toyota Land Cruisern und Gewehren patrouillierten. Die Anlage, die die Zentrale für ihre Operationen bildete, bestand aus einer Reihe von Hütten, die im Buschland verborgen waren. Er und seine Frau wohnten in einem großen Zelt mit Blick auf den Marafluss.

Marc kam ursprünglich auch vom Militär. Die BBC hatte vor etwa einem Jahr eine Geschichte über ihn gebracht in der Hoffnung, Sponsoren zu finden, die ihm Drohnen finanzierten. Er hatte über das Internet eine Drohne gekauft, um seinen Rangers zu helfen. Aber das Experiment ging nicht auf, die öffentlich verfügbare Drohnentechnologie war nicht ausgefeilt genug, um den Ansprüchen seiner Teams gerecht zu werden. Er freute sich über mein Kommen. »Sehen Sie sich das mal an«, sagte er, als wir seine Zentrale verließen und ins Reservat gingen.

Es war Mittag. Marc trug eine alte Tarnuniform mit dem Namen des Reservats, das über die Brusttasche gestickt war. Er war groß, und sein Haar ergraute bereits leicht. Er sprühte vor Begeisterung und hatte die Statur und Energie eines jungen Bergläufers.

Aus einem Lagerbereich holte er eine Parrot-AR-Drohne hervor – im Grunde vier kleine Plastikpropeller, auf die eine Videokamera montiert war, die man mit einem iPhone steuern konnte. Man konnte sie für etwa zweihundert Dollar im Einzelhandel bekommen. Parrots hatten eine Flugdauer von zwanzig Minuten und schafften es kaum über die höchsten Bäume. Marc startete sie, und sie klang wie ein Schwarm wütender

Bienen. Als sie abhob, flog sie etwa fünfzehn Meter weit, bis sie von einem Windstoß erfasst und gegen einen Baum geschleudert wurde. Er musste hinaufklettern und sie holen.

»Ich habe noch etwas anderes, das Sie sich einmal ansehen sollten«, sagte Marc. Wir gingen auf die Rückseite der Anlage in den Schatten einiger Bäume. Ich hielt abrupt an, bevor Marc auch nur ein Wort sagen konnte.

Verdammt.

Es war ein Gemetzel. Auf dem Gras lagen ein Dutzend Leopardenfelle, die Haut einer etwa fünf Meter langen Python und eine Reihe von Elefantenstoßzähnen. Im Laufe der letzten Monate hatten Marcs Rangers diese Beute der Wilderer sichergestellt.

Warum tat jemand so etwas? Ich konnte es nicht verstehen. Aus irgendeinem Grund empfand ich nur Abscheu und Verachtung für die Wilderer. Das erinnerte mich an die Gefühle, die ich früher in der Box für meine Ziele hatte.

Marc ging zu den Stoßzähnen. Sie waren schmutzig, und man konnte an manchen Stellen noch das Blut erkennen. »Die Stoßzähne sind einige Hunderttausend Dollar Wert«, sagte er.

Ich hob einige der Stoßzähne auf und hielt sie in meinen Händen. Ich war von ihrem Gewicht überrascht. Sie waren schwer.

»Was machen Sie jetzt damit?«, fragte ich.

Marc schüttelte seinen Kopf.

»Das wird alles verbrannt«, sagte er.

Die Wilderer, die im Dickicht lauerten, würden eiskalt erwischt werden, wenn ich unterwegs war und Jagd auf sie machte.

In jenem Augenblick erhielt Marc einen Anruf. Er bekommt den ganzen Tag viele Anrufe von seinen Rangers, die Jagd auf Wilderer machen und mit ihren eigenen Informanten arbeiten. In diesem Fall hatte sich in der Nähe der tansanischen Grenze, das GPS-Halsband eines Elefanten aufgehört zu bewegen.

Marc steckte sein Telefon ein und seufzte. »Das Tier ist vermutlich tot«, sagte er. Zu jenem Zeitpunkt gab es nicht viel, was sie noch tun konnten. Es würde zu lange dauern, diesen Ort mit Geländewägen zu erreichen. Sie mussten warten, bis ein Flugzeug zurückkehrte.

»Wollen Sie mit mir eine kleine Fahrt machen?«, fragte Marc. Er wollte mit einigen Rangers losziehen, um einem Gerücht nachzugehen, dass sich Wilderer im nördlichen Bereich des Reservats aufhielten – in etwa Einhundert Kilometern Entfernung.

Wir stiegen in die Geländewagen und fuhren stundenlang über das Grasland tiefer in das Masai Mara. Manchmal begegneten uns Masai auf ihrem Weg in entlegene Dörfer, aber meist waren es nur die Tiere und wir. Als wir die Hügel erreichten, konnten wir die Wagen nicht weiter benutzen, deswegen stiegen wir aus und gingen zu Fuß weiter. Das war das Reich der Wilderer. Hier waren weit und breit keine Menschen, das Gelände war schwer zu erreichen. Als wir immer weiter aufstiegen, konnten wir die Landschaft von oben sehen. Man konnte meilenweit in die Ferne blicken. Es dauerte etwa dreißig Minuten, bis wir oben eintrafen, und wir entdeckten bald eine Höhle.

Die Höhle war etwa zehn Meter tief und hatte eine schartige Öffnung, von der man meilenweit auf das gewaltige, offene Land blicken konnte. In der Nähe sah ich die Überreste eines kürzlich verlassenen Lagerfeuers. Etwas zertretene Kohle und ein Plastikbeutel an einem Baum, den die Jäger benutzt hatten, um ihre Sachen aufzuhängen. Überall lagen Wasserflaschen herum.

»Vielleicht waren sie letzte Nacht hier«, sagte ein Ranger. »Auf jeden Fall diese Woche.«

Es war erstaunlich, dass sie sich nicht einmal versteckten. Ein Feuer auf einem hoch gelegenen Hügel. Es war wie ein Signal oder eine Aufforderung, sie zu suchen. Die Rangers wären nachts nicht in der Lage gewesen, dieses Feuer zu entdecken, ich aber schon.

Aus meiner Sicht war das der perfekte Startpunkt. Wenn ich eine Drohne in der Luft gehabt hätte, wären die Wilderer erledigt gewesen, bevor sie überhaupt die Chance gehabt hätten, sich an eine Elefantenfamilie heranzupirschen. Mit der Infrarotkamera der Drohne hätte ich dieses Feuer selbst aus mehreren Meilen Entfernung sehen können.

Wir standen dort im Lager der Wilderer und starrten auf das Grasland, das sich unter uns ausbreitete. Die Rangers deuteten in die Ferne.

»Wenn die Wilderer die Elefanten finden, die sie töten wollen, verlassen sie die Hügel und verstecken sich mit ihren vergifteten Speerspitzen im Busch, um die Elefanten mitten in der Nacht anzugreifen«, sagte er.

Er erklärte, dass sie bereits mit ansehen mussten, wie Elefanten über vierundzwanzig oder achtundvierzig Stunden qualvoll verendeten, umhertaumelten und schließlich kraftlos zusammenbrachen. Wenn der Elefant schließlich zu Boden geht, reißen die Wilderer einen Stoßzahn nach dem anderen aus.

»Es ist normalerweise ein langsamer Tod.«

Die Sonne ging über dem Berg unter. Keine Spuren von Menschen. Die Wilderer waren längst weg. Wir würden sie jetzt nicht mehr erwischen können.

Im Laufe der Monate, in denen wir an dem Drohnenprojekt arbeiteten, wurde eins klar: Es würde nicht einfach werden. Wir hatten mit vielen Hindernissen zu kämpfen, und sie zu umgehen war genauso heikel wie die Räumung einer Sprengfalle.

Die größte Herausforderung war, dass die Korruption weit verbreitet war und manche Regierungsbeamte insgeheim von der Wilderei profitierten. Kenia wollte seinen Luftraum nicht freigeben. Für sie waren Drohnen fremde Augen am Himmel. Die meisten Entscheidungsträger hatten Drohnen bisher nur in den Nachrichten oder in Filmen gesehen. Sie verstanden nicht, wie sie funktionierten. Als wir in die Büros einiger Regierungsbeamter gingen, fragten sie uns, ob wir von der CIA waren.

»Werden Sie Ihre Drohnen benutzen, um uns auszuspionieren?«, fragten sie uns mehrmals.

»Nein, wir benutzen die Drohnen nur, um ihre Existenzgrundlage zu sichern. Glauben Sie wirklich, dass Touristen herkommen werden, um sich den ganzen Tag Gras anzusehen?«, fragte ich.

Afrikanische Regierungen neigen dazu, Ausländer kritisch zu beäugen, auch wenn sie nur die Absicht verfolgen, ihrem Land zu helfen. Es dauerte eine Weile, ihr Vertrauen zu gewinnen, und sie kamen mit dem amerikanischen Geschäftsgebaren nicht gut klar.

Das andere Problem war die Bezuschussung. Am Anfang lief das Projekt über Rezas und Jorys Investitionen. Dann fingen einige Konzerne an, ihre Unterstützung anzubieten. Die militärischen Drohnen eigneten sich hervorragend für das entlegene Terrain, in dem wir operieren wollten. Der Haken an der Sache war, dass das Außenministerium eine Exporterlaubnis erteilen musste. Und so etwas dauerte seine Zeit. Man kann nicht einfach Militärdrohnen mit Infrarot-Kameras kaufen und sie bei seinem nächsten Flug nach Afrika in den Koffer packen.

Wir hatten ins Auge gefasst, unser Projekt im privaten Lewa-Naturschutzgebiet in Laikipia County zu starten. Es war bekannt dafür, dass Prominente dort auf Safari gingen; Prinz William und Kate Middleton hatten die Gegend besucht, als sie sich verlobten. Die Besitzer waren aufgeschlossen, als wir mit ihnen sprachen, solange die Regierung den Luftraum freigab. Sie fingen auch an, uns mit den richtigen Leuten bekannt zu machen, um die Dinge ins Rollen zu bringen.

Das Tolle an Lewa war, dass sie schon eine Operationszentrale hatten, eine Armee von Rangers mit militärischer Erfahrung, einige Informanten, die die Wilderer ausspionierten und Little-Bird-Hubschrauber. Das waren die Schlüsselelemente, die nötig waren, damit die Reservate diesen Drohnenkrieg gewinnen konnten.

Alles, was jetzt noch fehlte, war eine zugkräftige Erfolgsgeschichte. Wir zeigten der Regierung und Tierschutzorganisationen, wie eine Drohnenoperation ablaufen konnte, und hofften, dass sie das Geld zur Verfügung stellen würden, um unser Team finanziell zu unterstützen. Es war ein Glücksspiel. Aber trotz einiger größerer Hindernisse gefielen mir unsere

Chancen. In meinen Augen waren Drohnen die unumstößliche Antwort auf dieses Problem. Ich wusste, dass wir mit den richtigen Drohnen und den richtigen Leuten, die sie fachgerecht zu bedienen wussten, praktisch über Nacht die Anzahl illegal getöteter Elefanten und Rhinozerosse senken konnten. Noch nie zuvor war ich mir einer Sache so sicher gewesen. Dieses Gefühl trieb mich nun jeden Morgen an. Meine Mission war größer als ich selbst. Auf lange Sicht sahen wir sogar eine Möglichkeit, mit den Drohnen Geld zu verdienen. Vielleicht war es möglich, Live-Übertragungen in amerikanische Schulzimmer auszustrahlen und die Wanderbewegungen von Elefantenfamilien zu verfolgen. Einen Bildungsauftrag zu erfüllen und Menschen auf der anderen Seite der Welt über Naturschutz und die fatalen Auswirkungen von Umweltverbrechen aufzuklären.

In Lewa sah ich eines der letzten nördlichen weißen Rhinozerosse der Welt. Der Besitzer des Reservats, Batian, versuchte, sie zu züchten, um das zu retten, was von der Spezies noch übrig geblieben war. Batian sagte mir, dass dieses Tier vor einigen Jahren von einem tschechischen Zoo gebracht worden war.

Als ich mich dem Rhinozeros näherte, blieb es stehen. Ich berührte seinen Rücken, und seine Haut war so dick und rau, wie ich mir den Panzer eines Dinosauriers vorstellte. Ich hatte so etwas noch nie zuvor gesehen oder angefasst.

Batian sagte mir, dass das Rhinozeros eines der letzten beiden männlichen nördlichen weißen Rhinozerosse war, die es noch auf der Welt gab. Darüber hinaus waren nur vier weibliche Tiere übrig.

Das war eines der letzten Male, an denen jemand dieses Rhinozeros jemals zu Gesicht bekam. Kurz nach meinem Rückflug aus Kenia starb es. Ein Weibchen starb einige Monate später. Nun gab es nur noch vier Tiere weltweit.

Der Tag neigte sich dem Ende zu. Wir saßen im Gras und beobachteten, wie die Sonne über ihrem Land unterging und die Bäume längliche

Schatten warfen. Die Sonne wirkte riesig, sie leuchtete gelb und rot. Wir redeten schon seit Stunden, und ich erkannte, wie wichtig es Kuki war, etwas zu tun, um diese Tiere zu schützen. So wie sie die Sache sah, waren die sterbenden Tiere eine der größten Bedrohungen für die Welt. Sie hatte ihr Leben lang versucht, sie zu retten.

Als die Sonne schließlich hinter dem Horizont verschwand, saßen wir eine Weile schweigend da. Als ich die atemberaubende Landschaft auf mich einwirken ließ, konnte ich mir nichts Vollkommeneres vorstellen. Alles, was ich bis zu jenem Augenblick getan hatte, hatte mich an diesen Ort geführt. Das war sie, meine Lebensaufgabe.

DANKSAGUNG

Es gab viele Menschen, die einen Beitrag zur Entstehung von *Drohnen-krieger* geleistet haben und meine größte Dankbarkeit verdienen. Ich weiß kaum, wo ich anfangen soll. Was als etwas begann, das ich in nur wenigen Monaten hätte schreiben können, verwandelte sich in ein beinahe dreijähriges Projekt. Ein investigativer Journalist des *Wall Street Journal* unterbreitete mir die Idee für das Buch, als ich in Somalia tätig war. Ich kann gar nicht genug hervorheben, wie sehr ich es damals ablehnte, über meine Erfahrungen zu sprechen. Ich sagte ihm am Anfang, dass ich mich auf keinen Fall darauf einlassen würde. Es ist für jemanden wie mich, der mit Spezialeinheiten zusammengearbeitet hat, sehr schwer, über dieses Thema zu sprechen, geschweige denn zu glauben, dass meine Geschichte besonders erzählenswert ist. Uns wird so ziemlich das genaue Gegenteil erzählt. Man redet einfach nicht über den »Fight Club«.

Ich ließ mich dann schließlich doch überzeugen, als ich einige Monate später an der CIA-Zentrale in McLean, Virginia, vorbeifuhr, und Hunderte von Demonstranten sah, die Attrappen von Predator-Drohnen auf ihren Schultern trugen und Schilder hochhielten, auf denen Dinge standen wie »Drohnen töten Kinder« und »Drohnen = Kriegsverbrechen«. Sie liegen völlig falsch, die Realität könnte nicht weiter entfernt sein. Die Männer und Frauen hinter dem amerikanischen Drohnenprogramm sind absolute Profis und verrichten diese Arbeit jeden Tag, um das Leben amerikanischer Bürger zu schützen. Sie wollen keine Anerkennung dafür, aber ich kann Ihnen versichern, dass jeder von ihnen genau versteht, was auf dem Spiel steht, und dass die amerikanische Regierung und die amerikanische Bevölkerung ihnen viel Verantwortung in die Hände gelegt haben. Diese Männer und Frauen nehmen keine Entscheidung leicht, jede Entscheidung, die hinter verschlossenen Türen getroffen wird, wird sorgfältig abgewogen. Es gibt keine geheimen Pläne, willkürlich Zivilisten zu töten, politische Gegner oder vorsätzlich Frauen und Kinder zu verletzen, obwohl manche das behaupten. Wir tun alles in unserer Macht stehende, damit keine Frauen und Kinder verletzt werden, was sogar so weit geht, dass wir unsere Ziele davonkommen lassen, um Zivilisten zu schützen. Obwohl ich dieses Buch geschrieben habe, geht es eigentlich um die Hingabe und die Leistung all jener, die hinter dieser Arbeit stecken. Danke an alle, die immer noch die verschiedensten nachrichtendienstlichen und einsatzrelevanten Tätigkeiten verrichten, die notwendig sind, um den Erfolg des Drohnenprogramms zu gewährleisten.

An alle Operators: Ich kann gar nicht in Worte fassen, wie sehr ich mich geehrt fühle, euch vor Ort unterstützt zu haben. Ihr habt euer Leben jeden Tag riskiert und euch ohne zu zögern ins Gefecht gestürzt, während ich in der Sicherheit der Box an einem Computer saß; nichts von allem, was ich getan habe, wäre ohne euch je möglich gewesen. Ihr seid die besten Soldaten, die es weltweit gibt, die amerikanische Öffentlichkeit hat ja keine Ahnung. Vielen Dank an alle militärischen Offiziere, Unteroffiziere, Angehörige der verschiedenen Einheiten der Army, Navy, des Marine Corps und der Air Force, es war ein Privileg, mit euch zu dienen. Danke an die Einheit, die mich zu dem Mann gemacht hat, der ich heute bin. Meinen Mentoren und anderen Nachrichtendienst-Analysten, mit denen ich gearbeitet habe, Namen, die ich nicht nennen darf, weil die meisten von euch immer noch im aktiven Dienst sind, aber ihr wisst, dass ihr gemeint seid. Ich stehe für immer in eurer Schuld. Ich weiß, dass Mitglieder meines alten Teams immer noch im Einsatz sind und Feinde wie den ISIS jeden Tag jagen und niemals schlafen lassen. Bleibt dran, Abu Bakr-al-Baghdadi und seine ISIS-Leute sind immer noch auf freiem Fuß und fürchten euch – er weiß, dass ihr ihm jeden Tag näher auf den Leib rückt. Ich bin zuversichtlich, dass ihr ihn bald finden werdet, und er wird genauso durch amerikanische Soldaten sterben wie die anderen Terrorführer, die vor ihm ihr Unwesen getrieben haben.

Den vielen Leuten und Organisationen, die hinter der Entstehung und dem Erfolg dieses Buchs stehen, möchte ich sagen, dass ich mir kein besseres Team hätte wünschen können. Zuerst gilt mein Dank Christopher S. Stewart, meinem Co-Autor, der mich und andere davon überzeugt hat, dass meine Erfahrungen wirklich erzählenswert sind. Danke meinem Agenten Eric Lupfer, ehemals bei WME und ehemaliger MBA-Kollege, für Ihre Hilfe im Entstehungsprozess und die unermüdliche Unterstützung, dieses Buch zu veröffentlichen. Meiner Agentur William Morris Endeavor, kurz WME, wir hatten einen unglaublichen Lauf. Sie haben dieses Buch auf ein neues Niveau gehoben, und ich weiß es zu schätzen, wie viele Mitarbeiter in der Agentur sich hinter das Projekt geklemmt haben. Ein großes Dankeschön auch an die ehemalige WME-Mitarbeiterin Ashley Fox, die das Interesse in Hollywood geweckt und die Filmrechte für das Buch gesichert hat. An Anna DeRoy von WME für ihre unermüdliche Arbeit in Bezug auf die Verfilmung und die Routine, durch die Unterhaltungsbranche zu navigieren.

Danke an Paramount Pictures und Michael Bay, Matthew Cohan und sein Team bei Bay Films für den Kauf der Filmrechte für das Buch, ich bin schon sehr gespannt darauf, den Film auf der Leinwand zu sehen. Mein Dank gilt auch meiner Redakteurin Julia Cheiffetz bei Dey Street / HarperCollins dafür, die Vision zu haben und das Potenzial des Buchs zu erkennen. Danke auch dafür, dass ich in Ihrem Büro in New York City Drohnen fliegen durfte. Ich würde mal behaupten, dass das für uns beide ein Novum war.

Meinem Anwalt Alan Enslen von Maynard, Cooper & Gale, Ihr Rat zu juristischen Belangen und Fragen der nationalen Sicherheit und Ihr Durchhaltewillen bei der Sicherheitsprüfung des Verteidigungsministeriums verdienen höchste Anerkennung. Dank Ihrer Hilfe konnte ich dieses Buch veröffentlichen und meine Geschichte erzählen. Ihr Hintergrund als ehemaliger Offizier bei den Special Forces bei der 10th SF Group zeigt, dass ich den richtigen Mann an der Seite hatte, um diese langwierige Aufgabe zu stemmen.

Danke dafür, den umfassenden Bearbeitungsprozess des Verteidigungsministeriums durchlaufen und über die letzten Jahre ständig Druck ausgeübt zu haben, um schließlich die Genehmigung von 13 (die letzte Zahl in diesem Buch) verschiedenen Regierungsbehörden zu erhalten, die offiziell grünes Licht geben mussten (darunter die Special Operations Commands, meine ehemalige Einheit und alle anderen Geheimdienste, mit denen ich zusammengearbeitet habe und die vor der Veröffentlichung das Manuskript durchsehen mussten). Obwohl die Durchsicht durch die Regierungsbehörden fast anderthalb Jahre länger dauerte als erwartet, ist dieser Prozess notwendig und wichtig, um die nationale Sicherheit zu wahren; daher möchte ich den Mitarbeitern der verschiedenen Behörden für die Geduld danken, mit der sie mein Buch bearbeitet haben. Ich weiß es zu schätzen, dass Sie es mir überhaupt erlaubt haben, über meine Erfahrungen zu sprechen, vor allem da Sie wussten, an welchen besonderen Programmen ich teilgenommen hatte.

Schließlich geht mein Dank an meine Familie in Texas und andernorts. Ich habe zu viele Jahre im Ausland verbracht, ohne euch zu kontaktieren und hoffe, dass sich das künftig ändern wird und ich der Angehörige werde, der ich schon immer hätte sein sollen. Danke, dass ihr immer für mich da gewesen seid. Mein Dank gilt insbesondere meiner Mutter Kathleen Zaccaria, du bist eine freundliche, tolle Frau und hast mich zu dem Mann gemacht, der ich heute bin. Ich hoffe, du bist stolz auf dieses Buch. An meine Freunde in Katy, die »Meute«: Danke dafür, dass ihr mich immer wieder auf den Boden der Tatsachen zurückholt und jedes Mal, wenn ich euch besuche, dieselbe bodenständige Truppe seid.

Wichtiger noch, meine Frau Joyce. Meine Mutter sagte mir einmal: Wenn du eine Frau findest, die besser ist als du, dann heirate sie. Das habe ich gemacht. Du warst immer meine größte Unterstützerin und Kritikerin, und ich weiß nicht, was ich tun würde, wenn du nicht an meiner Seite wärst. Ich kann es nicht abwarten, gemeinsam mit dir alt zu werden.

Es ist ein wenig seltsam, in meinem Alter bereits Memoiren zu schreiben. Ich bin jetzt dreiunddreißig Jahre alt und habe das Gefühl, erst jetzt mit dem Leben anzufangen. Ich weiß, dass noch mehr Abenteuer auf mich warten. Das ist nur der Anfang.

ANHANG

Das Drohnen-Arsenal

Ich habe praktisch jede Drohne im Arsenal der US-Regierung gesehen. Ich habe auch viele davon benutzt – und hatte Zugang zu so ziemlich jeder Drohne, die ich wollte. Das sind die Modelle, die mein Team am meisten verwendet hat – und über die ich sprechen kann.

MQ-1 Predator

Als ich beim Militär an Spezialoperationen mitwirkte, war dies die Standarddrohne meines Teams. Zum ersten Mal sah ich eine Predator bei meiner ersten Auslandsverwendung in Bagdad. Er hatte breite Flügel (14,5 Meter) und einen schmalen schwarzen Rumpf.

Die Predator ist ein einmotoriges, für mittlere Flughöhen geeignetes Langstrecken-UAV, das in der Lage ist, lange Überwachungsflüge zu machen. Er ist mit zwei AGM-114-Hellfire-Raketen bestückt, die Wahl der Gefechtsköpfe hängt vom Ziel ab. Wenn man die Hellfire-Raketen entfernt, kann die Predator einige Stunden länger in der Luft bleiben.

Dieser Vogel verfügt über eine Tag/Nacht-Kamera, die mit ihren Sensoren unsere Ziele auch dann verfolgen kann, wenn keine Lichtquellen vorhanden sind. Der MQ-1 ist mit einem elektro-optischen (Tageslicht)-Sensor ausgestattet, der auf der Unterseite des Rumpfs direkt unter der Nase angebracht ist und nach vorne gerichtet ist, sodass man denselben Blick hat wie aus einem Flugzeug-Cockpit.

Das UAV kann eine maximale Flughöhe von siebeneinhalb Kilometern erreichen. Mit einem Schalter kann die Kamera zwischen Tag- und Nachtsicht wechseln. Wir haben die Infrarotkamera oft am Tag benutzt, um eine andere Perspektive auf das Ziel und die Umgebung zu erhalten. Die Infrarotkamera ist außerdem für die Verfolgung von Zielen besser geeignet, die dynamisch werden oder sich in Bewegung setzen.

Der MQ-1 ist langsam, was viele Leute überraschend finden. UAVs sind keine Kampfjets; sie haben vor allem die Aufgabe, eine dauerhafte Überwachung zu bieten. Der MQ-1 fliegt normalerweise mit einer Geschwindigkeit von 70 bis 80 Knoten – das entspricht etwa 130 bis 145 km/h. Der MQ-1 kann maximal zwanzig Stunden am Stück fliegen. Das verfügbare Personal und die Nähe der Drohne zu den Zielen, die wir verfolgten, gab vor, wie lange wir das UAV über unseren Zielen fliegen lassen konnten; dies wird als »On Station Time« bezeichnet.

MQ-9 Reaper

Dieser Vogel ist eine höher entwickelte Version der Predator. Er kostet an die 15 Millionen Dollar und ist damit das teuerste UAV auf dieser Liste. Er ähnelte seinem älteren Bruder optisch – hat aber einige Upgrades. Er kann höher fliegen, ein Ziel länger beobachten und erreicht eine Höchstgeschwindigkeit von etwa 480 km/h, ist damit also fast doppelt so schnell wie eine Predator. Er hat außerdem eine enorme Nutzlast und kann bei Bedarf alle möglichen Flugkörper herunterregnen lassen: vier Hellfire-Raketen und zwei 220 Kilogramm schwere GBU-12 lasergelenkte Bomben. Auf seine Weise ist der Reaper vermutlich die tödlichste Waffe in unserem Arsenal. Als ich im Militärdienst war, wollte jeder mit dieser Drohne arbeiten. Es gab zu wenige davon, und normalerweise waren sie für Einsätze in Pakistan reserviert. Als ich in Delta war, gab es nicht viele, aber jetzt werden prinzipiell nur noch Reaper geflogen.

RQ-11 Raven

Als ich zur Army ging, gab es im Militär nur sehr wenige Ravens. Normalerweise wurden sie nur den Teams der Special Forces gegeben, vor allem in Afghanistan und im Irak. Aber am Ende meiner Karriere hatte sich das bereits geändert. Er wurde der am stärksten verbreitete per Hand gestartete Vogel im US-Militär. Die meisten Kampfeinheiten hatten den Raven. Selbst die Infanterie-Teams benutzten ihn.

Ich hatte fast immer zwei Ravens bei mir, wenn sich unser Team die Box einrichtete. Dieses UAV ist tragbar – es hat die Größe eines Spielzeugflugzeugs, wie man sie noch aus seiner Kindheit kennt. Ravens sind sehr leicht und fliegen in geringer Höhe; sie sind ideal für das Schlachtfeld, wenn man sich sofort einen Eindruck von der Situation verschaffen will. Man wirft ihn in die Höhe und sieht beispielsweise, wie der Feind hinter einer Lichtung kauert, und kann daraufhin bessere Entscheidungen treffen, ob und wie man seinen Angriff einleitet.

Obwohl unser Team den Raven immer zur Verfügung hatte, habe ich ihn im Laufe der Jahre nicht oft benutzt. Der Vogel liefert nur verwackelte Videos und wird durch starke Winde leicht hin und her geworfen. Das Fluggerät war so konstruiert, dass es auseinanderfiel, also quasi automatisch eine Bruchlandung machte, wenn wir es aus dem Einsatz zurückholten – was wiederum bedeutete, dass es ständig in der Werkstatt war. Der Raven war für die meisten meiner Situationen nicht ideal – speziell für längere Überwachungen. Ich benutzte ihn nie, um Schurken zu verfolgen, weil er eine Flugdauer von nur 60 bis 90 Minuten hat, normalerweise in einer Höhe von 30 bis 150 Metern flog und sich nicht weit von seiner Bodenstation entfernen konnte – nicht weiter als zehn Kilometer. Bei der Maximaldistanz verloren wir manchmal unsere Verbindung zum UAV und verloren ihn endgültig. Er verschwand dann einfach. Außerdem kann man kilometerweit das Surren des Raven hören. Ich sah, wie in der Schlacht auf Ravens geschossen wurde, weil der Feind wusste, dass er über ihnen kreiste wie ein Bienenschwarm.

Puma

Der Puma steht eine Stufe über dem Raven, aber er ist meiner Meinung nach eine völlig andere Flugplattform. Er ist eines der besseren taktischen UAVs, die ich seinerzeit benutzte: tragbar, von einem Mann gesteuert und wasserdicht, das heißt, er kann sowohl über Land auch als über Wasser fliegen.

Der Vogel hat eine Flugdauer von etwa drei Stunden und seine optimale Einsatzhöhe liegt zwischen 150 und 300 Metern. Bei einer solchen Höhe ist der Puma am Boden kaum hörbar. Wenn wir kein Langstrecken-UAV wie die Predator zur Verfügung hatten, war der Puma eine gute Alternative, um ein Ziel zu überwachen oder das Ausmaß der Verwüstung nach einem Selbstmordanschlag abzuschätzen. Seine größte Einschränkung war sein Radius von dreizehn Kilometern, er konnte sich also nicht besonders weit von der Bodenstation entfernen.

In manchen Situationen ließ ich mich von einem Puma verfolgen, wenn ich mich in einer Stadt bewegte – er war wie eine Art Schutzengel. Er beobachtete mich, und wenn etwas geschah, gab es stille Augen, die andere zu Hilfe rufen konnte.

Es gab zu meiner Zeit kaum Pumas im Militär. Während der Raven etwa so viel kostete wie ein BMW der Einstiegsklasse, kostete der Puma über 100 000 Dollar.

I-GNAT

Der i-GNAT ist derselben Klasse wie die Predator zuzuordnen, hat aber eine längere Flugdauer und -höhe. Der i-GNAT, den ich benutzte, hatte eine bessere Optik und war leiser als die Predator.

Wir flogen ihn bei niedrigerer Höhe, weil er auch kleiner als die Predator und daher für den Feind weniger auffällig war. Der Unterschied ist, dass der i-GNAT unbewaffnet ist und somit einfach ein solides Aufklärungsmittel war. Wir hatten nur eine solche Drohne in unserem

Arsenal, aber ich konnte bei der Behörde weitere anfordern, wenn wir mehr Augen brauchten. Sie eigneten sich am besten für den Einsatz in der Stadt. Ich benutzte sie vor allem in Bagdad, weil sie niedriger als Predators fliegen konnten – ohne vom Feind gesehen oder gehört zu werden.

Der Shadow

Die US-Army hat den Shadow bereits seit über einem Jahrzehnt im Einsatz, und er war einer der ersten Überwachungsdrohnen, die beschafft wurden, um die US-Streitkräfte in verschiedenen Kriegsgebieten, von Irak bis Afghanistan, zu unterstützen. Diese Plattform wurde normalerweise zum Schutz herkömmlicher Streitkräfte, zum Beispiel einer Infanteriebrigade, eingesetzt.

Der Shadow ist eine fähige Überwachungsdrohne. Er kann etwa neun Stunden in der Luft bleiben, hat normalerweise eine Fluggeschwindigkeit von knapp 130 km/h und kann sich maximal etwa 110 Kilometer von der Basis entfernen. Diese Plattform erfordert viel Personal und die damit verbundenen Datensysteme, um bedient zu werden. Für die Landung sind eine Landebahn und ein Fangseil erforderlich, wie sie auch für Kampfjets auf Flugzeugträgern verwendet werden. Diese UAVs gab es in den größeren US-Stützpunkten in ganz Irak und Afghanistan. Als ich gerade dabei war, meine Einheit zu verlassen, wurde darüber diskutiert, ob diese Drohne bewaffnet werden sollte.

Scan Eagle

Der Scan Eagle ist ein mit Treibstoff betanktes, mittelgroßes UAV mit einer typischen Fluggeschwindigkeit von 50 bis 60 Knoten. Er ist im Vergleich zu anderen UAVs mit einer ähnlichen Flugdauer (etwa 20 Stunden) und Flughöhe (600 bis 900 Metern) relativ klein. Wir hatten einige von ihnen in unseren größeren Stützpunkten im Irak geparkt.

Einer der größten Vorteile am Scan Eagle war, dass er keine Landebahn benötigte. Er wurde über ein pneumatisches Katapult namens Super-Wedge gestartet und wurde durch ein Skyhook-System eingeholt, das die Drohne im Grunde in der Luft fängt und zum Boden bringt. Das große Problem am Scan Eagle ist, dass er unerwartet abstürzen kann. Einmal verloren wir die Satellitenverbindung zu einer solchen Drohne, und sie stürzte in eine Polizeistation in Mossul. Zum Glück wusste die Polizei, dass sie uns gehörte und händigte sie uns aus, bevor sie an den Höchstbietenden verkauft werden konnte.

Meist diente uns der Scan Eagle als Backup, wenn eine Predator für eine wichtigere Mission gebraucht oder gerade gewartet wurde. Ich verließ mich nicht gern ohne die Hilfe einer anderen Drohne auf ihn, weil er uns bereits mehrmals im Stich gelassen hatte, als wir Fahrzeuge verfolgten.

Bei einer Mission verlor der Scan Eagle drei Tage in Folge im dichten Verkehr die Spur eines Fahrzeugs – etwas, das wir als »going nadir« bezeichneten. Das geschah, wenn die Drohnenkamera an ein Fahrzeug heranzoomte. In einem bestimmten Winkel trat eine Fehlfunktion ein, und die Kamera drehte sich ständig im Kreis.

RQ-4 Global Hawk

Der Hawk ist die unbemannte Version des U2-Aufklärungsflugzeugs. Es tötet nicht. Es hat keine Bomben. Er ist eine reine Überwachungsdrohne: Er kann aus einer Höhe von bis zu 20 Kilometern Aufklärung betreiben, 35 Stunden in der Luft bleiben, eine Strecke von beinahe 1600 Kilometern zurücklegen und eine Fluggeschwindigkeit von 300 Knoten erreichen.

Er ist die zweitgrößte Drohne in der Geschichte, nur der Heron, das israelische Äquivalent, ist größer. Wir benutzten den Hawk nicht wie die Predator oder Scan Eagle, um Schurken rund um die Uhr per Video zu verfolgen. Wir setzten den Hawk ein, um Schnappschüsse großer Gebiete zu machen, die unserer Meinung nach für die Mission relevant waren, ähnlich wie ein Satellitenfoto, aber viel schneller. Wir benutzten den Hawk beispielsweise, um Fotos von Trainingslagern in Afrika zu machen, um zu sehen, ob sich Extremistengruppen immer noch dort aufhielten. Während eine einzelne Predator also eine Weile braucht, um sich bestimmte Orte am Boden anzusehen, die über das ganze Land verteilt sind, kann der Hawk binnen weniger Minuten Fotos von allen diesen Orten machen. Wenn wir die Nadel im Heuhaufen finden wollten, konnte der Hawk den gesamten Heuhaufen sehen.

Ich persönlich glaube, dass die Kosten für die Wartung und den Einsatz dieser Drohne seine Vorteile nicht rechtfertigen. Fortschritte bei aktuellen UAVs wie dem MQ-1 und dem MQ-9, kombiniert mit einer besseren Satellitentechnologie der US-Regierung, könnten diese Drohne schnell hinfällig machen.

ÜBER DIE AUTOREN

Brett Velicovich war über zehn Jahre an der Durchführung globaler Anti-terror- und Geheimdienst-Operationen beteiligt. Als Nachrichtendienst-Analyst der Elite-Einheit 1st Special Forces Operational Detachment war er direkt verantwortlich für zahlreiche Missionen, bei denen Terroris-tenführer gefangen genommen oder getötet werden konnten. Er nahm an fünf Auslandseinsätzen im Irak und in Afghanistan teil, arbeitete in Somalia und erhielt zahlreiche Auszeichnungen für seine Leistungen, da-runter den Bronze Star und Combat Action Badge. Er gilt als weltweit anerkannter Drohnenexperte, machte nach seiner Zeit beim Militär an der Duke University den MBA und half bei der Gründung einer Initia-tive, die in Ostafrika unbemannte Flugkörper einsetzt, um den dortigen Tierschutz zu unterstützen. Er lebt in Virginia.

Christopher S. Stewart ist ein investigativer Reporter des *Wall Street Jour-nal* und erhielt 2015 mit anderen Reportern der Zeitung den Pulitzer Preis für investigative Berichterstattung. Seine Beiträge erschienen in *GQ, Harper's, New York Times Magazine, New York, Paris Review, Wired* und in anderen Publikationen. Er war außerdem als stellvertreter Her-ausgeber des *New York Observer* sowie als Redakteur bei *Condé Nast Port-folio* tätig. Stewart ist der Autor von *Hunting the Tiger* und *Jungleland*. Er lebt mit seiner Familie in New York.

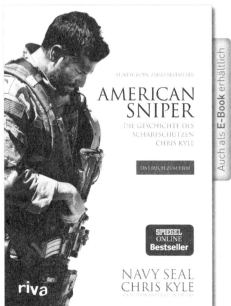

416 Seiten
9,99 € (D) | 10,30 € (A)
ISBN 978-3-86883-902-9

Chris Kyle
Scott McEwen
Jim DeFelice

American Sniper

Die Geschichte des
Scharfschützen Chris Kyle

Chris Kyle diente von 1999 bis 2009 bei den US Navy SEALs und verzeichnete in jener Zeit die höchste Zahl an tödlichen Treffern in der amerikanischen Militärgeschichte. In dieser eindringlichen Autobiografie erzählt der geborene Texaner, der 2013 erschossen wurde, die Geschichte seiner außergewöhnlichen Karriere. Nach dem 11. September 2001 wurde er im Kampf gegen den Terror an die Front geschickt und fand seine Berufung als Scharfschütze. Hart und ehrlich spricht Kyle über die Schattenseiten des Krieges und das brutale Handwerk des Tötens. Seine Frau Taya schildert in bewegenden Einschüben, wie der Krieg sich nicht nur auf ihre Ehe und ihre Kinder auswirkte, sondern auch auf ihren Mann. American Sniper ist das Psychogramm eines Scharfschützen und ein fesselnder Augenzeugenbericht aus dem Krieg, den nur ein Mann erzählen kann.